GOLDMANN RATGEBER

Buch

Das innere Gleichgewicht ist die Kraft, die es uns ermöglicht, den Alltag zu bewältigen und Lebenskrisen zu meistern. Heinz Ryborz zeigt dem Leser einen Weg, wie er diese Quelle der geistigen und seelischen Energie voll ausschöpfen kann. Wir erfahren, wie wir unsere Lebensqualität selbst bestimmen können, indem wir uns zum Beispiel von falschen Zielsetzungen fernhalten und statt dessen der inneren Stimme folgen.
Der Weg zur inneren Mitte wird dem Leser anschaulich vor Augen geführt, Glück und Erfolg werden nicht dem Zufall überlassen. Durch positives Denken, Auslöschen innerer Zweifel, zielsicheres Einsetzen auch von negativen Energien, findet jeder einzelne zu seinem inneren, individuellen Kern. Wir gestalten das eigene Schicksal, wenn wir an uns arbeiten und gelangen so zu einem erfüllten Leben. Dieses Buch hält keine Zauberformel bereit, aber es motiviert den Leser, sein Leben aktiv zu gestalten, sich selbst, seine Ziele, seine Handlungen zu kontrollieren, um somit der zunehmenden Vereinsamung in unserer Gesellschaft zu entgehen. Wer bereit ist, sich mit sich selbst auseinanderzusetzen, wird dieses Buch als geistige Bereicherung betrachten.

Autor

Prof. Dr. Heinz Ryborz, geboren 1935 in Berlin, studierte Naturwissenschaften, Psychologie und Philosophie. Der bekannte Psychologe lebt in Gummersbach. Mit seiner Psychologie der praktischen Lebenshilfe hat er sich bereits in mehreren Ländern Geltung verschafft.

Vom selben Autor erschienen in der Reihe
Goldmann Ratgeber bereits

Die universellen Kräfte Ihrer Psyche (10929)
Die ›Kunst‹ zu Überzeugen (10963)
Wer ist dein Freund? Wer ist dein Feind? (10358)
Die ›Kunst‹, Ihr Leben zu meistern. (10941)
Jeder kann es schaffen. (10440)

HEINZ RYBORZ

LEBE BESSER, LEBE GERN

Wie man seine schöpferischen, geistigen und seelischen Kräfte entdeckt, entwickelt und nutzt.

GOLDMANN VERLAG

Der Goldmann Verlag
ist ein Unternehmen der Verlagsgruppe Bertelsmann

Made in Germany · 6/89 · 1. Auflage
Genehmigte Taschenbuchausgabe

Umschlaggestaltung: Design Team München
Umschlagillustration: ZEFA-COMSTOCK, Düsseldorf
Druck: Elsnerdruck, Berlin
Verlagsnummer: 13509
JJ · Herstellung: Sebastian Strohmaier
ISBN 3-442-13509-5

Für Ingeborg

Inhalt

Kapitel 8
Wie Sie die Macht der Symbole nutzen

Kapitel 9
Wie Sie inneres Gleichgewicht erreichen

Kapitel 1

Das Gute ist in Ihnen

1. Der verborgene Schatz

In Ihrem Innern ist ein großer Schatz verborgen. Wir wollen ihn den Kern in Ihnen nennen. Dort finden Sie innere Harmonie und Glück. Er ist ein Zentrum der Kraft, in der eine Fülle der Wahrheit und Weisheit beheimatet ist. In ihm schlummern alle Möglichkeiten, um glücklich, zufrieden, gesund und erfolgreich zu leben. Viele Menschen hasten durchs Leben, ohne um diese ewige Wahrheit zu wissen. Dabei könnten Sie sich Ihrer inneren Schatzkammer jederzeit bedienen. Tief in Ihnen wartet ein innerer Helfer darauf, Sie zu unterstützen und ein Leben nach Ihren Vorstellungen zu führen. Die Erleuchteten des Ostens bekannten es schon vor Jahrtausenden: «In allen Herzen wohnt das strahlende Eine, so wußten es schon die Weisen vor Urzeiten.» Der Stoiker Seneca lehrte: «Der unendliche Geist wohnt in unserer Seele.» Die Weisheiten aller Religionen können Sie in dem Satz zusammenfassen: «Wißt ihr nicht, daß ihr der Tempel Gottes seid und daß der Geist Gottes in euch wohnt?»
Sie können den Geist zwar nicht mit Ihren Augen sehen, aber den Geist der Wahrheit und der inneren Harmonie in sich erleben. Sie können das Unendliche als Harmonie, Frieden, Freude, Lebenskraft und Erfolg erleben.

2. Chagall überwindet Schwierigkeiten

Ein Beispiel dafür, wie jemand aus der Zufriedenheit seines Wesens heraus Schwierigkeiten und Widerstände überwand und ein langes, erfülltes Leben führte, ist der Maler Marc Chagall. Er war der Sohn armer Leute. Sein Vater vediente den Lebensunterhalt für die Familie mit dem Packen und Tragen von

Heringsfässern. Marc zog es zur Malerei. So ging er zuerst in die Malschule von Jehuda Pen in Witebsk und dann zu Leon Bask nach St. Petersburg. Chagall mußte sich fast ohne finanzielle Mittel durchschlagen. So konnte er kein Zimmer für sich allein mieten. Raum und Bett teilte er sich mit einem Arbeiter. Chagalls Nahrung war sehr bescheiden. Auf dem Markt kaufte er sich manchmal ein Stück von einer Gurke, da zu mehr sein Geld nicht reichte. Erstand er einen Hering, so schnitt er ihn immer in zwei Teile, den Kopf für den ersten und den Schwanz für den nächsten Tag. Alle Schwierigkeiten brachten Chagall nicht von dem Ziel ab, ein Künstler zu werden. Gedankenaustausch mit Dichtern und Malern ersetzten ihm Wohlleben und Bequemlichkeit. Trotz der äußeren Schwierigkeiten erfuhr er in sich die Tiefen seines Selbst. Aus seinem inneren Erleben heraus wuchs mit den Jahren die Zauberkraft seines Pinsels. In der Betrachtung der Kunstwerke ahnen Menschen etwas von der geheimnisvollen Kraft und Wirklichkeit, die in jedem Menschen ist. Noch mit 90 Jahren gestaltete Chagall in Kathedralen und Synagogen Glasfenster, deren verzaubernder Wirkung sich niemand entziehen kann. Chagall starb mit fast 94 Jahren. Die Verbundenheit mit der eigenen Tiefe war das Geheimnis seines faszinierenden Lebens.

3. Sie brauchen Lebensprinzipien

Sehr oft wird nur die Frage gestellt: Warum sind die meisten Menschen durch Konflikte innerlich zerrissen? Warum führt sie nicht der innere Helfer zu einem besseren Leben? Wie kann die göttliche Kraft so viel Leid zulassen?

Ich will mich eines Gleichnisses bedienen, um die Frage deutlich zu beantworten.

Vor einigen Jahren nahm ich an einem Tauchkursus teil. Ich lernte dabei einige Grundregeln, die jeder Taucher unbedingt beachten muß. Tauchen ist nahezu gefahrlos, wenn sich der Mensch nur an die Regeln hält. Ich erinnere mich eines Ausspruchs des Tauchlehrers: «Es gibt leider immer Menschen, die glauben, die physikalischen Gesetze gälten für jeden, nur nicht für sie.»
Der Taucher wollte damit zum Ausdruck bringen: Die Tauchregeln orientieren sich an den Naturgesetzen. Sie gelten für jeden und zu jeder Zeit. Niemand kann sich ohne Schaden darüber hinwegsetzen.
Nicht nur im Wasser, im ganzen Universum walten Naturgesetze. Sie bestimmen das Geschehen auf der Erde ebenso wie auf dem entferntesten Sternensystem. Gesetze gelten auch für den psychischen Bereich. Wir wollen hierbei von universellen Lebensprinzipien sprechen. Nur wenn Sie sich an diesen Lebensprinzipien orientieren, kann sich Ihre innere Kraft entfalten. Verstoßen Sie gegen die seelisch-geistigen Gesetze, dann unterdrücken Sie den Kern, Ihren inneren Helfer. So blockieren Sie große Energien, die zum Ausdruck drängen. Verstehen Sie nun, weshalb sich viele Menschen nicht von ihrem Leid befreien und ein Leben nach ihren Vorstellungen führen können? Sie widersetzen sich den universellen Lebensprinzipien, und so wird sich ihr Leben nicht ändern.

4. Der Kern ist die Quelle Ihrer Kraft

Vielleicht bewegt Sie die Frage: Kann ich nicht über meinen Kern, meinen verborgenen Helfer, mehr erfahren? Wie könnte ich mir ihn vorstellen?
Der Kern ist Urenergie und leuchtende, klare Bewußtheit zugleich. Sie können diese Erfahrung

machen, wenn Sie den Geist in der Meditation in sich ruhen lassen. Die Natur Ihres Bewußtseins ermöglicht es Ihnen, mit jeder Seins- (Schwingungs-)Ebene des Universums in Kontakt zu treten und sie zu erfahren. Sogar nach den Vorstellungen des Buddhismus ist diese Qualität des Bewußtseins — also der Kern — nicht den Zyklen von Geburt, Tod und Wiedergeburt unterworfen.

Der Kern ist unveränderlich und ewig. Das Selbst (der Kern) ist unvergänglich, da es nicht den Gesetzen des Werdens und Vergehens unterworfen ist. Diese Urenergie ist die einzige, ewige Wirklichkeit, die hinter allen Dingen steht.

Nehmen Sie also Verbindung mit jener helfenden Kraft des Unendlichen auf. Treten Sie mit jener Energie in Kontakt, verwirklichen Sie Harmonie, Freiheit, Glück und Erfolg. Mit den im Buch dargelegten Techniken schaffen Sie es.

5. Die Geschichte vom Fisch und vom Meer

Einst lebte ein Fisch im Meer. Da das Wasser klar und durchsichtig war und er sich nicht daran stieß, wurde ihm gar nicht bewußt, daß ihn das Wasser trug.

Eines Tages hatte der Fisch die Möglichkeit zu denken. Er meinte: «Was für ein Wunder. Ich vermag mich im leeren Raum zu bewegen.» Dann dachte er darüber nach, wie er sich bewegte. Darüber geriet er in Angst.

«Ich könnte vielleicht vergessen, wie man schwimmt», meinte er. Dann schaute er in die Tiefe unter sich. Panik ergriff ihn, da er befürchtete, er könne in die Tiefe stürzen. Doch dann kam ihm ein rettender Gedanke: «Ich nehme meinen Schwanz ins Maul und halte mich daran fest.» So begann er nach seinem Schwanz zu schnappen. Doch er schaffte es

nicht. Je mehr er sich darum bemühte, um so gefährlicher erschien ihm der Abgrund.
Das Meer schaute sich das Spiel eine Weile an. Dann fragte es den verzweifelten Fisch: «Was tust du da?»
Der Fisch erwiderte: «Ich habe Angst, in die Tiefe zu fallen, und versuche daher, mich an meinem Schwanz festzuhalten.»
Dazu meinte das Meer belustigt: «Du hast es schon einige Zeit vergeblich versucht und bist dennoch nicht abgestürzt. Was ist wohl der Grund dafür?»
Der Fisch antwortete: «Ich bin tatsächlich nicht in die Tiefe gestürzt.» Die weiteren Worte schlüpften ihm wie von selbst über die Lippen: «Denn ich schwimme.»
«Du hast es erkannt», sagte das Meer und fuhr fort: «Ich bin das weite Meer, in dem du lebst. Ich trage dich, wenn du nur schwimmst. Ich habe mich dir ganz hingegeben, damit du in mir schwimmen kannst. Du solltest mich nach allen Richtungen durchforschen. Doch was tust du? Du ängstigst dich und vergeudest deine Zeit damit, nach deinem Schwanzende zu schnappen.»
Der Fisch begriff. Er ließ von seinen vergeblichen Versuchen ab und machte sich an das große Abenteuer, das Meer zu erkunden.
Denken Sie über die Geschichte eine Weile nach. Was machen die meisten Menschen im Meer des Lebens? Sie meinen, sie müßten angestrengt gegen die Widrigkeiten des Lebens ankämpfen, und zappeln sich vergeblich ab. Hüten Sie sich vor einem solchen Fehler. Verhalten Sie sich vielmehr nach den universellen Lebensprinzipien, und vertrauen Sie Ihrem inneren Helfer. Dann erkennen Sie: Das Leben ist Ihnen gegenüber bejahend eingestellt. Sie brauchen nur auf die helfende Kraft in sich zu vertrauen. Dann erreichen Sie innere Harmonie, Glück und Erfolg.

6. Ihr Kern hat die Kraft zu verwandeln

Schon die alten Griechen verglichen das Leben mit einem Fluß. Sie müssen gegenüber den Energien des Lebensstromes geöffnet sein. Das ist aber nur die eine Polarität des Lebens. Es gilt auch, Energien richtig zu lenken. Nur so machen Sie von Ihrer Freiheit Gebrauch. Ihr Kern vermag sogar Energien der einen Art in Energien der anderen zu verwandeln.

Der Kern hat die Möglichkeit, negative Bewußtseinszustände — besser: einschränkende Energien — in positive — besser: lebensbejahende Energien — zu verwandeln. Dazu erfahren Sie im Buch bewährte Techniken.

Nutzen Sie die Möglichkeit der Lenkung und der

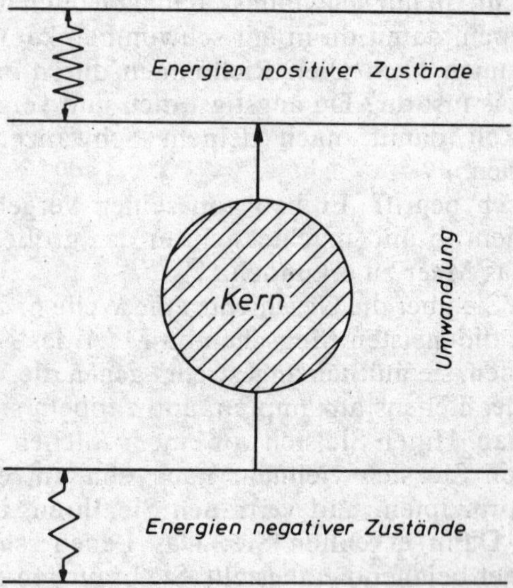

Bild 1
Das Selbst kann lebenseinschränkende Energien in lebensbejahende Energien verwandeln.

Umwandlung von Energien. Dann wird sich Ihr Leben zum Guten wandeln. Der Kern ermöglicht es Ihnen, sich im unendlichen Universum auf die Schwingungsebene (Energie-Ebenen) Ihrer Wahl einzustellen.
Was gilt es bei der Umwandlung von Energien zu beachten? Sie bewirken die Veränderung nur dann, wenn Sie nicht mit Gewalt vorgehen. Wollen Sie eine Verbesserung mit Gewalt erreichen, gleichen Sie in Ihrem Verhalten einem Menschen, der an seinen Schuhen zieht, um sich vom Boden zu erheben. Daher ist es so wichtig, mit Energien in der richtigen Weise umzugehen. Dazu gibt Ihnen das Buch bewährte Techniken zur Hand.

7. Verbinden Sie sich mit Ihrem inneren Helfer

Aus Erfahrung mit Menschen weiß ich: Nur wer die Wirkungsweise des Bewußtseins verstanden hat, bringt die Konsequenz auf, die notwendigen Schritte im Tun und Handeln zu unternehmen. Daher ist Einsicht notwendig. Stellen wir die Frage: Was passiert mit negativen Gedanken und Gefühlszuständen, die uns bewegen? Wenn sie nicht mit vollem Bewußtsein wahrgenommen werden, sinken sie in die Tiefe des Bewußtseins und setzen dort ihre zerstörende Wirkung fort. Sie umschließen den Kern und unterdrükken ihn.
Der Kern ist in Bild 2 schraffiert dargestellt, er ist reines Bewußtsein, das nicht mit Speicherungen angefüllt ist. Bild 2 zeigt Ihnen in einem einfachen Modell, wie häufig negative Gedanken und Gefühle den Kern abschirmen. Die negativen Inhalte im Unterbewußtsein übernehmen die Lenkung. Die Zukunft entwikkelt sich negativ. Die helfende Kraft des Kerns kann sich also nicht entfalten.

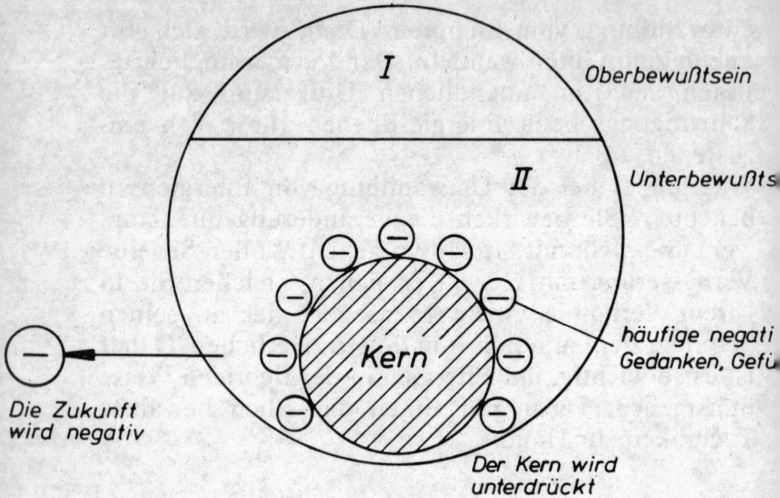

Bild 2
Negative Gedanken und Gefühle umschließen und unterdrücken den Kern.

Die negativen Speicherungen übernehmen die Regie und bestimmen die Zukunft des Menschen. Leid, Mißerfolg und Disharmonie im Leben sind die Folge.
Was müssen Sie also tun, um nicht zum Opfer eines solchen Prozesses zu werden? Sie müssen die im Buch angegebenen Techniken anwenden, um den Kern aus seiner Umklammerung zu befreien. Erst dann vermag der Kern seine helfende Kraft zu entfalten.
Bild 3 zeigt Ihnen, wie der Kern wirkt. Er verwandelt und bündelt Energien.
Der Kern ist das geheimnisvolle Zentrum in Ihnen. Treten Sie mit der höheren Macht in Ihnen in Verbindung. Tun Sie das Notwendige, um die großen Kraftströme des Kerns zu nutzen, die aus den Energiequellen des Unendlichen gespeist werden. Sie erfahren einen großen Kraftzuwachs. Sie werden eins mit dem

Ewigen und gewinnen ein tiefes Selbstvertrauen. Mit jener Macht verwirklichen Sie innere Harmonie, Gesundheit und Erfolg.

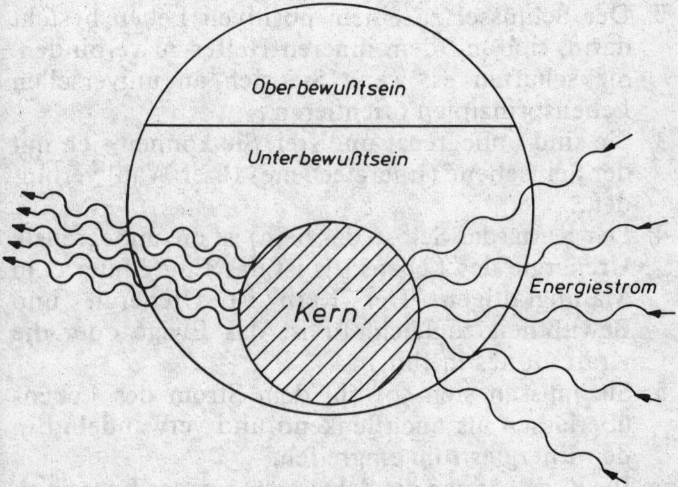

Bild 3
Die helfende Kraft des Kerns verwandelt und lenkt Energieströme.

Zusammenfassung

1. In Ihnen ist ein großer Schatz verborgen. Wenden Sie sich nach innen. Dort finden Sie, was Sie suchen.
2. Der Schlüssel zu einem positiven Leben besteht darin, sich mit dem inneren Helfer zu verbinden. Sie schaffen es, wenn Sie sich an universellen Lebensprinzipien orientieren.,
3. Sie sind unbegrenzt und frei. Sie können sich mit der Seinsebene (Energieebene) Ihrer Wahl verbinden.
4. Der Kern (das Selbst, das Sein) ist die unbegrenzte Urenergie des Lebens. Es ist das Eine hinter dem Mannigfaltigen. Der Kern ist Urenergie und Bewußtheit zugleich. Er ist das Ewige oder die Kraft Gottes in Ihnen.
5. Sie müssen sich sowohl dem Strom des Lebens überlassen als auch lenkend und verwandelnd in den Energiestrom eingreifen.
6. Ihr Kern vermag die Schwingungen der Energie zu verändern und sie so in eine andere Form der Energie zu überführen. Der Kern (das Selbst) kann lebenseinschränkende Energien in lebensbejahende Energien verwandeln.
7. Versuchen Sie die Lenkung und Umwandlung von Energie nicht mit Gewalt durchzuführen.
8. Negative Gedanken und Gefühlszustände umschließen den Kern wie eine Klammer. Sie können die Führung in Ihrem Leben übernehmen.
9. Der Kern kann Ihnen nur helfen, wenn Sie ihn aus der einengenden Umklammerung befreien.

Kapitel 2

Visualisieren lenkt Ihre Kräfte

1. Positive Gedanken mobilisieren Ihren inneren Helfer

Der innere Helfer ist bereits in Ihnen. Er wird Ihnen Kraft, Harmonie und Gesundheit von innen her geben und Ihr Leben zum Besten lenken. Ihr innerer Helfer vermag aber seine verborgene Kraft nur dann voll zu entwickeln, wenn Sie positiv denken.

Weshalb ist das so? Warum ist es so notwendig, sich aus der Routine negativen Denkens zu lösen, damit verborgene Kräfte von innen her frei werden?

Sie werden immer zu dem, was Sie betrachten. Beschäftigt sich Ihr Geist mit Ärger, Sorgen, Klatsch, Zweifeln und Ängsten, dann nimmt er auch die entsprechende Färbung an. Denken Sie jedoch Gedanken der Freude, des Vertrauens oder andere positive Gedanken, dann wird Ihr Geist auf Positives eingestimmt. Schon der römische Kaiser Marc Aurel stellte fest: «Dein Geist wird wie seine Gewohnheiten sein, denn die Seele färbt sich in der Farbe ihrer eigenen Gedanken.» Sie finden diese Weisheit auch schon in der Bibel: «So, wie der Mensch denkt, so ist er.»

Die Wirkung der Gedanken ist aber noch weitgreifender. Die Gedanken ziehen auch das ihnen Gemäße an. Am Anfang jeder Wirklichkeit steht der Gedanke. Was Sie selbst intensiv denken und fühlen, drückt sich auch bald in Ihrem Tun aus. Sie werden, was Sie denken. In einer alten buddhistischen Schrift, dem Dhammapada, steht: «Das, was wir heute sind, folgt aus den Gedanken, die wir gestern pflegten, und unser gegenwärtiges Denken baut unser Leben, wie es morgen ist. Die Schöpfung unseres Bewußtseins, das ist unser Leben. Spricht darum ein Mensch mit unreinem Bewußtsein, folgt ihm das Leid nach, wie das Rad dem Zugtier folgt, welches den Wagen zieht. Spricht oder handelt darum ein Mensch mit lauterem Bewußtsein, so folgt ihm die Freude nach, wie ihm sein eigener Schatten folgt.»

Sie können diese uralte Wahrheit auch so ausdrükken: Sie bestimmen Ihre Zukunft durch die Art der Gedanken, die Sie denken. Das Gesetz von Ursache und Wirkung gilt auch für Ihre Gedanken. Ihre Gedanken und Ideale sind das Fundament, auf denen sich Ihre Taten und Erfolge aufbauen. Denken Sie daran: Das gilt im Guten wie im Bösen. So werden zum Beispiel böse Gedanken negative Gefühle in Ihnen hervorrufen. Sie führen zu Ängsten, Zorn, Streit, Magengeschwüren und Herzerkrankungen, um nur einige Folgen zu nennen. Werden Sie zum Opfer negativer Gedanken, wirkt sich das verheerend auf Ihren inneren Helfer aus. Erinnern Sie sich an das Modell Bild 2, Abschnitt 7 des vorangegangenen Kapitels? Negative Gedanken fallen in die Tiefe Ihres Geistes. Sie umschließen Ihren Kern wie eine Klammer und trennen Sie von Ihrem verborgenen Helfer. Er kann Ihnen nicht zu Hilfe kommen. Leid und Mißerfolg kommen auf Sie zu.
Erkennen Sie, wie notwendig es ist, positiv zu denken? Eine besonders wirksame Art des positiven Denkens ist es, Ihrem verborgenen Helfer zu vertrauen. Durch eine solche Ermunterung stärken Sie den Kern, und er vermag nun leichter seinen positiven Einfluß auf Ihr Leben zu entfalten. Das Wirken des Kerns von innen her wurde in Bild 3, Abschnitt 7 des vorangegangenen Kapitels zum Ausdruck gebracht. Bejahen Sie Ihren inneren Helfer. Dann wird er Ihnen immer Hilfe sein.

2. Ein Angestellter aktiviert seinen inneren Helfer

Einem Angestellten, der häufig mutlos in die Zukunft blickte und oft von Ängsten und Sorgen niedergedrückt war, empfahl ich, sich eine helfende Kraft in sich vorzustellen und folgende Gedanken zu denken:

«Ich bin eins mit meinem inneren Helfer. Er gibt mir Kraft und Hilfe. Er wirkt durch mich. Mein innerer Helfer gibt mir Mut und Tatkraft. Er führt mich meinen Zielen entgegen. Durch ihn erreiche ich Kraft und Harmonie. Mein innerer Helfer schützt, berät und leitet mich. Ich denke nur solche Gedanken, die sein Wirken erleichtern.»

Machen Sie es wie der Angestellte. Stellen Sie sich vor, von innen geführt zu werden. Dann kann Sie nichts erschüttern, dann zeigen Sie innere Stärke. Entscheidend für die Wirksamkeit einer solchen Bejahung ist, die Gedanken nicht nur zu denken. Sie müssen die Existenz und die Wirkung Ihres verborgenen Helfers auch fühlen. Es gilt also, das Gefühl zu entwickeln, von einer inneren Kraft erfüllt, in sich geborgen zu sein und zum Guten geführt zu werden.

Der Angestellte schaffte es mit seiner Vorstellungskraft und dem Selbstbejahungstext, das angestrebte Gefühl immer besser zu entwickeln. Wie steht es mit Ihnen? Ergreift die obige Übung auch Ihre Gefühlswelt? Oder vermögen Sie damit keine Veränderung Ihrer Gefühle zu bewirken?

Wenn das der Fall ist, dann verzagen Sie nicht. Im Buch finden Sie Techniken angegeben, die mit Sicherheit auch Ihre Gefühlswelt ergreifen. Wir werden uns zu diesem Zweck damit beschäftigen, wie Sie Ihr Vorstellungsvermögen steigern. Später erfahren Sie, wie Sie sich der verborgenen Macht der Symbole bedienen, um Ihre Gefühlswelt zu wandeln. Die Wirkung solcher Techniken ist noch tiefgreifender. Sie bewirken mit Sicherheit Ihre innere Wandlung.

3. Wie Visualisierung wirkt

Ihr Unterbewußtsein spricht besser auf Bilder als auf Gedanken an. Bild 4 zeigt, wie in Ihrer Vorstellung aufgebaute Bilder wirken. Das Bild versinkt ins Unterbewußtsein und lenkt dort die Kräfte Ihres verborgenen Helfers auf Ihr Ziel. Je intensiver Sie sich das Bild vorzustellen vermögen, um so besser kann Sie Ihr verborgener Helfer bei der Zielverwirklichung unterstützen. Ihrer Vorstellungskraft kommt also eine ganz besondere Bedeutung zu.
Der Aufbau bildhafter Vorstellungen wird auch als Visualisierung oder Imagination bezeichnet.
Gelingt es Ihnen, bildhafte Vorstellungen aufzubauen? Ist Ihre Fähigkeit zur Visualisierung ausgeprägt?

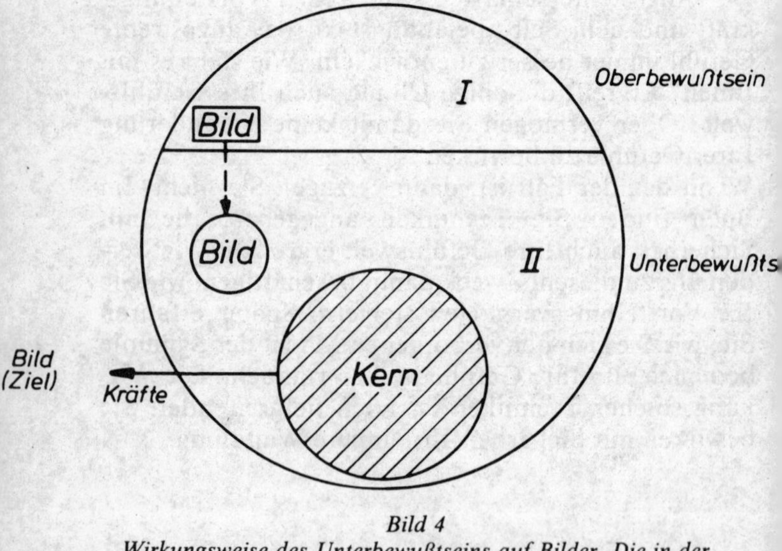

Bild 4
Wirkungsweise des Unterbewußtseins auf Bilder. Die in der Vorstellung aufgebauten Bilder versinken ins Unterbewußtsein und lenken von dort die Kräfte des inneren Helfers auf das bildhaft vorgestellte Ziel.

Jeder Mensch hat die Anlagen dazu. Kinder vermögen sehr gut zu imaginieren. Beim Erwachsenen ist die Fähigkeit dazu oft etwas verkümmert. Das ist aber kein Grund zur Besorgnis. Die Anlage kann wieder zur Entfaltung gebracht werden.
Wie steht es um Ihr Vorstellungsvermögen? Testen Sie es. Machen Sie dazu einfache Versuche.
Schließen Sie die Augen. Versuchen Sie sich einen roten Apfel vorzustellen. Können Sie seine Form wahrnehmen? Hat er eine rote Farbe?
Gelingt es Ihnen, eine gelbe Zitrone zu visualisieren? Versuchen Sie nun, sich ein positives Erlebnis aus Ihrer jüngsten Vergangenheit vorzustellen. Vermögen Sie erlebte Situationen oder Gegenstände besser zu visualisieren?

4. So schulen Sie Ihr reproduktives Vorstellungsvermögen

Einfache geometrische Formen eignen sich besser zur Übung des Visualisierungsvermögens als Landschaften oder Personen. Letztere vermögen zwar die meisten Menschen leichter zu visualisieren. Geometrische Figuren dagegen erfordern eine ausgeprägte Fähigkeit zur Imagination, da Sie sie gefühlsneutral erleben. Üben Sie daher Ihr Visualisierungsvermögen an einfachen geometrischen Formen. Bild 5 zeigt ein Dreieck, ein Viereck, ein Sechseck und einen Würfel. Schauen Sie sich zunächst das Dreieck an, und prägen Sie es sich ein. Schließen Sie dann die Augen, und versuchen Sie, sich das Dreieck vorzustellen. Gelingt es Ihnen nicht, dann betrachten Sie das Dreieck nochmals. Schließen Sie dann wieder die Augen, und versuchen Sie sich das Dreieck erneut vorzustellen. Gelang es Ihnen? Konnten Sie das Bild des Dreiecks für etwa 3 bis 10 Sekunden aufrechterhalten? Wurde

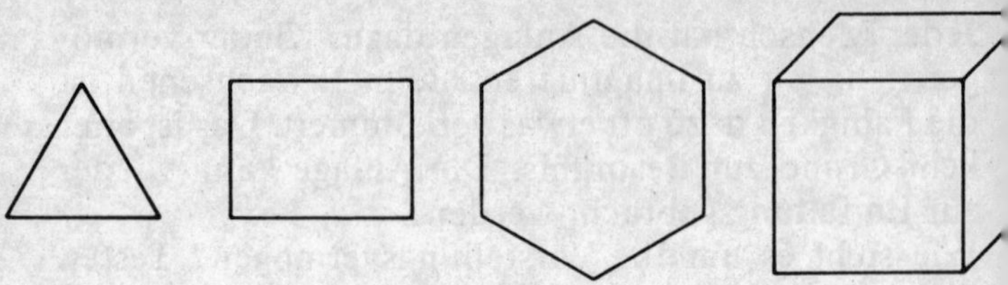

Bild 5
Geometrische Figuren zum Visualisieren.

das Bild unklar oder verschwand es, dann versuchen Sie es bei geschlossenen Augen erneut aufzubauen. Es kommt nicht darauf an, daß das visualisierte Dreieck deckungsgleich mit dem abgebildeten ist. Entscheidend ist: Sie imaginieren ein Dreieck.
Visualisieren Sie die Figur erneut. Was stellen Sie fest? Blieb das Bild stabil? Ist es nicht der Fall, dann bauen Sie es geistig wieder neu auf. Nach mehrmaliger Übung gelingt es Ihnen immer besser, ein deutliches Bild zu visualisieren.
Führen Sie die Übung zu Anfang nicht länger als drei Minuten aus. Nach einigen Tagen können Sie die Dauer der Übung auf fünf bis zehn Minuten steigern. Gelingt es Ihnen, das Dreieck zu visualisieren, dann versuchen Sie es mit dem Viereck und dem Sechseck. Bald erreichen Sie eine erhebliche Verbesserung Ihres Visualisierungsvermögens.
Anstelle der Figuren können Sie ebenso Zahlen imaginieren. Stellen Sie sich zum Beispiel die Zahl 415 mit weißer Kreide auf eine schwarze Tafel geschrieben vor. Schaffen Sie es, alle drei Ziffern nebeneinander zu visualisieren? Können Sie vier Ziffern nebeneinander imaginieren?
Nach einigen Übungen stellen Sie fest: Visualisierungsübungen der beschriebenen Art steigern nicht nur Ihre Fähigkeit zur reproduktiven Imagination. Sie vermögen auch besser kreativ zu visualisieren.

Damit wollen wir uns im nächsten Abschnitt beschäftigen.

5. Üben Sie Ihr kreatives Vorstellungsvermögen

In Abschnitt 3 des Kapitels haben Sie erfahren, wie Visualisierung wirkt. Bildhafte Vorstellungen versinken ins Unterbewußtsein, und die Kraft aus der Tiefe führt Sie zum Ziel. Kreatives Visualisieren ist also eine Technik, mit Hilfe der Vorstellungskraft die eigene Lebensvorstellung zu verwirklichen.
Leider nutzen viele Menschen nicht die Macht der positiven Vorstellungen, sondern sind der Ansicht, daß Mangel, Einengungen und Schwierigkeiten die Inhalte Ihres Lebens sind. Da solche Menschen die einengenden Vorstellungen selbst denken, schaffen sie negative Bilder, die ins Unterbewußtsein sinken. Daher haben diese Menschen ihre negativen Verhältnisse zum großen Teil selbst geschaffen. Die innere Einstellung drückt sich in den äußeren Lebensumständen aus.
Machen Sie daher nicht diesen Fehler. Nutzen Sie Ihre kreative Imaginationsfähigkeit, um Gesundheit, Wohlstand, Selbstentfaltung und harmonische Beziehungen zu den Mitmenschen zu schaffen. Sie ziehen die Dinge im Leben an, von denen Sie innerlich durchdrungen sind. Seien Sie also bereit, Ihre innere Kraft zu Ihrem Wohle zu nutzen und sich das Gute vorzustellen.
Neulich sagte mir eine Frau, die die von mir empfohlenen Visualisierungen durchführte: «Mein Leben hat sich vollkommen geändert. Selbst meine Mitmenschen sind freundlicher zu mir geworden.»
Wie ist nun beim kreativen Visualisieren vorzugehen? Beginnen Sie mit einer einfachen Übung. Wählen Sie sich etwas aus, was Ihnen Freude bereitet. Es sollte

etwas sein, was Sie leicht verwirklichen können. Vielleicht entscheiden Sie sich für ein herrliches Wochenende. Malen Sie sich in der Phantasie bei geschlossenen Augen aus, was Schönes passiert. Versuchen Sie sich Einzelheiten bildhaft vorzustellen. Visualisieren Sie zum Beispiel eine Landschaft. Stellen Sie sich vor, Sie sind im Wald und setzen sich auf eine schöne Wiese. Sie sehen das Blau des Himmels und betrachten die ziehenden Wolken. Wenn Sie sich die Situation bildhaft bei geschlossenen Augen ausmalen, dann betreiben Sie kreatives Visualisieren. Geben Sie sich ganz der Vorstellung hin. Seien Sie mit Ihren Gefühlen dabei. Haben Sie Freude daran. Genießen Sie das Erlebnis. Bekräftigen Sie es mit den Worten: Ich genieße ein herrliches Wochenende. Sprechen Sie die Worte in Gedanken, oder sagen Sie sie laut vor sich hin. Solche Bejahungen werden auch als Affirmationen bezeichnet und unterstützen die Wirkung des Bildes.

Natürlich können Sie auch eine andere Situation visualisieren. Was Sie auch immer imaginieren: Beenden Sie jedes kreative Visualisieren mit folgender Bejahung: Dieses oder etwas noch Schöneres realisiert sich für mich.

So vermeiden Sie einengende Konditionierungen. Sie bleiben innerlich offen für ein noch schöneres und besseres Erlebnis. Natürlich können Sie auch einen Gegenstand visualisieren, vielleicht eine Kamera, die Sie sich wünschen. Visualisieren Sie, wie Sie die Kamera in die Hand nehmen, damit fotografieren. Visualisieren Sie die brillanten Bilder, die Sie damit aufnehmen. Unterstützen Sie auch in diesem Falle die Visualisierung mit der Affirmation: Ich habe eine ausgezeichnete Kamera. Beenden Sie die Imagination mit der Bejahung: Dieses oder noch Schöneres realisiert sich für mich. Sie können das Visualisieren auch dazu nutzen, bessere Beziehungen zu Ihrem Partner und zu anderen Menschen aufzubauen. Die Beziehungen der Mitmenschen zu Ihnen sind das Ergebnis Ihrer eigenen inneren Einstellung zu sich selbst. Mitmenschen spüren intuitiv, ob Sie sie schätzen. Gehen Sie davon aus: Sie selbst sind verantwortlich für Ihre Beziehungen zum Mitmenschen. So haben Sie die richtige Einstellung, um bessere Beziehungen zu imaginieren. Visualisieren Sie, wie Sie Ihre Beziehungen zu den Mitmenschen verbessern. Stellen Sie sich Einzelheiten vor. Unterstützen Sie die Wirkung der Bilder mit der Bejahung: Ich habe eine harmonische Beziehung zu ________________. Wir schätzen uns sehr.

Nutzen Sie kreatives Visualisieren. Es ist kein oberflächliches Denken, sondern es hat eine tiefe Wirkung. So wird sich Ihr Leben zum Guten wenden. Kreatives Visualisieren bewirkt inneres Wachstum. Sie befreien sich von einengenden Haltungen, überwinden Ängste und andere negative Gedanken. Kreatives Visualisieren greift tief in Ihre psychischen Prozesse ein.

Sie schaffen damit einen Zustand der Harmonie und des Glücks. So werden Sie selbst zum Schöpfer der Welt, in der Sie leben.

Leider wird bei der Erziehung des Menschen nur zu oft allein die Entfaltung des Verstandes angestrebt. So verkümmert das kreative Vorstellungsvermögen immer mehr. Mit einiger Übung kann aber die Gabe der Phantasie zu neuem Leben erweckt werden. Viele Menschen haben das bewiesen. Sie berichteten mir davon, wie sie durch die Wiederbelebung ihrer Fähigkeit zur Imagination zu großen Freuden vorgestoßen sind. Mit der entfalteten Phantasie vermochten solche Menschen nicht nur im künstlerischen Bereich, sondern in jedem Beruf kreativer zu sein.

Nutzen daher auch Sie die in Ihnen angelegte Kraft der geistigen Vorstellung. Sie entfalten verborgene

Fähigkeiten und lenken Ihr Leben zum Guten. Dazu müssen Sie die Visualisierungsübungen regelmäßig durchführen. Erst dann werden sich Ihre Denkabläufe dauerhaft verändern. Sie ernten, was Sie säen. So werden Sie zum Meister Ihres Lebens.

6. Die Oberstufe des Visualisierens

Bei Visualisierungsübungen mit Seminarteilnehmern berichtete mir ein vierzigjähriger Mann: «Mir gelingt es bei geschlossenen Augen überhaupt nicht, ein Bild aufzubauen. Öffne ich dagegen die Augen, dann bereitet es mir keine Schwierigkeiten. Deutlich kann ich das Bild sehen.»

Ich entgegnete ihm: «Ohne es zu wissen, haben Sie bereits die Praxis der hohen Schule der Visualisierung durchgeführt.»

Die meisten Menschen müssen zunächst lernen, ihr Objekt bei geschlossenen Augen zu visualisieren. Dann können sie einen Schritt weitergehen und die Oberstufe des Visualisierens praktizieren.

Die Oberstufe des Visualisierens:

Entspannen Sie die Muskeln um die Augen.

Versuchen Sie das Objekt etwa einen Meter vor sich mit geöffneten Augen zu visualisieren, entweder in Brust- oder in Augenhöhe. Können Sie das Bild klar sehen? Oder verschwindet es sofort wieder?

Haben Sie Schwierigkeiten, dann konzentrieren Sie sich auf die vom Bild ausgelösten Gefühle. Verstärken Sie das Gefühl: Das Objekt steht vor mir. Dieses Wissen entspannt und verstärkt Ihr positives Grundgefühl. Da Sie die Nähe des Objektes fühlen, sind Sie innerlich darauf eingestimmt, es bald zu sehen.

Versuchen Sie, das Bild nicht nur vor sich, sondern auch in Ihrem Körper zu visualisieren. So wird Ihr Bewußtsein sehr beweglich. Stellen Sie sich am Ende

der Visualisierung vor, wie sich das Bild entfernt und dabei immer kleiner wird. Schließlich ist es ganz entschwunden. Haben Sie die Übung mehrmals durchgeführt, wird das Bild gelegentlich von selbst am Tage erscheinen. Sie sehen das Bild, ohne davon fixiert zu werden.
Während des Visualisierens sehen Sie nicht mit den Augen, sondern mit dem Bewußtsein. Visualisierungen können manchmal so scharf und brillant sein, daß sie Ihre gewöhnliche Wahrnehmungsfähigkeit weit übertreffen. Beim kreativen Visualisieren ist Ihr Bewußtsein zu den größten Schöpfungen fähig.
Praktizieren Sie daher auch die Oberstufe des Visualisierens. Sie entwickeln Ihre Bewußtheit und dringen zu Ihrer helfenden Kraft vor.

7. Wie ich die Visualisierung nutzte

Als ich mir nach dem Abitur das Geld für das Studium verdiente, hatte ich zum Beispiel die Unterteile von Eisenbahnwagen auf dem Rücken liegend zu streichen. Danach arbeitete ich bei einer Spedition und trug schwere Möbel. Ein Arbeitstag war lang, und manchmal war ich nahe daran, aufzugeben. Als Neunzehnjähriger hatte ich zu jener Zeit noch nichts von der Visualisierung gehört. Wenn meine Stimmung während der ungewohnten Arbeit abzusinken drohte, machte ich eine kurze Pause und stellte mir vor, wie schön es wäre, wenn ich mein Berufsziel erreicht hätte. Da ich mich danach immer wohler fühlte und sogar einen inneren und auch körperlichen Kraftzuwachs verspürte, bediente ich mich meiner Phantasie immer dann, wenn es mir erforderlich schien. So stand ich die für mich schwere Zeit durch und konnte nach zwei Jahren mit dem Studium beginnen.

Später bediente ich mich der Visualisierung systematisch, zum Beispiel, um Berge zu besteigen, um meine Angst vor dem Wasser zu überwinden und im Indischen Ozean zu tauchen. So erreichte ich die Ziele, die ich mir gesetzt hatte.
Ich meinte, viel über die Visualisierung zu wissen, ahnte aber noch nicht, daß meine tiefgreifendste Erfahrung mit ihr noch bevorstand. Hier das für mich beeindruckendste Erlebnis:
Ich hatte mir ein hohes Ziel gesetzt. Ein Bild davon klebte ich an die Wand vor meinem Schreibtisch. Bald schien es mir jedoch, daß dieses Ziel nicht zu erreichen war. So gab ich es zunächst innerlich auf und verschob die Verwirklichung auf eine weite Zukunft. Dennoch ließ es sich nicht vermeiden, daß meine Blicke gelegentlich auf das Bild fielen. Das für mich völlig Unerwartete trat ein. In weniger als zwei Jahren ergab sich für mich die Möglichkeit, das Ziel zu erreichen. Ich versuchte und schaffte es.
Das Beispiel zeigt sehr deutlich, wie stark auch die Kraft einer nicht absichtlich durchgeführten Visualisierung sein kann.
In seinem Buch «Der Himalaja blüht» beschreibt der Naturforscher Heinrich Harrer, wie ihn ein Lied von einer blauen Blume auf all seinen Expeditionen begleitete. Das Lied war ihm Bild, Traum und Verlokkung zugleich. Vierzig Jahre, also ein halbes Leben später, hatte er die blaue Blume in Bhutan gefunden. Heinrich Harrer zog aus der Verwirklichung seines Jugendtraumes die Erkenntnis: Träume können in Erfüllung gehen, wenn man sie nur zielstrebig verfolgt.
Visualisierung ermöglicht es auch Ihnen, Ihre Ziele zu erreichen. Wenden Sie daher die Technik an. Probieren Sie sie aus. Die Veränderungen in Ihrem Leben werden Sie überraschen.

8. Die tägliche Praxis der Visualisierung

Ihre Visualisierung gelingt um so besser, wenn Sie sich zuvor entspannen. In meinem Buch «Die universellen Kräfte Ihrer Psyche» habe ich eine Entspannungsmethode und eine Technik zur inneren Sammlung beschrieben. Die Übungen führen zu einer tiefen Entspannung des Körpers und des Geistes. Selbst Anfänger erreichen mit der Technik eine Veränderung des Musters der Gehirnwellen. Der veränderte Bewußtseinszustand wirkt sich besonders effektiv auf die Visualisierung aus.
Wann soll die Visualisierung durchgeführt werden? Es ist sehr vorteilhaft, die Übung vor dem Einschlafen und vor dem Aufstehen durchzuführen. Ihre inneren Energien vermögen um so besser zu fließen, wenn Sie den Rücken senkrecht halten. Sie können sich dazu entweder auf einen Stuhl setzen oder die Übung im Bett sitzend ausüben.
Führen Sie Ihre Visualisierungsübungen insgesamt drei- bis fünfmal am Tage durch. Die konsequente Durchführung ist sehr wichtig.
Machen Sie daher Ihre Visualisierungsübungen regelmäßig jeden Tag. Wenn Sie Ihnen zur Gewohnheit geworden sind, ändern sich Ihre Denkgewohnheiten. Sie bestimmen selbst die Inhalte Ihres Bewußtseins.

9. Eine Sekretärin entfaltet ihre Fähigkeit zu visualisieren

Die 36jährige Sekretärin eines Schulleiters berichtete mir in einem Gespräch folgendes:
«Als ich noch ein Kind war, bewunderte ich meine Schwester, die sich in ihrer Phantasie vieles ausmalen und faszinierende Märchen ausdenken konnte. Ich schien über die Fähigkeit zu imaginieren scheinbar

nicht zu verfügen. Als ich dreißig Jahre alt war, versuchte ich, eine schwierige Lebenssituation mit Suggestionstechniken zu meistern. Es gelang mir aber nicht. Meine Gefühle wurden davon nicht ergriffen, und so blieb die erhoffte Wirkung aus.»

Im Verlauf des weiteren Gespräches erzählte mir die Dame, daß sie im Frühling bei ihren Spaziergängen oft vor einer alten Eiche stehen blieb, die sie sehr beeindruckte. Ich bat die Dame, ihre Augen zu schließen, den alten Baum zu imaginieren. Sie versuchte es, und es gelang ihr auch. Sie war sehr erstaunt über ihren Erfolg. Die Frau sagte: «Ich sah die Eiche ganz deutlich vor meinem geistigen Auge. Ich erblickte den Stamm, die Äste und die grünen Blätter. Ein Gefühl der inneren Stärke erfaßte mich. Ich spüre es noch jetzt. Es ist, als ob die Kraft in mir ist.»

Ermuntert von diesem Erlebnis, versuchte sich die Sekretärin einfache Gegenstände aus ihrem Wohnzimmer vorzustellen. Nach zwei Wochen war ihr Visualisierungsvermögen so entfaltet, daß sie schöne Erlebnisse zu visualisieren vermochte, die sie einmal erfahren hatte. Sie konnte zum Beispiel das Gefühl eines erfrischenden Bades in sich wachrufen oder das Erlebnis eines herrlichen Spaziergangs. Was sie mit einfachen Suggestionen nicht schaffte, erreichte sie nun fast mühelos. Sie entwickelte positive Gefühle. Nach weiteren zwei Wochen vermochte sie sich sogar Dinge vorzustellen, die sie noch nicht erlebt hatte. Die Sekretärin war sehr erstaunt, welche große schöpferische Kraft der Phantasie in ihr verborgen war. Sie führte auch die im vorhergehenden Unterkapitel dargelegten Übungen durch. So vermochte sie eine dauerhafte Umschaltung ihrer Gefühle zum Positiven vorzunehmen.

Durch solche Erfahrungen sehr ermuntert, nutzte die Sekretärin das kreative Visualisieren auch dazu, ihre Ziele zu erreichen. Ihre Wünsche waren, das Körper-

gewicht zu verringern, gesünder zu leben und harmonischere Beziehungen zur Umwelt zu schaffen. Dazu stellte sie sich ihre Ziele so vor, wie sie sie sich wünschte. In ihrer Phantasie waren die Wünsche bereits Wirklichkeit geworden. Mehrmals am Tage führte sie ihre Übungen durch. Der erhoffte Erfolg blieb nicht aus. Im Laufe mehrerer Monate verwirklichte sie all ihre Ziele.
Nutzen auch Sie kreatives Visualisieren, um Ihre Ziele zu erreichen. Machen Sie sich ein genaues Bild vom Ziel. Visualisieren Sie es mehrmals am Tage. Die Bilder gelangen ins Unterbewußtsein und lenken Ihre Kraft auf das Ziel. Es kommt immer das auf Sie zu, von dem Sie am stärksten durchdrungen sind. Haben Sie schließlich Ihr Ziel erreicht, dann genießen Sie es auch. Nicht wenige Menschen verwirklichen ihr Ziel und vergessen völlig, sich am Erfolg zu freuen.

10. Kreatives Visualisieren schafft neue Erfahrungen

Die meisten Menschen vergeuden Energien durch Grübeln und Sorgen. Negative Gedanken leiten die Kräfte des Menschen in falsche Bahnen. Am Ende verwirklicht sich für jeden das, was er ständig denkt. Auf diese jahrtausendealte Weisheit wurde schon hingewiesen.
Sie können aber einem solchen Prozeß ein Ende bereiten, wenn Sie sich der Technik der Visualisierung bedienen. Dann gelangen Sie mit Ihrer großen Kraft, Ihrem inneren Helfer, in Kontakt. Menschen, denen ich die Technik der Visualisierung erklärte, berichteten mir später über ihre Erfahrungen. Jede ist in einem Satz zusammengefaßt:
«Ich habe ein großes Gefühl der Kraft in mir.»
«Ich fühle mich sehr wohl.»
«Lebensfreude durchdringt mich.»

«Eine innere Ruhe erfüllt mich.»
«Meine Konzentrationsfähigkeit nimmt zu.»
«Ich komme meinen Zielen immer näher.»
«Mein Leistungsdruck läßt nach.»
«Gutes und Schönes kommen auf mich zu.»
«Ich mag mich.»
«Alles, was ich brauche, ist in mir.»
«Im Universum gibt es Überfluß für alle.»
«Ich bin glücklich zu leben.»
«Mein Dasein ist herrlich.»
«Wunderbare Energien erneuern mich.»
«Mein Wohlstand wächst.»
«Ich bin gesund.»

Nicht immer bringt die Visualisierung sofort den vollkommenen Erfolg. Woran liegt das? Viele Menschen müssen Denkmuster ändern, die sie seit Jahren angewandt haben. Es ist daher verständlich, wenn es etwas Zeit erfordert, solche Gewohnheiten zu ändern. Haben Sie daher Geduld. Wenden Sie die Visualisierung mehrmals am Tag an. Die Technik des Visualisierens ist die wirksamste, um unterbewußte Einstellungen und Gefühle zu verändern. Wenn Sie die Technik während zwei bis vier Wochen mehrmals am Tage anwenden, werden Sie bereits erstaunliche Erfolge erzielen.
Kreatives Visualisieren darf nicht mit Halluzinationen verwechselt werden. Der Schizophrene erlebt das Chaos, er wird zum vollkommenen Opfer seiner Vorstellungen, er flüchtet sich in eine selbstgeschaffene Welt. Ganz anders ist es dagegen beim Visualisieren. Hierbei formen Sie die Bilder zwar nicht völlig, aber doch weitgehend nach Ihren Vorstellungen. Sie selbst schaffen einen Bewußtseinszustand, der neue Erfahrungen hervorbringt. Betreiben Sie also schöpferisches Visualisieren. Mit dieser Technik räumen Sie Barrieren fort, die Sie von Harmonie, Erfolg und

Glück trennen. Es gilt nur diese Übungen regelmäßig durchzuführen. Probieren Sie die Techniken aus. Sie erkennen, zu welchen Veränderungen sie in Ihrem Leben führen.

11. Setzen Sie Bilder gegen Zweifel

Ich erfahre immer wieder, wie Menschen versuchen, ihr Denken zu verändern. Da ihnen die Literatur nur zu oft keine wirksamen Techniken in die Hand gibt, bewirken häufig schon kleine Mißerfolge, daß der Mensch wieder ins Negative zurückfällt. Der erhoffte Wandel kommt also nicht zustande. Das positive Denken fällt eben dann leicht, wenn es keine Schwierigkeiten im Leben gibt. Treten jedoch die ersten Enttäuschungen auf, werden alte Denkmuster und negative Gefühlseinstellungen wieder lebendig.
Was kann in solchen Fällen getan werden?
Nehmen wir einmal an, Sie haben eine Enttäuschung erlebt. Zweifel erfüllen Sie, ob Sie Ihr Ziel erreichen werden. Unterdrücken Sie dann das mit einer solchen Reaktion verbundene Gefühl nicht. Durch Unterdrückung würden Sie es ohnehin nur verstärken. Nehmen Sie es wahr. Seien Sie achtsam auf den Zweifel, der durch Ihren Geist zieht. Visualisieren Sie dann Ihr Ziel. Welcher Prozeß läuft hierbei ab?
Während Sie visualisieren, entziehen Sie dem Zweifel Energie und lassen sie in das Bild fließen. Sie nutzen also die im Zweifel enthaltene psychische Energie, um Ihr positives Bild aufzubauen. Wenn Sie dann Ihre ganze Bewußtheit auf das Bild richten, lenken Sie weitere Energien aus der Tiefe Ihres Wesens darauf. So weichen Sie feste und verhärtete Strukturen negativen Denkens auf. Ihr Körper und Ihr Geist werden ruhig und klar.

12. Was für den Erfolg des Visualisierens wichtig ist

Damit Ihre Visualisierung wirksam ist, müssen Sie zwar von Ihrem Wunsch durchdrungen sein. Die treibende Kraft darf aber nicht reines Besitzergreifen, also nicht Habgier sein. Viel wichtiger ist es, zielbewußt zu sein und die eigenen Energien auf das Ziel zu lenken.

Sind Sie von Ihrem Ziel durchdrungen? Lenken Sie Ihre Energien auf das Ziel? Das wird Ihnen nur dann gelingen, wenn Sie Ihre Ziele auch wirklich innerlich bejahen.

Beantworten Sie sich dazu die Frage: Will ich meine Ziele wirklich aus ganzem Herzen erreichen?

In meinem Buch «Die geheime Kraft Ihrer Wünsche» habe ich mehrere Techniken dargelegt, wie Sie sich darüber Klarheit verschaffen.

Über den Erfolg der Visualisierung entscheidet auch Ihr Glaube. Glauben Sie daran, Ihr Ziel zu erreichen? Sind Sie von der Hoffnung, das Ziel zu erreichen, ganz durchdrungen?

Viele Menschen übersehen, daß es auch notwendig ist, das Ziel anzunehmen, wenn Sie es erreicht haben. Manche streben Ziele an, an denen sie eigentlich nicht besonders interessiert sind. Sie verfolgen die Ziele einfach nur deshalb, um etwas zu tun. Nun ist es zwar durchaus möglich, mit einer solchen Einstellung Ziele zu erreichen. Der Fall meines Schulkameraden beweist es. Er dachte daran, ein bestimmtes Studienfach zu wählen. Mehrere Lehrer sprachen ihm dazu die Begabung ab. Aus Trotz gegen die Meinung der Lehrer blieb er bei «seiner» Wahl. Er wollte es den Zweiflern beweisen. Tatsächlich schaffte er es auch, das Ziel zu erreichen. Doch was war die Folge? Als er das Ziel erreicht hatte, fühlte er sich gar nicht glücklich. Er überdachte seine Wünsche und entschied sich für ein neues Studium. Eine solche Kraft- und Zeit-

vergeudung können Sie sich aber sparen. überdenken Sie: Wollen Sie das Angestrebte auch von Herzen annehmen? Sie schaden sich nur, wenn Sie sich zu Trotzreaktionen hinreißen lassen.
Wie steht es um Ihren Wunsch? Lenken Sie die Gefühle auf das Ziel? Glauben Sie an die Verwirklichung des Wunsches? Wollen Sie das Angestrebte auch innerlich annnehmen, wenn Sie es verwirklicht haben?
Denken Sie daran: Nur wenn alle drei Voraussetzungen zutreffen, werden Sie mit der Visualisierung auch den Erfolg haben, der Ihnen innerliche Befriedigung gibt. Überprüfen Sie also Ihre Wünsche auf die drei Notwendigkeiten. Nehmen Sie sich ausreichend Zeit für die notwendige Klärung. Stoßen Sie sich nicht daran, wenn die Abklärung mehrere Wochen dauert. Das ist nicht außergewöhnlich. Haben Sie die notwendige Klärung erreicht, visualisieren Sie Ihr Ziel mehrmals am Tag. Und unterstützen Sie Ihre Visualisierung mit der Affirmation:
Ich bin ganz davon durchdrungen, mein Ziel zu erreichen.

13. Ein Angestellter überwindet eine Lebenskrise

Ein Angestellter berichtete, wie sehr sein Selbstbewußtsein gelitten hatte. Vor zwei Jahren verlor er die Arbeitsstelle. Dann ließ sich seine Frau scheiden. Da sie ihm in Aussicht stellte, sich später wieder mit ihm zu versöhnen, unterzeichnete er unüberlegt einen vom Anwalt seiner Frau aufgesetzten Trennungsvertrag. Darin verzichtete er zugunsten der Frau auf seinen Vermögensanteil. Danach warf ihn die Frau aus der Eigentumswohnung.
Nun hatte er alles verloren, die Arbeitsstelle, sein erspartes Vermögen und die Frau. Da damals sein

Selbstwertgefühl nur auf seinen Erfolgen aufbaute, litt er nun besonders.
Ich machte ihm klar, wie falsch es ist, immer nur in den Augen der Mitmenschen etwas zu gelten, sich selbst aber nichts zu bedeuten.
Er schaffte es, sein falsches Selbstbild aufzugeben. Meditation und Visualisierung halfen ihm, im Sein zu leben und ein tiefes Vertrauen zu seinem Selbst zu entwickeln.
Die Änderung seines Wesens blieb nicht ohne Folgen. Bereits nach vier Monaten stellte ihn eine Firma ein. Kurze Zeit darauf traf er eine Frau, mit der er in Harmonie lebt. Glücklich rief er mich an, um mir seinen Erfolg mitzuteilen. Dankbar sagte er: «Früher wollte ich immer nur Dinge haben, um glücklich zu sein. Leid war die Folge. Nun lebe ich aus meinem Zentrum, aus dem Sein. Daraus schöpfe ich die Energie für mein Tun. Der Erfolg kommt irgendwann.»

14. Eine Frau baut ein Geschäft auf

Eine Frau erzählte mir: «Mein Herzenswunsch ist es, ein eigenes Lederwarengeschäft aufzubauen. Ich werde es aber wohl nicht schaffen.» Ich riet ihr, sich ein Foto oder ein farbiges Bild eines solchen Geschäftes zu beschaffen, das ihren Vorstellungen davon weitgehend entsprach. Dann empfahl ich ihr, mit dem Bild Visualisierungsübungen durchzuführen. Nach zwei Wochen berichtete sie mir über ihre Erfahrungen:
«Zu Beginn meiner Übungen konnte ich das Bild bei geschlossenen Augen gleichsam am Ende einer langen Röhre sehen. Dann entschwand es wieder. Ich betrachtete das Farbfoto erneut und versuchte, es bei geschlossenen Augen aus seinen Teilen zusammenzusetzen. Doch das mißlang. Mir fiel ein, daß Sie mir

davon abgeraten hatten. Also betrachtete ich das Bild wie eine alte Freundin und versuchte es zu visualisieren. Nach einigen Tagen konnte ich das Bild gut bei geschlossenen Augen aufbauen. Es blieb einige Sekunden stabil, bis es zerfiel. Nach einigen Tagen hatte ich sogar ein ‹wissendes Gefühl› für das Bild entwikkelt. Nach diesem Erfolg versuchte ich das Bild bei geöffneten Augen etwa in Augenhöhe einen Meter vor mir zu visualisieren. Zunächst gelang es nicht. Dann erinnerte ich mich an mein wissendes Gefühl um das Bild. Plötzlich vermochte ich es klar zu erkennen. Das wissende Gefühl um das Bild erlebe ich auch manchmal am Tage. Vertrauen und innere Ruhe sind die Folgen.»

Nach einigen Wochen traf ich die Dame wieder. «Wie steht es um Ihr Geschäft?» fragte ich sie.

«Das Startkapital bereitet mir noch Schwierigkeiten. Wenn ich nur konsequenter beim Sparen wäre», sagte sie.

Ich riet ihr zu visualisieren, wie sie jeden Monat einen festgelegten Betrag spare und auf die Bank einzahle. «Handeln Sie dann auch danach, so wird Ihnen die Bank den Restbetrag vorstrecken», riet ich ihr.

Vier Jahre später kam nach einem meiner Vorträge eine strahlende Dame auf mich zu. «Erinnern Sie sich noch an mich?» fragte sie. «Vor einem halben Jahr habe ich mein Geschäft eröffnet. Es läuft ganz ausgezeichnet. Ich bin Ihnen sehr dankbar für Ihre Hilfe. Visualisierung ist eine große Kraftquelle für mich geworden. Ich wünsche, daß noch viele Menschen von den effektiven Arbeitstechniken profitieren, die Sie lehren.»

15. So steigern Sie die Wirkung von Bildern

Einer meiner Freunde hatte eine ausgedehnte Himalaja-Expedition geplant. Über seinem Schreibtisch hängt eine wunderschöne Landschaftsaufnahme von einem Teil der Gegend, die er aufsuchen wollte. In den Vordergrund hatte er ein Bild von sich und daneben eine kleine Sonne eingeklebt.

«Das Bild von mir im Foto soll mich immer daran erinnern, daß ich in diese herrliche Gegend will. Die Sonne ist für mich ein Symbol der Unendlichkeit und meines Selbst. Sie soll mich immer daran erinnern, welch große Kraft ich aus meinem Sein schöpfen kann und daß nur dort die Quelle meines Wertgefühls ist.»

Mein Freund hat die Expedition durchgeführt. Sie wurde ihm zu einem tiefen Erlebnis.

Doch zurück zu Ihnen. Wenden auch Sie diese wirksamen Techniken an. Bedienen Sie sich ergänzend zur Visualisierung der Wirkung eines Bilddrucks, Fotos usw. Sie können es an die Wand kleben, in die Brieftasche legen. Entscheidend ist: Ihr Blick fällt oft auf das Bild. Bringen Sie auch sich selbst und ein Unendlichkeitssymbol mit ins Bild. Das hilft Ihnen, Ihre verborgene Kraft zu entwickeln und auf das Ziel zu lenken.

Zusammenfassung

1. Sie bestimmen Ihr Leben durch die Gedanken, die Sie lenken.
2. Negative Gedanken unterdrücken Ihren verborgenen Helfer. Er kann Ihnen nicht zu Hilfe kommen.
3. Vertrauen Sie Ihrem verborgenen Helfer.
4. Bejahen Sie Ihren inneren Helfer. Lassen Sie sich gefühlsmäßig ganz von seiner Existenz und seiner Wirkung durchdringen.
5. Bildhafte Vorstellungen fallen ins Unterbewußtsein und lenken die Kraft Ihres Kerns auf das Ziel.
6. Schulen Sie Ihr reproduktives Vorstellungsvermögen. Visualisieren Sie einfache geometrische Formen, Zahlen und farbige Gegenstände. Es ist ganz normal, wenn Sie zu Anfang der Übungen das Bild nur wenige Sekunden aufrechterhalten können.
7. Nutzen Sie kreatives Visualisieren, um Ihre Ziele zu erreichen. Beenden Sie jede Übung mit der Bejahung: Dieses oder noch Schöneres realisiert sich für mich.
8. Visualisierung bewirkt inneres Wachstum. So wendet sich Ihr Leben zum Guten.
9. Entspannung macht Ihre Visualisierung effektiver.
10. Lernen Sie, mit geöffneten Augen zu visualisieren.
11. Betreiben Sie Visualisierung mit Geduld. Die Visualisierung ist die wirksamste Technik, unbewußte Einstellungen und Gefühle zu verändern.
12. Befallen Sie Zweifel oder andere negative Gedanken, dann visualisieren Sie Ihr Ziel. So lenken Sie gleichsam die im Zweifel enthaltene psychische Energie auf Ihr Bild.

13. Visualisieren verstärkt Ihre Bewußtheit. Energien fließen aus der Tiefe Ihres Wesens und weichen feste Strukturen des negativen Denkens auf.
14. Beschaffen Sie sich farbige Bilder von Ihren Zielen. Bringen Sie sich selbst und ein Unendlichkeitssymbol mit ins Bild.
15. Ihre Visualisierung ist dann sehr wirksam, wenn Sie folgende Fragen mit einem Ja beantworten:
    Lenken Sie Ihre Gefühle auf das Ziel?
    Glauben Sie, es erreichen zu können?
    Sind Sie bereit, das Angestrebte auch innerlich anzunehmen, wenn Sie es verwirklicht haben?

Kapitel 3

Kombinieren Sie Visualisieren mit Affirmationen

1. Wirken Sie negativen Fremdbeeinflussungen richtig entgegen

Als ich einmal über die großen Möglichkeiten des menschlichen Geistes sprach, meldete sich eine junge Dame zu Wort und erklärte: «Meine Eltern haben bei meiner Erziehung nahezu alles falsch gemacht. Ich war vielen negativen Einflüssen ausgesetzt. Daher steckt in mir soviel Negatives. So wird meine Zukunft unvermeidbar negativ.»

«Unterstellen wir einmal», so erläuterte ich, «es seien durch negative Einwirkungen Ihrer Eltern tatsächlich viele negative Einflüsse in Ihr Unterbewußtsein gelangt. Das geschah in der Vergangenheit. Was vollzieht sich aber in der Gegenwart? Jeden Tag denken Sie selbst über sich und über Ihre Zukunft negativ. Dafür sind allein Sie verantwortlich. Mit Ihrem eigenen negativen Denken bringen Sie jeden Tag neuen Unrat in Ihr Unterbewußtsein. Was ist die Folge? Sehr bald ist der durch Ihr eigenes negatives Denken in der Tiefe Ihres Geistes geschaffene Unrat viel größer als der durch die Umweltbeeinflussung bewirkte. Mit anderen Worten: Sie sind dabei, sich selbst zugrunde zu richten. Es ist so wichtig, daß Sie sich dieser Tatsache immer bewußt sind.»

Die Situation der Dame war kein Sonderfall.

Nicht wenige Kinder werden von ihren Eltern aus Unwissenheit negativ beeinflußt. Äußerungen wie zum Beispiel: «Das schaffst du nicht», «Das geht schief», «Warte nur ab, du wirst es schon erleben» wirken auf das Kind ein.

Und selbst wenn die schädlichen Einflüsse nicht vom Elternhaus ausgehen, werden sie nur zu oft von anderer Seite an das Kind herangetragen. So muß jeder Mensch den von seiner Umwelt ausgelösten Schaden wieder beheben. Geschieht das nicht, werden die negativen Denkgewohnheiten zu immer neuen privaten und beruflichen Enttäuschungen führen. Da ich aus Erfahrung weiß, daß einfache Skizzen Sachverhalte immer klar darstellen können, versuchte ich der jungen Dame damit ihr eigenes Verhalten noch bewußter zu machen.

Ich erläuterte: «In der Skizze (Bild 6) sehen Sie um den Kern negative Speicherungen im Unterbewußtsein gezeichnet. Die mit einem Kästchen versehenen negativen Speicherungen sind durch Fremdbeeinflussung entstanden. Wenn Sie selbst schlecht über sich und Ihre Zukunft denken, entwickeln Sie negative Vorstellungen. Sie sind als Kreise mit einem Minus im Oberbewußtsein eingezeichnet. Auch diese negativen Gedanken fallen in die Tiefe Ihres Unterbewußtseins.

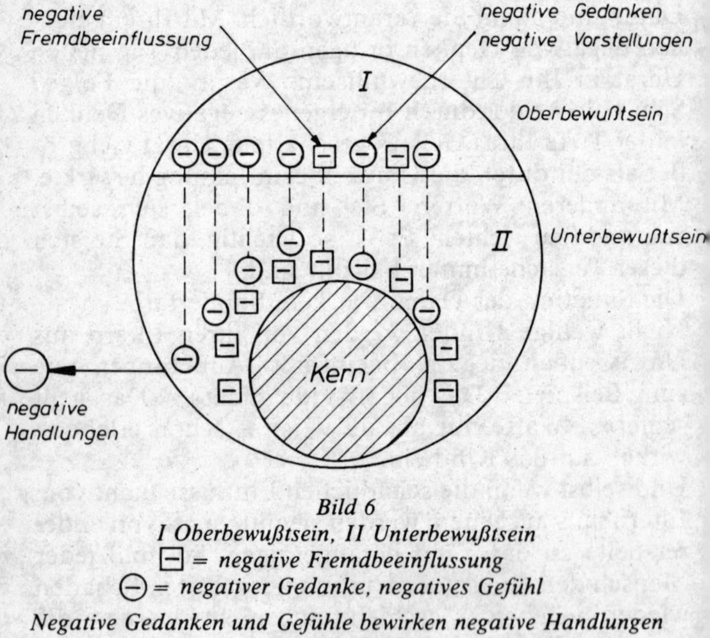

Bild 6
I Oberbewußtsein, II Unterbewußtsein
⊟ = *negative Fremdbeeinflussung*
⊖ = *negativer Gedanke, negatives Gefühl*

Negative Gedanken und Gefühle bewirken negative Handlungen und Mißerfolg.

Stellen Sie sich vor, wieviel Negatives Sie also jeden Tag selbst in Ihrem Geist entwickeln. Ihr ganzes Leben wird deshalb auch disharmonisch verlaufen. Ganz anders sieht es dagegen aus, wenn Sie sich bemühen, positive Gedanken und Gefühle zu entwickeln. Dann werden die negativen Speicherungen im Laufe der Zeit gelöscht. Ihr ganzes Leben entwickelt sich zum Positiven. Der Sachverhalt wird in Bild 7 zum Ausdruck gebracht.
Bemühen Sie sich also, Ihr Denken zu ändern. Sie müssen nur jeden Tag etwas dafür tun. Viele Menschen haben durch konsequente Arbeit an sich ihr Leben verändert. Auch Sie schaffen es.»

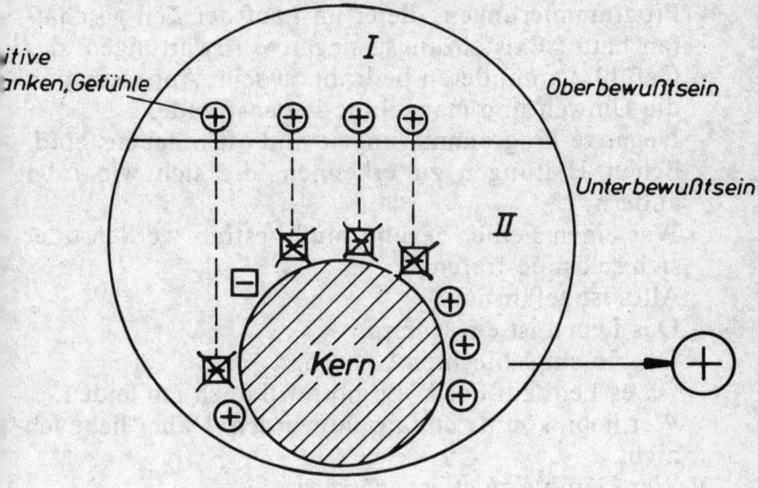

Bild 7
Positive Gedanken und Gefühle löschen die negativen Speicherungen und bewirken positive Handlungen.

2. Bejahungen verändern Gewohnheiten

Ist Ihnen schon einmal bewußt geworden, wie viele Gedanken am Tage durch Ihren Kopf ziehen? Häufig nehmen Sie die Gedanken nicht bewußt wahr. Schrieben Sie die Gedanken auf, so würden Sie erkennen: Es sind nur zu oft dieselben negativen Gedankenmuster, die wie auf einem Band abgespielt werden. Es sind Programmierungen, die Ihr ganzes Denken, Fühlen und Handeln beeinflussen. Wie solche fremd- oder selbstbestimmte Programmierungen entstehen, wissen Sie bereits. Jeder Mensch hat sie in einem größeren oder geringeren Ausmaß.

Ein vierzigjähriger Verkaufsingenieur zum Beispiel erkannte bei sich eine ganze Reihe solcher negativer Programmierungen, die er im Lauf der Zeit geschaffen hatte: Existenzangst, negative Erwartungen, das Gefühl, von anderen bedroht zu sein, Anpassung an die Umwelt und mangelnde Lebensfreude.

Negative Programmierungen sind oft in lebensfeindlichen Haltungen zu erkennen, die sich wie folgt äußern:

Wer einen Fehler begeht, muß bestraft werden oder sich selbst bestrafen.

Alles ist gefährlich.

Das Leben ist ein Kampf.

Ich bin ein schlechter Mensch.

Da es Leid auf der Welt gibt, will auch ich leiden.

Wer liebt, könnte enttäuscht werden. Daher liebe ich nicht.

Wer Gefühle zeigt, ist schwach.

Ich bin dem Schicksal völlig ausgeliefert.

Ich habe immer Pech.

Wer liebt, darf nicht selbstbewußt sein.

Beenden wir die Aufzählung. Es gibt unendlich viele negative, lebensfeindliche Haltungen. Sie alle stellen falsche Auffassungen von der Wirklichkeit dar.

Um negative Programmierungen im Unterbewußtsein zu löschen, gilt es, die entgegengesetzten positiven Gedanken aufzubauen. Mit Ihren Bejahungen lenken Sie Ihr Denken in eine positive Richtung. Solche Bejahungen werden auch als Affirmationen bezeichnet.
Dazu ein Beispiel.
Welche Bejahung könnte der Verkaufsingenieur entwickeln, dessen lebensfeindliche Haltungen eine zu große Anpassung an die Umwelt und mangelnde Lebensfreude sind?
Hier sein Bejahungstext:
Ich versuche nicht, anderen zu gefallen. Ich mag mich. Das ist wichtig. Ich bekenne mich zu meinen Wünschen. Das Glück ist in mir. Deshalb liebe ich mich.
Ich freue mich, weil ich lebe. Ich erkenne die schönen und guten Dinge in meinem Leben. Ich danke dafür. Lebensfreude durchdringt mich. Schönes kommt auf mich zu. Ich danke für das Gute, das auf mich zukommt.
Kraft aus dem Sein durchströmt mich. Das Göttliche ist in mir. Das Licht Gottes ist in mir und um mich.

3. Bejahungen unterstützen Ihre Visualisierungen

Im vorangegangenen Kapitel haben Sie erfahren, wie Sie die Macht der Visualisierung nutzen. Nehmen Sie auch Bejahungen zu Hilfe, um Ihre Visualisierungen zu verstärken. Verwenden Sie für die Bejahung kurze Sätze. Legen Sie Ihr ganzes Gefühl hinein. Kombinieren Sie also Visualisierungen und Bejahungen. Machen Sie es wie folgt:
1. Visualisieren Sie.
2. Bekräftigen Sie am Ende der Visualisierung das Ziel mit kurzen Bejahungen.

Die Übung muß Ihre Gefühle ansprechen.
Natürlich sind hierbei nicht negative, sondern positive Gefühle gemeint. Werden solche ausgelöst, wird ein Energiestrom in Gang gesetzt. Zu Anfang der Übungen wird das ausgelöste positive Gefühl noch gering sein.
Negative Programmierungen können nun einmal nicht in wenigen Tagen gelöscht werden.
In Kapitel 8 lernen Sie ein Verfahren kennen, das direkt auf die Verstärkung positiver Gefühle zielt. Sie bedienen sich hierbei der Kraft der Symbole. Die Energie der dadurch hervorgerufenen positiven Gefühle können Sie nutzen, um ein neues positives Gefühl zu entwickeln oder ein schwach vorhandenes zu verstärken. Eine sehr effektive Methode besteht in der Kombination:

1. Visualisierung des Symbols zum Aufbau eines positiven Grundgefühls
2. Visualisierung des Ziels
3. Affirmation

Davon später mehr.

4. Affirmationen, die helfen

Da eine Affirmation oder Bejahung eine positive Aussage ist, gibt es unendlich viele. Hier eine kleine Auswahl von Affirmationen zum besseren Verständnis:
Ich meistere mein Leben.
Ich lenke meine Kraft nach außen und gehe aus mir heraus.
Wenn ich mich selbst liebe, kann ich auch andere lieben.
Ich erkenne die schönen Dinge des Lebens.
Meine Arbeit macht mir Freude.
Gutes kommt auf mich zu.
Ich habe das Glück in mir.

Fehler machen ist nicht schlimm. Aus Fehlern lerne ich.
Ich lasse meine Gefühle zu und nehme sie an.
Ich fühle mich wohl, wenn ich mit Menschen zusammenkomme.
Ich versuche nicht, anderen zu gefallen. Ich gefalle mir, das ist wichtig.
Die Kraft aus meinem Sein erneuert sich.
Die Technik der kleinen Schritte führt zum Erfolg.
Meine Ehe wird immer glücklicher.
Meine Beziehungen zu meinen Kindern werden immer besser.
Gesundheit durchdringt mich.
Meine finanziellen Angelegenheiten entwickeln sich immer besser.
Ich bin eins mit dem göttlichen Licht.
Ich strahle Ruhe und Sicherheit aus.
Ich kann innerlich stark sein und lieben.
Meine schöpferischen Energien fließen.
Inspiration strömt mir zu.
Ich bin in der göttlichen Kraft geborgen.
Besitze ich mehr, so kann ich mehr schenken.
Mein Leben erfüllt sich.
Ich lasse los.
Mein Gemüt ist still und friedlich.
Ich bin der Lenker meiner Gedanken.
Ich vertraue auf meinen inneren Helfer.
Ich bin heiter und tatkräftig.
Das Universum (Gott) hat Gutes mit mir vor.
Rauch widert mich an. Gesunde Luft bereitet mir Wohlbefinden und macht mich frei.
Meine Beziehungen zu Mitmenschen werden immer besser, wenn ich mich zu mir selbst bekenne.
Was ich denke, versinkt in der Tiefe meines Geistes.
Es wird sich in der äußeren Wirklichkeit ausdrücken.
Es macht mir Spaß, meinen Tagesplan auszuführen.
Ich bin ruhig und mache eins nach dem anderen.

Wenn ich mich hinlege, schlafe ich ein. Mein Schlaf ist tief und erfrischend.
Ich erkenne, wofür ich in meinem Leben bestimmt bin.
Ich bin in meinem Selbst geborgen.
Das göttliche Licht ist in mir.

Beenden wir die relativ kleine Auswahl von Bejahungen. Suchen Sie sich eine heraus, die Ihnen gefällt und für Sie geeignet ist. Oder stellen Sie eine eigene auf. Führen Sie Ihre Bejahungen mindestens dreimal am Tage durch. Ergreifen Sie die Chance, negative Denk- und Verhaltensgewohnheiten zu löschen. Gutes strömt auf Sie zu.

5. Was Sie bei Bejahungen bedenken müssen

Hier noch einige Regeln, die Sie bei der Aufstellung Ihrer Affirmationen beachten müssen.

1. Entscheiden Sie sich für solche Bejahungen, die Sie ansprechen. Der eine Mensch zieht diese, der andere jene Formulierungen vor. Das ist verständlich, denn die Mentalitäten der Menschen sind unterschiedlich. Eine Bejahung wirkt nicht auf alle gleich. Wählen Sie solche, die Ihr Gefühl ansprechen.
2. Wenn eine Bejahung etwas Neues in Ihnen aufbaut, wird sich in Ihnen gefühlsmäßig etwas sträuben. Das verwundert nicht. Bei jedem Wachstumsprozeß gilt es, Widerstände zu überwinden.
3. Bejahungen dienen nicht dazu, vorhandene Gefühle und Emotionen zu unterdrücken oder zuzuschütten. Daher gilt es, auch die negativen Gefühle anzunehmen, aber nicht noch weiter auszudehnen. Die Bejahungen helfen Ihnen, Ihr Bewußtsein zu verändern und auszuweiten.

4. Formulieren Sie Ihre Bejahungen positiv. Nennen Sie das, was Sie erreichen, und nicht das, was Sie vermeiden wollen. Formulieren Sie also nicht: «Ich ziehe mich nicht mehr von den Menschen zurück», sondern «Es macht mir Spaß, auf Mitmenschen zuzugehen». Manchmal läßt es sich nicht vermeiden, Affirmationen negativ zu formulieren, zum Beispiel: Zigaretten widern mich an. Schließen Sie in einem solchen Fall die Bejahung immer positiv ab. In dem genannten Beispiel vielleicht: Saubere Luft bereitet mir Wohlbehagen.
5. Setzen Sie auch Ihre Gefühle ein. Lenken Sie Ihre emotionalen Energien auf die Gedanken. Sie vermögen das um so besser, wenn Sie zunächst eine Symbolvisualisierung durchführen, siehe dazu Kapitel 7 und 8. Versuchen Sie bei der Visualisierung das Gefühl zu entwickeln, daß das wahr ist, was Sie denken.
6. Bejahungen sind häufig dann sehr wirkungsvoll, wenn Sie die höchste Wirklichkeit, also das Universelle oder Gott einbeziehen. Sie können es in Ihren Bejahungen «Gott», «die universelle Kraft», «das Licht» oder auch «mein Selbst» nennen.

Natürlich können Sie auch Ihre Bejahungen durchführen, ohne dabei zu visualisieren. Führen Sie am Ende Ihrer Visualisierung aber immer eine Bejahung durch.

6. Blockaden verhindern den Erfolg der Übungen

Bei einem Gespräch äußerte eine dreißigjährige Frau: «Wenn ich in Gesellschaft mehrerer Menschen bin, verspüre ich immer eine große Angst.»
Es fiel ihr sehr schwer, sich vorzustellen, sich bei solchen Gelegenheiten heiter und selbstbewußt zu fühlen. Auch die Bejahung: «Ich fühle mich wohl, wenn

ich unter Menschen bin» bereitete ihr große Schwierigkeiten.
Ein zweiundvierzigjähriger kaufmännischer Angestellter hatte vor zwei Jahren seine Tätigkeit bei einer Firma unüberlegt aufgegeben und bei einer anderen angefangen. Doch seine Hoffnungen erfüllten sich nicht. Die neue Firma kündigte ihm sogar an, ihn demnächst zu entlassen. Auch er schaffte es zunächst nicht, sich vorzustellen, wie er tatkräftig sein Leben meistern würde.
Im Falle der Frau und des Mannes verhinderten Blokkaden den Erfolg der Übungen. Was ist die Ursache solcher Blockaden? Sie treten immer dann auf, wenn ein Mensch von negativen Einstellungen und von falschen Ansichten geleitet ist. Es sind lebenseinschränkende Haltungen — falsche Ansichten von der Wirklichkeit —, von denen in Abschnitt 2 die Rede war, die den Menschen noch unbewußt sind.
Die beiden Beispiele sollen den Sachverhalt verdeutlichen.
Widmen wir uns zunächst der Frau. Als ich sie fragte, weshalb sie denn vor anderen Menschen Angst habe, entgegnete sie: «Ich habe Angst, mich durch Fehler bei meinen Mitmenschen zu blamieren.»
Aus dieser Einstellung heraus tat sich die Frau ständig Zwang an, da sie sich vor möglicher Kritik und der Ablehnung der Mitmenschen fürchtete. Die Haltung der Frau war aber vollkommen falsch. Wer sich immer so gibt, als würde er nie Fehler machen und keine Schwächen besitzen, gewinnt nicht an Ansehen. Er wird sogar gemieden und abgelehnt. Menschen interessieren sich erst dann für den Mitmenschen, wenn sein wahres Ich zum Vorschein kommt. Das ist aber nicht möglich, wenn jemand immer aufpaßt, in den Augen der anderen nur keinen Fehler zu machen. Er schränkt sich so selbst ein. Daher ist die Einstellung «Ich darf in Gegenwart anderer keine Fehler

machen» lebensfeindlich und falsch. Die Wahrheit wäre vielmehr: Es liegt eine magische Kraft darin, meine Individualität zu zeigen.
Mit folgendem Bejahungstext hatte die Frau mit ihrer Visualisierung und Affirmation Erfolg:
Ich habe es nicht nötig zu versuchen, anderen zu gefallen. Wie ich auch immer handle, ich bin ein wertvoller und liebenswerter Mensch. In meiner Individualität liegt eine große Kraft.
Widmen wir uns nun den Blockaden des Mannes.
Er äußerte: «Ich kann es mir nicht verzeihen, eine sichere Tätigkeit aufgegeben zu haben.»
Solche Schuldgefühle und quälenden Selbstvorwürfe baute er jeden Tag neu auf. Im Verlaufe meines Gespräches stellte sich seine lebensfeindliche und falsche Einstellung heraus: Ich muß mich selbst strafen, um mit meinem Fehler fertigzuwerden.
Weshalb ist die Ansicht falsch und lebensfeindlich?
Selbstvorwürfe ändern an einem Ereignis nichts mehr. Und wer seine Energien auf diese zerstörende Art gegen sich richtet, kann sie nicht auf die Gestaltung der Zukunft lenken. Er wird sich selbst zum größten Feind und fügt sich jeden Tag neuen Schaden zu.
Der Mann erkannte, welch negativen Einfluß seine falsche Einstellung hatte. Er entschied sich dafür, seine Enttäuschungen und Selbstverurteilungen loszulassen. Nun vermochte er eine positive Zukunft zu visualisieren. Sein hilfreicher Selbstbejahungstext war:
Ich bin frei. Ich mag mich und bejahe mich. Ich lenke meine Energien auf die Zukunft und gestalte sie positiv.

7. So lösen Sie Blockaden auf

Haben Sie bei Ihren Bejahungen und Visualisierungen ein ungutes Gefühl, dann müssen Sie in den meisten Fällen zunächst eine Blockade aufheben. Wie ist dabei vorzugehen?

So lösen Sie Blockaden auf:

1. Verdrängen Sie Ihr Gefühl nicht. Lassen Sie es zu.
2. Versuchen Sie, die Ursache Ihres Gefühls herauszufinden. Schreiben Sie dazu auf, was Ihrer Meinung nach dagegen spricht, das Positive in Ihrem Leben zu erreichen. Notieren Sie alles, was Ihnen dazu einfällt. Sie werden dabei nicht nur auf eine, sondern sogar auf mehrere negative Einstellungen zur Wirklichkeit stoßen.
3. Trennen Sie sich von solchen negativen Ansichten, da diese Sie zerstören.
4. Ersetzen Sie die negativen Einstellungen durch positive. Formulieren Sie Ihren Selbstbejahungstext so, daß die den negativen Einstellungen entgegengesetzten positiven Lebenshaltungen aufgebaut werden.

Im vorangegangenen Abschnitt wurden Ihnen dazu zwei Beispiele gegeben.

Verfahren Sie nach dem Programm. Allein die Bewußtmachung eines negativen Gefühls bewirkt schon viel. Wer obendrein mit seinen einschränkenden Lebenshaltungen konfrontiert wird, vermag sich leichter von seiner falschen Sicht der Wirklichkeit zu trennen. Erkennen Sie: Es ist notwendig, das Gute in der Wirklichkeit zu erkennen. Dann ändert sich Ihr Leben.

8. Wählen Sie, wie Sie Ihre Bejahungen ausführen

Wenn Sie die in Ihnen verborgene Kraft erschließen wollen, müssen Sie Ihre Affirmationen drei- bis fünfmal am Tage ausführen. Sprechen Sie den Text auch auf eine Kassette. Aus Erfahrung weiß ich, daß dies sehr hilfreich ist.

Vielen Menschen fällt es manchmal nicht leicht, die Übungen regelmäßig durchzuführen. Wird in einer solchen Situation die Kassette abgespielt, gelingt es ohne Schwierigkeiten, die gedanklichen Vorstellungen aufzubauen.

Eine vierzigjährige Dame berichtete mir: «Als Vertreterin einer Modefirma bin ich viel mit dem Wagen unterwegs. Ich höre die Kassette mehrmals am Tag während meiner Autofahrten.»

Natürlich können Sie mit einem Kopfhörer die Kassette auch während der Fahrt in öffentlichen Verkehrsmitteln hören. Ein fünfzigjähriger Direktor zeigte mir seinen Bejahungstext, den er in seiner Brieftasche bei sich trug.

Eine dreißigjährige Angestellte trägt den Text in der Handtasche bei sich.

Sie sagte: «Öffne ich die Tasche, werde ich immer an meine Selbstbejahung erinnert.»

Ein zwanzigjähriger Student singt seine Bejahung, wenn er allein im Zimmer ist.

Eine Sekretärin liest ihre Selbstbejahung laut vor.

Eine große Anzahl Menschen hat eine der in dem Buch enthaltenen Abbildungen zu Hause an der Wand befestigt.

«So werde ich immer daran erinnert, daß meine große Kraft im Kern ist», sagte zum Beispiel eine Ärztin zu mir.

9. Er nutzte Affirmationen, um Wohlstand zu erreichen

Ein junger Ingenieur hatte sich selbständig gemacht. Doch sein Ingenieurbüro ermöglichte es ihm nur, das Lebensnotwendige zu verdienen. «Was mache ich nur falsch, daß ich es nicht zu Wohlstand bringe?» klagte er mir. «Etwas besser könnte es mir schon gehen.»
Im Gespräch stellte ich fest, daß er von der unbewußten Überzeugung durchdrungen war, keine guten Geräte anzubieten. Außerdem war seine innere Haltung die, nicht mehr Erfolg zu verdienen, weil er es nicht wert sei.
«Offenbar ist Ihnen nicht bewußt geworden, wie wenig Sie von sich halten; Ihre Kunden spüren das an Ihrer Ausstrahlung und erwarten von Ihnen auch nicht, das Beste zu erhalten. Wen wundert es, wenn Ihr Umsatz zu wünschen übrigläßt», sagte ich ihm.
Mit folgender Bejahung war er sofort einverstanden: Ich habe Gutes anzubieten. Ich schätze es, und meine Mitmenschen auch. Ich verdiene Erfolg. Das Positive in mir zieht Erfolg an. Erfolg kommt auf mich zu.
«Nun wäre es gewiß nicht richtig», ergänzte ich, «allein mit dieser Einstellung Wohlstand erreichen zu wollen. Sie haben nämlich nur dann Erfolg, wenn Sie den Mitmenschen das anbieten, was sie haben wollen. Nützlichkeit ist das entscheidende Kriterium. Stellen Sie sich also folgende Fragen: Welchen Menschen könnte ich mehr bieten? Was kann ich mehr bieten? Finden Sie also heraus, was Ihre Kunden in Zukunft wünschen. Fragen Sie die Menschen danach.»
«Ich wüßte nicht, was ich den Menschen noch Nützlicheres anbieten könnte», erwiderte der junge Ingenieur.
«Auch das ist eine negative Überzeugung. Trennen Sie sich von dieser Haltung. Alle Produkte, Maschinen und Geräte können verbessert werden. Die Entwicklung schreitet schnell voran. Nachfrageverschie-

bungen auf dem Markt beschleunigen den Prozeß. Auch Sie können neue Möglichkeiten erkennen. Dazu ist es aber notwendig zu glauben, es sei machbar. Glauben Sie also daran, daß Sie es können. Nur wenn Sie daran glauben, kann Ihr Verstand es Ihnen beweisen. Der Glaube, es sei nicht möglich, löst zerstörerisches, negatives Denken aus. Auch Sie werden herausfinden, wie Sie Menschen mehr von dem anbieten können, was für sie nützlich ist, wenn Sie daran glauben.»

«Ich sehe es ein», stimmte mir der Ingenieur zu. «Kann ich nicht auch für dieses Ziel meinem Unterbewußtsein eine ganz konkrete Anweisung geben?» fragte er.

Ich empfahl ihm folgenden Text:

Ich glaube an mich. Ich glaube an die großen Möglichkeiten meines Kerns. Ich finde heraus, was meine Kunden Nützliches brauchen. Mein Unterbewußtsein liefert mir neue Ideen — Ideen strömen mir zu. Meine schöpferischen Kräfte fließen.

Ein halbes Jahr später rief mich der Ingenieur an. Er berichtete: «Ich habe mein Lieferprogramm erweitert. Doch nicht nur das. Ich habe dem Hersteller eines Gerätes viele Hinweise zur Verbesserung gegeben, die nun unter Termindruck ausgeführt werden. Schon jetzt hat eine größere Anzahl meiner Kunden das neue Gerät bestellt. Mein Umsatz wird sich im nächsten Jahr verdoppelt haben.»

10. Sie stärkte ihre Gesundheit

Eine Lehrerin suchte mich nach einem Vortrag auf und berichtete: «Mit meiner Gesundheit steht es offenbar nicht zum besten. Neulich war ich sogar zwei Wochen krank. Zuvor hatte ich eine Auseinandersetzung mit dem Schulleiter. Nun ist gottlob das

Klima wieder positiv. Am Arbeitsplatz herrscht wieder Harmonie. Dennoch fühle ich mich nicht wohl. Ich habe oft Kopfschmerzen und fühle eine körperliche Schwäche. Der Arzt hat mich gründlich untersucht. Anzeichen einer Krankheit konnten nicht festgestellt werden. Was kann ich tun, um mein Wohlbefinden zu steigern? Gewiß wäre es auch gut für mich, wenn ich einige Pfunde abnähme.»

Ich antwortete ihr: «Körperliches und seelisches Befinden lassen sich nicht voneinander trennen. Wenn der Geist wegen einer falschen Einstellung die Entscheidung fällt, daß Flucht in die Krankheit vorteilhaft sei, wird er das dem Körper mitteilen. Dann werden Sie krank. Daher sind Sie nach der Auseinandersetzung mit Ihrem Vorgesetzten tatsächlich erkrankt. Längere Flucht in die Krankheit kann sehr gefährlich sein. So kann sich zum Beispiel Krebs entwickeln. Nicht selten will Ihnen eine Krankheit signalisieren, sich mehr Erholung zu gönnen. Wer krank wird, muß von allem Tun loslasen. So gerät er mit seinem Sein, seinem inneren Helfer in Kontakt. Dann kann die Hingabe an den inneren Helfer eine Heilung vom Seelengrund her bewirken. Es ist aber auch notwendig, auf die innere Stimme zu hören und ein Problem nach der Heilung richtig anzugehen.

Natürlich ist es viel besser, wenn Sie mit Ihrem Kern immer in Kontakt sind. Das schaffen Sie aber nur dann, wenn Sie sich von negativen Denkweisen trennen und lebensbejahende Denkmuster entwickeln. So bleiben Sie gesund. Bejahen Sie also das Gute in sich. Verwenden Sie die Bejahung:

In meinem Kern bin ich gut und vollkommen. Ich bin gesund, schön und voller Energien. Mein Körper und mein Geist drücken das Gute aus, das in mir ist. Energien durchströmen mich. Lebensfreude durchdringt mich.

Arbeiten Sie mit dieser Bejahung. Sie selbst bestimmen mit Ihrem Denkmuster, ob Sie gesund und schön sind. Ihr Körper wird sich bald auf Ihre innere Haltung einstellen. Dann werden Sie das, was Sie denken.»

Ich empfahl der Dame außerdem, die Visualisierungsübung «Quelle» durchzuführen. Sie ist in Kapitel 8, Abschnitt 3 beschrieben.

Ich fuhr fort: «Führen Sie die Bejahung mehrmals am Tage durch, so werden Sie staunen, wie wohl Sie sich bald fühlen. Solche Bejahungen verstärken nicht nur das Wohlbefinden. Sie bewirken manchmal auch Heilungen von schweren Krankheiten, wie Krebs, Herzerkrankungen und anderen. Die Wunderheilungen, die an vielen Wallfahrtsorten geschehen, sind übrigens ein Beweis für die im Menschen verborgenen Heilkräfte. Eine solche Bejahung ist überdies die billigste und auch wirkungsvollste Kosmetik. Gewiß ist Ihnen auch schon manchmal aufgefallen, wie unschön Gesichter sind, die eine negative Ausstrahlung haben.»

Die Dame nickte zustimmend.

«Nun soll hier nicht der Eindruck erweckt werden, daß Körpertraining wie zum Beispiel Dauerlauf und gesunde Ernährung unwichtig seien. Ganz im Gegenteil», ergänzte ich.

Die Lehrerin entgegnete: «Mir ist bewußt geworden, wie stark negatives Denken und Fühlen meine Gesundheit beeinträchtigen. Ich werde die Selbstbejahung mehrmals am Tage durchführen. Ich schaffe mir auch ein Bild davon, wie ich ganz von Gesundheit durchdrungen werde. Auch die Visualisierung der Quelle werde ich durchführen, damit sich mein Gefühl verändert. Was muß ich aber tun, um schlanker zu werden?»

Um den gewünschten Erfolg zu erreichen, empfahl ich der Dame folgendes:

«Schneiden Sie sich Bilder von gesunden und schlan-

ken Menschen aus Zeitungen heraus. Betrachten Sie die Bilder, damit Sie eine Vorstellung von einem schlanken Körper bekommen. Schaffen Sie dann ein Bild, das Sie als schlanken Menschen zeigt. Prägen Sie sich dieses Bild mehrmals am Tage ein. Unterstützen Sie die Wirkung des visualisierten Bildes mit der Bejahung:
Ich esse weniger. Ich führe meinem Körper nur das zu, was er braucht, um sich wohlzufühlen. Ich esse weniger.
Nur mit der richtigen geistigen Einstellung hat eine Diät einen dauerhaften Erfolg. Nicht wenige Menschen fasten, um nach ein paar Wochen wieder ihr altes Übergewicht zu erreichen. Was ist der Grund? Solche Menschen haben ihr übergewichtiges Bild von sich festgehalten.»

Zusammenfassung

1. Auf jeden Menschen wirken negative Umwelteinflüsse ein.
2. Die von der Umwelt ausgelösten Schäden müssen behoben werden. Nur dann führen negative Denkgewohnheiten nicht zu neuen beruflichen und privaten Enttäuschungen.
3. Positive Gedanken und Gefühle löschen negative Speicherungen und Denkmuster der Vergangenheit.
4. Lebensfeindliche Haltungen sind negative Programmierungen, die Ihr Leben einengen.
5. Sie lösen solche negativen Muster, wenn Sie die entgegengesetzten positiven Gedanken aufbauen. Sie werden auch als Bejahung oder Affirmation bezeichnet.
6. Bejahungen unterstützen Ihre Visualisierungen.
7. Eine Bejahung wirkt dann, wenn die Gefühle angesprochen werden.
8. Wählen Sie solche Bejahungen, die für Sie geeignet sind und von denen Sie sich angesprochen fühlen.
9. Führen Sie Ihre Bejahungen drei- bis fünfmal am Tage durch. So löschen Sie negative Denk- und Verhaltensgewohnheiten.
10. Jedes Wachstum erfordert ein Überwinden von inneren Widerständen.
11. Nehmen Sie negative Gefühle an. Bejahungen dienen nicht dazu, Gefühle und Emotionen zu unterdrücken und zuzuschütten.
12. Formulieren Sie Ihre Bejahungen positiv. Sind negative Formulierungen nicht zu vermeiden, schließen Sie mit einer positiven Bejahung ab.
13. Lenken Sie Ihre emotionalen Energien auf die Gedanken, die Sie aufbauen. Entwickeln Sie ein Gefühl dafür, daß das wahr ist, was Sie denken.

14. Führen Sie am Ende einer Visualisierung immer eine Bejahung durch.
15. Falsche Ansichten prägen das Erlebnis der Wirklichkeit.
16. Wer seine Gefühle annimmt, kann die Wurzeln seiner negativen Lebenseinstellung erkennen.
17. Sie trennen sich von Blockaden, wenn Sie Ihre Gefühle annehmen und herausfinden, welche falsche Lebenshaltung Sie unbewußt übernommen haben.
18. Eine Kassette hilft, die Bejahungen regelmäßig durchzuführen.
19. Nutzen Sie Bejahungen, um Ihre Gesundheit zu stärken und Wohlstand zu erreichen.

Kapitel 4

Energien richtig lenken

1. Das Negative ist eine Verzerrung des Positiven

Eine Verkaufsleiterin brachte bei einem Seminar ihre ganze Lebenseinstellung zum Ausdruck. Sie äußerte mit strenger Miene: «Seit Jahren bemühe ich mich, das Negative in mir zu bekämpfen. Das Negative ist schlecht und muß beseitigt werden. Ich werde mich erst dann wohl fühlen, wenn ich das Schlechte in mir überwunden habe.»

Negatives ist für alle Menschen identisch mit dem Begriff des Schlechten, des Übels. Was als Übel betrachtet wird, ist immer bedrückend. Jeder möchte es von sich weisen. Niemand will es als Teil von sich akzeptieren. Ist aber eine solche Einstellung zum Schlechten überhaupt berechtigt?

Das Negative ist nur eine Verzerrung des Positiven. Sie haben richtig gelesen. Diese Feststellung erschüttert zwar Ihre Ansicht von Gut und Böse. Der Teufel scheint in den Himmel zu kommen. Dennoch ist es richtig. Im Negativen steckt der Keim des Guten.

Hier einige Beispiele, wie positive Qualitäten verzerrt werden können:

Harmonie zu Trägheit
Tatkraft zu Hektik
Freude zu Schwärmerei und Überschwang
Willensstärke zu Dickköpfigkeit
Mitgefühl zu Sentimentalität
Gelassenheit zu Gleichgültigkeit
Liebe zu Fixierung auf den anderen
Selbständigkeit zu Angst vor den Mitmenschen
Konsequenz zu Fixierung und Erstarrung
Vorsicht zu Angst

Es ließen sich noch viele Beispiele anführen.

Was immer Sie Negatives bei sich entdecken: Es ist nur die Verzerrung einer positiven Eigenschaft.

Sie können es auch von einer anderen Seite aus

betrachten: Energien sind nicht negativ oder schlecht. Sie können höchstens in die falsche Richtung gelenkt werden. Die Vorstellung des Schlechten ist wie eine Krücke. Sie werden erst dann innerlich gesund, wenn Sie eine solche Krücke von sich werfen.
Jedesmal, wenn ich den Menschen in Vorträgen klarmache: «Das Negative ist nur eine Verzerrung des Positiven», so erlebe ich fast immer Unglaubliches. Man spürt gleichsam, wie jedem Zuhörer ein Stein vom Herzen fällt. Jetzt erst gibt jeder seine eigene Selbstverurteilung auf, die ihm gar nicht so richtig bewußt gewesen ist. Denn jedem ist klar: Energien können nichts Schlechtes sein.
Erleben auch Sie ein Gefühl der Befreiung, wenn Sie von solchen falschen Vorstellungen ablassen? Vielleicht stellen Sie sich die Frage: Wie steht es dann um die negativen Speicherungen, die z. B. in der Abbildung 2 auf Seite 22 um den Kern gezeichnet wurden? Den Kreisen mit dem Minus kann nach diesen neuen Vorstellungen lediglich die Tendenz zugeordnet werden, die inneren Energien immer auf ein lebensfeindliches Ziel zu lenken. Wenn von solchen Lenkungstendenzen Abstand genommen wird, können die Energien genauso auf lebensbejahende Ziele ausgerichtet werden. Schluß also mit der Meinung vom Schlechten im Menschen. Es gibt nur Energieströme. Visualisierung und Bejahungen sind Hilfsmittel, die Energien in die richtige, also lebensbejahende Richtung zu lenken.
Fällt es Ihnen mit einer solchen Einstellung nicht viel leichter, ungute Gefühle zu akzeptieren? Wenn Sie Ihre unguten Gefühle annehmen, lassen Sie davon ab, Energieströme zu unterdrücken, weil das zu immer neuen inneren Spannungen, Kampf und Enttäuschung führt. Und wenn Sie ein negatives Verhalten nicht verurteilen, vermögen Sie das in ihm verborgene positive Potential zur Entfaltung zu bringen.

2. Schließen Sie Ihre Energien nicht kurz

Die fünfzigjährige Angestellte einer Behörde berichtete: «Seit Jahren lebe ich mit einem Witwer zusammen. Mein ganzes Geld habe ich ihm gegeben, damit er sein Haus finanzieren konnte. Als er zur Kur war, nahm er sich eine Freundin. Ich hasse mich, daß ich ein solcher Trottel gewesen bin. Wie konnte ich mich von ihm so ausnehmen lassen!»

Ihr Gesicht brachte all ihre Selbstverachtung zum Ausdruck.

«Trennen Sie sich von Haßgefühlen», legte ich ihr nahe. Ich fuhr fort: «Was tut der Mensch, wenn er Schuld- oder Haßgefühle hat? Er richtet seine Energien gegen sich selbst. Er schließt sich kurz. Mißbrauchen Sie Ihre Energien nicht. Schon die Bibel nennt die ewige Wahrheit: Das Himmelreich Gottes ist in Ihnen. Verachten Sie sich nicht. Seien Sie vielmehr stolz auf sich. Lenken Sie Ihre Energien darauf, Ihre Situation zu verbessern.»

Ich empfahl der Dame mein Buch «Jeder kann es schaffen», in dem ich Techniken der Selbstbehauptung beschrieben habe. Es hat schon vielen Menschen geholfen.

3. Lassen Sie Ihre Energien frei fließen

Viele Menschen arbeiten hart, um sich ständig zu unterdrücken. Bald erreichen Sie mit ihren Anstrengungen, daß Sie sich schlecht fühlen. Leider machen viele Menschen diesen Fehler.

Jeder sollte alle Handlungen unterlassen, die sich gegen den Lebensfluß, das freie Fließen der inneren Energien richten. Nur so wird übrigens Selbstliebe möglich. Wer sich nicht selbst liebt, vermag auch seine Mitmenschen nicht zu lieben.

Vom Standpunkt des Energieflusses ist eine solche Aussage selbstverständlich.
Überlassen Sie sich also dem Lebensfluß. Sie werden auf ganz natürliche Art getragen. Sie haben immer Zugang zu den unendlichen Energien. Auch Ihre Gefühle vermögen so frei zu fließen. Können Empfindungen und Gefühle nicht ungehindert durch den Körper fließen, ist die harmonische Beziehung zwischen Körper und Geist gestört. Es entwickelt sich eine Verspannung, die negative Emotionen auslöst. Der Druck von Sorgen und Ängsten kann so groß werden, daß Körper und Geist Schaden nehmen. Wir neigen zwar dazu, die Ursache der Schwierigkeiten immer nach außen zu projizieren, sie liegt aber in der Unausgeglichenheit des eigenen Energiesystems. Daher ist es so notwendig, sich zu entspannen und eine lebensbejahende Einstellung anzunehmen. Nur so kann die unterdrückte Energie frei fließen. Dann sind Körper und Geist wieder im Gleichgewicht.
Mit Entspannung, Mitgefühl, Liebe und Freude heilen Sie sich selbst. Wenn Sie dafür sorgen, daß Ihre Energien ungehindert fließen, können sich Körper und Geist selbst heilen. Selbst wenn Sie dann neben positiven auch negative Erfahrungen machen, bleiben Sie im Gleichgewicht.
Nutzen Sie daher Ihre Energien, um mit Visualisierung und Bejahung alte Verhaltensmuster aufzubrechen und neue Erfahrungen zu schaffen.

4. Hören Sie auf Ihre innere Stimme

Eine Seminarteilnehmerin berichtete mir, wie sehr ihr ihre innere Stimme geholfen habe, die sie im Traum vernommen hatte.
Hier ihre Schilderung:

«Im Traum sah ich einen großen, roten Fisch in einem Glasbehälter schwimmen, der auf einem Tisch stand. Plötzlich zersprang das Glas in viele Scherben. Der Fisch fiel auf den Boden. Er kämpfte um sein Leben. Nach einer Weile blieb er regungslos liegen. Plötzlich verwandelte sich der Kopf des Fisches in den Kopf meines Bruders. Ich erschrak. Schweißgebadet wurde ich wach. Mir war nur nicht klar, worauf sich die Warnung bezog. Ich überdachte meine Lebenssituation. Zu jener Zeit wurde eine Erbschaftsangelegenheit zwischen mir und meinen Geschwistern geregelt. Auch mein Bruder, von dem ich geträumt hatte, war davon betroffen. Als ich mich mit Einzelheiten der Erbschaft genauer befaßte, kam ich dahinter, daß meine anderen Geschwister meinen Bruder um sein Erbteil bringen wollten. Da er geistig behindert ist, hofften meine Geschwister, mit meinem Bruder ein leichtes Spiel zu haben. Ich erkannte die Betrügerei und verhinderte sie. So konnte ich meinen Bruder vor Schaden bewahren. Ich habe in meinem Leben auch in anderen Situationen Führung durch meine innere Stimme erfahren. Sie wirkt zu meinem Schutz und Wohl. Daher vertraue ich auf mein Selbst. Ich habe Selbstvertrauen. Ich bin stolz auf die verborgene Kraft in mir.»

5. Sehen Sie die Wirklichkeit, wie sie ist

Mehrere Psychiater besuchten ein Irrenhaus. Ein Kollege führte sie herum. Er schilderte ihnen zwei Fälle.
«In dieser Zelle», erklärte er, «sitzt ein Mann, der verrückt wurde, als ein anderer Mann das Mädchen heiratete, in das er verliebt war.»
«Und in der Nachbarzelle?» fragte einer der Psychiater.

«In dieser Zelle sitzt der Mann, der das Mädchen geheiratet hat.»
Auf sehr drastische Art bringt der Witz zum Ausdruck, wie unterschiedlich dieselbe Wirklichkeit — hier ein Mädchen — von zwei Männern erlebt wird.
Nicht wenige Menschen haben ein gestörtes Verhältnis zur Realität. Viele Menschen sehen die Wirklichkeit nicht so, wie sie ist. Häufig sehen Menschen nur das, was sie sich einbilden.
Mark Twain machte sich einmal den Spaß, in einer Zeitung zu inserieren, daß ihm eine Katze entlaufen sei, die er wiederhaben wolle. Das Tier sei allerdings so schwarz, daß es bei normalem Licht nicht gesehen werden könne. Fast tausend Menschen berichteten, die Katze gesehen zu haben . . .
Wenn Sie die Wirklichkeit so sehen wollen, wie sie ist, dürfen Sie Ihre Erwartungen nicht in die Wahrnehmung fließen lassen. Nur dann werden Sie offen und frei für die unmittelbare Wahrnehmung. Nun ist es nicht einfach, solche einschränkenden Muster der Wahrnehmung zu überwinden. Wie läßt sich das Ziel erreichen? Ein Weg zu diesem Ziel ist, achtsamer zu werden. Sind Sie achtsam, nehmen Sie direkt wahr. Das beobachtende Innehalten wirkt einer übereilten Reaktion entgegen. In der Unmittelbarkeit der Anschauung ist es möglich, wahrzunehmen, ohne daß sich Erwartungen und verfälschende Assoziationen dazwischendrängen.

6. Ein Richter überwindet ein seelisches Tief

Ein Richter vertraute mir an: «Ich bin völlig unten. Vor einigen Wochen ist in meinem Haus eingebrochen und meine wertvolle Briefmarkensammlung entwendet worden, die weit unter dem Wert versichert war. Obendrein habe ich mit Dollarspekulationen sehr viel Geld verloren. Meine finanziellen Verluste haben mich so bedrückt, daß ich im Straßenverkehr unaufmerksam war. Nun habe ich auch noch meinen neuen Mercedes zu Schrott gefahren. Mir ist es überhaupt nicht mehr möglich, positive Gedanken aufzubauen.»

Ich erwiderte: «Sie haben einen Verlust erlitten. Den eigentlichen Schaden fügen Sie sich aber erst dadurch zu, daß Sie ständig daran denken. So bringt Sie der Einbruch auch noch um Ihr Wohlbefinden und um Ihre Gesundheit. Jedesmal, wenn Sie an den Verlust denken, wird Ihr Schmerz neu entfacht. Das eigentliche Problem ist nicht der Verlust, sondern daß Sie ständig daran denken.»

Ich erläuterte ihm weiter: «Ist Ihre Situation tatsächlich so schlecht, wie Sie meinen? Sie sind gesund und haben einen sehr guten und interessanten Beruf. Niemand kann Ihnen Ihr juristisches Wissen und Ihre anderen Fachkenntnisse nehmen. Ihre Frau liebt Sie, sie ist hübsch. Ihre beiden Söhne besuchen die Hochschule. Die Diebe konnten Ihnen nicht die verborgene Kraft rauben, die in Ihnen ist. Mit Ihrem verborgenen Helfer können Sie das wiedergewinnen, was Sie verloren haben. Ist es daher nicht falsch, die Gedanken in die negative Richtung zu lenken? Richten Sie Ihre Gedanken und Gefühle also auf die positiven Dinge, die Sie haben. Dann wird auch bald wieder Gutes und Erfolg auf Sie zukommen.»

Der Richter entschied sich für die Bejahung: Meine Gedanken und Vorstellungen lenken mein Leben. Meine verborgene Kraft führt mich zu immer weiteren Erfolgen. Was ich heute denke, kommt in Zukunft als Erfolg auf mich zurück. Ich glaube an die große Kraft meines inneren Helfers, der zu meinem Wohle wirkt. Ich bin in meiner Kraft geborgen. Gutes kommt auf mich zu.

7. Erkennen Sie die positive Seite einer Erfahrung

Welchen Fehler machte der Richter, bevor er sein Verhalten änderte? Er lenkte all seine Energien darauf, von sich das Bild eines Menschen aufzubauen, der völlig am Boden liegt.
So wie der Richter machen es viele Menschen. Durch irgendwelche Erfahrungen bedingt, bauen Sie von sich ein negatives Selbstbild auf. All ihre Energien verwenden sie darauf, das negative Selbstbild aufrechtzuerhalten. Sie können sich davon nicht mehr lösen, sie lenken ihre Energien immer auf das falsche Selbstbild. Wie kann aber einem solchen Prozeß ein Ende bereitet werden? Zunächst gilt es, die negativen Erfahrungen anzunehmen, ohne Vorbehalte und Vorurteile. Suchen Sie dann eine positive Seite der Erfahrung. Sollten Sie so schnell keine entdecken können, bemühen Sie sich einfach darum, glücklich zu sein.

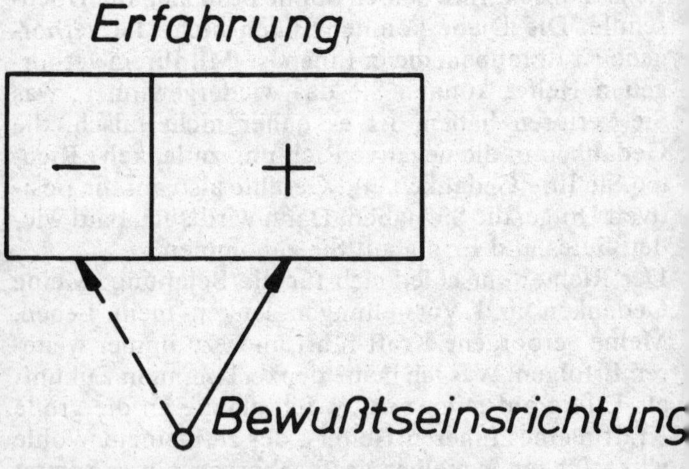

Bild 8
Das Bewußtsein springt von der negativen zur positiven Seite der Erfahrung.

Versuchen also auch Sie, die positiven Seiten einer Erfahrung zu entdecken. Was erleben Sie auf der positiven Seite? Welche Unterschiede zwischen den positiven und negativen Seiten der Erfahrung können Sie erkennen? Nur wenn Sie beide Seiten einer Erfahrung entdecken, sind Sie imstande, sich frei zu entscheiden. Dann haben Sie die freie Wahl zwischen dem einengenden Selbstbild und der positiven Seite der Erfahrung. Wer das Opfer eines falschen Selbstbildes wird, ist nicht frei.

Natürlich lernen Sie das nicht von heute auf morgen. Wenn Sie von der negativen zur positiven Seite der Erfahrung überwechseln — wie in Bild 8 zum Ausdruck gebracht —, werden Sie beide Erfahrungen fast gleichzeitig fühlen. Es ist, als sähen Sie in einen Spiegel. Was passiert hierbei? Sie werden sich Ihres Körpers und auch Ihres Spiegelbildes bewußt. Ähnlich verhält es sich, wenn Sie sich einer positiven und negativen Erfahrung fast gleichzeitig bewußt werden. Dann erkennen Sie: Sie wechseln eigentlich gar nicht von der einen Seite zur anderen. Sie stehen mit den Dingen in direkter Verbindung. So sind Sie in der Lage, sich dem Geschehen wirklich zu öffnen, und klammern sich nicht nur an die eine Seite der Erfahrung.

Nehmen Sie sich also die Freiheit, in jeder Situation die Richtung selbst zu wählen, die Sie einschlagen wollen. Erkennen Sie auch die positive Seite. Richten Sie Ihre Energien darauf. So ist Ihr Bewußtsein flexibler. So wird Ihr Leben glücklich und erfüllt werden.

Zusammenfassung

1. Die Vorstellung des Schlechten im Menschen ist eine Krücke. Trennen Sie sich davon.
2. Was auch immer Sie Negatives bei sich entdekken: Es ist nur die Verzerrung einer positiven Eigenschaft.
3. Energieströme sind immer positiv. Sie können entweder in lebensfeindliche oder lebensbejahende Richtung gelenkt werden.
4. Visualisierung und Bejahungen sind Hilfsmittel, um Ihre Energien zu Ihrem Wohl zu lenken.
5. Wer sich selbst verurteilt, schließt seine Energien kurz. Er lenkt sie gegen sich selbst.
6. Sie nehmen dann am Leben teil und werden glücklich, wenn Sie sich dem Energiefluß öffnen.
7. Wer den freien Energiefluß unterdrückt, wird körperlich und seelisch krank.
8. Die Ursache jeder Schwierigkeit liegt in einem unausgeglichenen Energiesystem.
9. Mit Entspannung, Mitgefühl, Freude und Liebe heilen Sie sich selbst.
10. Vertrauen Sie auf Ihre innere Stimme. Sie rät Ihnen in allen Lebenssituationen.
11. Sie sehen die Wirklichkeit so, wie sie ist, wenn Sie achtsam werden. Beobachtendes Innehalten hilft, einschränkende Wahrnehmungsmuster zu erkennen.
12. Negative Selbstbilder lassen den Menschen nur negative Erfahrungen machen.
13. Sie vermögen sich von einem negativen Selbstbild zu lösen, wenn Sie üben, in jeder Erfahrung eine positive Seite zu entdecken.
14. Lenken Sie Ihr Bewußtsein auf die positive Seite einer Erfahrung, dann wird es flexibler.
15. Erkennen Sie beide Seiten einer Erfahrung, können Sie die Richtung Ihres Handelns frei wählen.

Kapitel 5

Verbinden Sie sich mit der Quelle Ihrer helfenden Kraft

1. Die Geschichte vom Kopf und vom Affen

In Kuala Lumpur in Malaysia mußte ein Mann ein Krankenhaus aufsuchen, da er eine Halsverletzung erlitten hatte. Was war geschehen? Ein Affe, der darauf abgerichtet war, Kokosnüsse von Palmen zu pflücken, war ihm auf die Schulter gesprungen und hatte an seinem Kopf gedreht.
Nicht nur Tiere werden das Opfer von Verhaltensmustern. Viele Menschen werden durch zwanghafte Verhaltensmuster so eingeengt, daß schließlich ihre Sinneswahrnehmung mit dem Muster übereinstimmt. Daher ist es notwendig, von solchen Einschränkungen loszulassen.

2. Ein Angestellter trennt sich von einschränkenden Verhaltensmustern

Ein Angestellter wandte sich einmal an mich und berichtete:
«Schon seit einigen Jahren nehme ich mir vor, mich beruflich weiterzubilden. Wenn ich den Technikerlehrgang absolvieren und mit Erfolg abschließen könnte, würde sich manches in meinem Leben ändern. Aber ich schaffe es einfach nicht, mich zum Lehrgang aufzuraffen. Ich habe es schon mit einem Selbstbejahungstext versucht. Doch er bringt mich auch nicht weiter.»
«Dann überlegen Sie doch bitte einmal, weshalb Sie nicht daran glauben können», riet ich ihm.
«Ich habe ganz einfach innere Widerstände gegen meinen Bejahungstext», stellte er fest.
«Die Antwort reicht noch nicht aus», antwortete ich. «Wir müssen herausfinden, weshalb Sie die Gefühlswiderstände entwickeln. Auf die Gründe kommt es an. Hier sind Papier und Kugelschreiber. Schreiben

Sie einige Gründe auf, weshalb Sie Ihr Ziel nicht anstreben.»

Ich ließ dem Angestellten einige Minuten Zeit. Dann schaute ich mir das beschriebene Blatt an. Darauf stand:

Gründe, warum ich mich nicht für mein Ziel einsetze:

Ich bin bequem.

Ich habe Angst zu versagen.

Mein Lehrer sagte, ich kann nicht konsequent arbeiten.

Ich hätte weniger Zeit für meine Freundin.

«Erkennen Sie, mit welchen Einstellungen Sie sich selbst Beschränkungen auferlegen?» fragte ich ihn. «Sie müssen sich dieser falschen Ansichten schon eine Weile bewußt werden, damit Sie ein Empfinden dafür bekommen, wie Sie sich selbst Hindernisse in den Weg legen.

«Das ist nicht mehr nötig», antwortete er mir. «Meine beschränkenden Konditionierungen sind mir jetzt deutlich bewußt geworden. Ich habe die feste Absicht, mich davon zu trennen, sie dürfen keinen Einfluß mehr auf mein Leben haben.»

Gemeinsam entwickelten wir einen Selbstbejahungstext, mit dem er seine Visualisierung unterstützte. Die Affirmation lautete:

Ich trenne mich von meinem alten Selbstbild.

Es macht mir Freude, meine verborgene Kraft zu entfalten.

Ich lenke meine Energien auf mein Ziel. Ich arbeite konsequent. So komme ich Schritt für Schritt voran. Mit Geduld und der Technik der kleinen Schritte komme ich voran.

Nach drei Monaten rief der Angestellte bei mir an. Stolz verkündete er am Telefon: «Zwei Wochen nach unserem Gespräch habe ich mich zum Technikerlehrgang angemeldet. Gestern habe ich das Ergebnis meiner ersten Klausur erfahren. Ich habe sie mit ‹gut› bestanden. Ich hatte bis jetzt gar keine Vorstellung davon, wie groß die in mir verborgene Kraft ist.»

3. Ein junger Mann überwindet seine Enttäuschung

Ein junger Mann klagte mir seine Schwierigkeiten: «Vor fast zwei Monaten machte ich eine bittere Erfahrung. Im Urlaub hatte ich ein Mädchen kennengelernt. Meine Zuneigung wurde erwidert, und es entwickelte sich eine tiefe Liebe. Ich war sehr glücklich. Nach dem Urlaub besuchte ich das Mädchen an einem Wochenende. Zwei Wochen darauf wollte ich wieder zu ihr fahren. Sie rief mich vorher an und sagte, ich solle nicht mehr zu ihr kommen. Ich kann es immer noch nicht fassen: Wie kann die tiefe Liebe plötzlich zu Ende sein? Ständig kreisen meine Gedanken um das Mädchen.»
«Sie dürfen einen Gefühlsrausch nicht mit Liebe verwechseln», versuchte ich ihm klarzumachen. «Offenbar waren die Empfindungen des Mädchens für Sie nicht echt gewesen. Sie müssen lernen, von der Angelegenheit loszukommen, damit Sie Ihre Energien wieder in eine andere Richtung lenken können.» Ich empfahl ihm neben der Visualisierung folgenden Bejahungstext:
Ich bin der Meister meines Lebens. Ich lenke meine Gedanken. Ich lenke meine Energien. Ich lasse die Vergangenheit los. Das Glück ist in mir. Daher fühle ich mich wohl. Ich lenke meine Energien. Ich bin der Meister meines Lebens.
Ich versuchte ihm klarzumachen, daß seine verborgene Kraft ihm nicht helfen könne, wenn er seine Gedanken immer abgleiten lasse. Nach 14 Tagen schrieb er mir einen Brief, aus dem ich nur einige Auszüge wiedergebe:

«Sehr verehrter Herr Professor,
ich lese mehrmals den Selbstbejahungstext. Schon nach einigen Tagen zeigte sich seine Wirkung. Ich kann wieder lachen, ich meine richtig, von ganzem Herzen. Sie haben mir wirklich sehr geholfen, so wie noch niemand zuvor. Daher möchte ich Ihnen tausendmal danken. Doch das ist längst nicht alles. Seit zweieinhalb Jahren fand ich meinen Job monoton. Meine Freizeit verbrachte ich nur mit TV, Videos, Disco usw. Ich wollte es immer wieder ändern, doch ich schaffte es nicht. Jetzt habe ich alles geändert. Als erstes beseitigte ich das TV- und Video-Gerät. Seit zwei Wochen bin ich aktiver Bogenschütze. Und drittens nehme ich mehrmals in der Woche nach Feierabend an einem Technikervorbereitungskurs teil. Mein Ziel ist es, die Technikerprüfung zu bestehen. Mein Leben hat sich vollkommen geändert. Früher waren die Gedanken an das Mädchen mein täglich Brot. Ich bin jetzt aktiver, freudiger und wieder glücklich.»

4. Eine Frau trennt sich von Bitterkeit

Eine Leserin meiner Bücher, die für einige Wochen zu Besuch in Europa weilte, kam zu mir und berichtete: «Vor vier Jahren trat mein Mann eine Stellung in Brasilien an. Es war die Chance seines Lebens. Er wurde technischer Direktor einer Unternehmung von fast tausend Beschäftigten. Ein halbes Jahr später folgte ich ihm mit großen Erwartungen. Ich war glücklich, wieder bei meinem Mann sein zu können. Unser Zuhause ist eine große Villa, die einen herrlichen Garten hat. Nach drei Tagen kam ich dahinter, daß mein Mann ein Verhältnis mit der brasilianischen Hausangestellten hatte. Ich war sehr unglücklich. Wie konnte mir mein Mann das antun? Erst nach längeren

Auseinandersetzungen mit ihm erreichte ich die Entlassung meiner Rivalin. Es brauchte mehrere Wochen, bis die Beziehungen zu meinem Mann wieder besser wurden. Ich glaubte, die unangenehme Erinnerung schon vergessen zu haben. Doch seit etwa zwei Jahren muß ich wieder häufig daran denken. Ich empfinde immer wieder neu den Schmerz, der mir zugefügt wurde.»

«Sie werden sich erst dann wieder wohlfühlen und ein harmonisches Verhältnis zu Ihrem Mann gewinnen, wenn Sie die Vergangenheit loslassen. Das schaffen Sie aber nur dann, wenn Sie Ihrem Gatten aufrichtig vergeben», versuchte ich ihr bewußt zu machen.

«Ich wollte, ich könnte es. Doch nur zu oft überfallen mich wieder die alten Erinnerungen», klagte sie.

«Wenn Sie Ihre Energien nicht in eine andere Richtung lenken, werden Sie Ihre angestaute Bitterkeit nur noch vergrößern. Fahren Sie in der gewohnten Art fort, werden Sie nur noch verbissener, da Sie immer mehr Energie blockieren. So verderben Sie sich selbst das Leben.»

«Was soll ich tun, um mich endlich wieder glücklich zu fühlen?» fragte sie mich.

Ich erwiderte: «Entspannen Sie sich. Visualisieren Sie ein aufbauendes Bild Ihrer Zukunft. Lassen Sie sich am Tage mehrmals von folgenden Gedanken durchdringen:

Ich lasse los — Ich lasse die Vergangenheit los — Ich verzeihe meinem Mann — Ich bejahe mich — Ich schätze mich — Ich bin der Lenker meiner Gedanken — Lebensfreude durchdringt mich — Meine Lebensfreude strahlt nach außen.»

Außerdem riet ich der Frau zu visualisieren, daß die Beziehungen zu ihrem Gatten immer besser werden.

Nach zwei Monaten erhielt ich von der Frau einen Brief aus Brasilien. Darin stand: «Zu Anfang schien es, daß die mehrmaligen Übungen nichts brächten. Dennoch führte ich sie weiter durch. Zunächst wurde mir bewußt, daß mich die Enttäuschung darauf fixiert hatte, meinen Mann und mich selbst immer auf eine sehr negative Art zu sehen. Allein diese Erkenntnis bewirkte schon viel. Langsam gelang es mir, mich von der Vergangenheit zu lösen. Ich war überrascht, wie sich die Einstellung meines Mannes mir gegenüber sehr zum Positiven veränderte. Nach einigen Wochen dachte ich nicht mehr an die Vergangenheit zurück. Nun führe ich wieder eine glückliche Ehe.»

5. Verzeihen Sie Ihrer Umwelt

Vor einigen Tagen unterhielt ich mich mit einer vierzigjährigen Frau, die eine Tochter hat und seit zehn Jahren halbtags als Sekretärin arbeitet. Sie erzählte: «Ich bin nun schon fast zwanzig Jahre verheiratet. Mein Chef gibt mir Anerkennung. Mein Mann liebt und schätzt mich. Unsere Eigentumswohnung ist bald abgezahlt. Meine Tochter macht mir viel Freude. Eigentlich hätte ich allen Grund, zufrieden und glücklich zu sein. Kommen aber meine Eltern zu uns zu Besuch oder ist meine Familie zu Gast bei ihnen, fühle ich mich immer unwohl. Mein Vater behandelt mich oft wie ein kleines Kind. In mir steigen dann Aggressionen auf. Manchmal kann ich nach solchen Besuchen gar nicht schlafen. Am liebsten möchte ich strampeln. Meine Mutter hasse ich sogar. Sie hat mir immer meine ältere Schwester vorgezogen.»
Ich antwortete: «Solche Aggressionen sind nicht außergewöhnlich. Immer wenn sich jemand wehren möchte, aber es nicht tut, staut sich die Energie. Verdrängen Sie daher Ihr Gefühl nicht. Treten Sie damit in Kontakt, und nehmen Sie es wahr. So wird die Aggression aus der Verdrängung befreit und gelangt

ins Licht der Bewußtheit. Erst dann verliert das Gefühl seinen Einfluß auf Sie. Solche Aggressionen sind übrigens ganz normal. Jeder empfindet sie, wenn die eigenen Bedürfnisse unterdrückt werden. Daher sind sie nichts Schlechtes und dürfen nicht moralisch bewertet werden. Nehmen Sie daher Ihr Gefühl neutral wahr, wie Sie zum Beispiel einen Vogel wahrnehmen. Erst dann ist es möglich, den Menschen zu verzeihen, die solche Gefühle bei uns ausgelöst haben. Wirkliches Verzeihen, also von ganzem Herzen, setzt voraus, die eigenen Gefühle zuzulassen. Niemand sollte bei der Wahrnehmung solcher Aggressionen Schuldgefühle entwickeln. Nehmen Sie vielmehr einfach den natürlichen Fluß der Empfindungen wahr.»

«Mit dieser neuen Einstellung zu meinen Aggressionen wird es mir viel leichter fallen, sie wahrzunehmen. Können Sie mir aber nicht außerdem noch eine Technik nennen, damit mein Verzeihen nicht nur ein Lippenbekenntnis und oberflächlich ist?» fragte mich die Dame.

Ich erläuterte ihr die Technik des Visualisierens und empfahl: «Entspannen Sie sich, schließen Sie die Augen, und visualisieren Sie das Bild Ihrer Eltern. Erklären Sie ihnen während des Visualisierens, daß Sie sie gehaßt haben und ihnen nun verzeihen. Sagen Sie außerdem: Ich lasse meine negativen Erinnerungen los, damit die blockierten Energien wieder frei fließen können. Wünschen Sie den Eltern alles Gute, und sprechen Sie in Gedanken: Ich wünsche euch das Beste, ich lasse meine negativen Erinnerungen los und gebe euch frei. Seid glücklich.

Allein die Vorstellung des Freigebens und des Vergebens entlastet Sie von innerem Druck und läßt Ihre Energien frei fließen.»

«Kann ich diese Technik auch bei anderen Menschen anwenden, gegenüber denen ich Haß oder Feindseligkeit empfinde?» wollte die Dame wissen.

«Sie können die Technik bei allen Menschen anwenden, die Sie irgendwann verletzt oder die Ihnen unrecht getan haben. Vielleicht werden Sie sich nicht sofort befreit fühlen, wenn Sie die Übung das erste Mal durchführen. Wiederholen Sie dann die Übung. Das wird Ihnen leicht fallen, wenn Sie daran denken, daß die Übung Ihrem Wohl dient. Aus Erfahrung weiß ich, daß sich viele Menschen danach nicht nur seelisch-geistig, sondern auch körperlich wohler und gelöst fühlen.»

6. Loslassen verbindet Sie mit Ihrer tiefsten Kraft

Ein fünfzigjähriger Geschäftsmann gab mir einen Überblick über seine letzten zehn Lebensjahre: «Ich habe mich sehr intensiv für den Aufbau meines Geschäftes eingesetzt. Hatte ich ein Teilziel erreicht, wandte ich mich dem nächsten Projekt zu. So wurde ich immer erfolgreicher. Doch seit einiger Zeit fühle ich mich innerlich ausgebrannt. Trotz großer Anstrengungen läßt seit einiger Zeit mein Erfolg zu wünschen übrig.»
So wie der Geschäftsmann tun es viele Menschen. Sie haben die Verbindung mit ihrem Kern, ihrem Selbst schon längst verloren. Sie jagen von Erfolg zu Erfolg und versuchen so, die eigene Hilflosigkeit zu kompensieren. Deshalb strengen sie sich an. Sie sind ständig angespannt und setzen sich unter Druck. So werden die Menschen zielfixiert. Sie hängen an Dingen und Menschen, ohne die sie nicht glücklich zu werden glauben. Um die innere Leere auszufüllen, versuchen Sie, das zu bekommen, was sie sich wünschen. Das Verhalten solcher Menschen wird schematisch durch Bild 9 und Bild 10 skizziert.

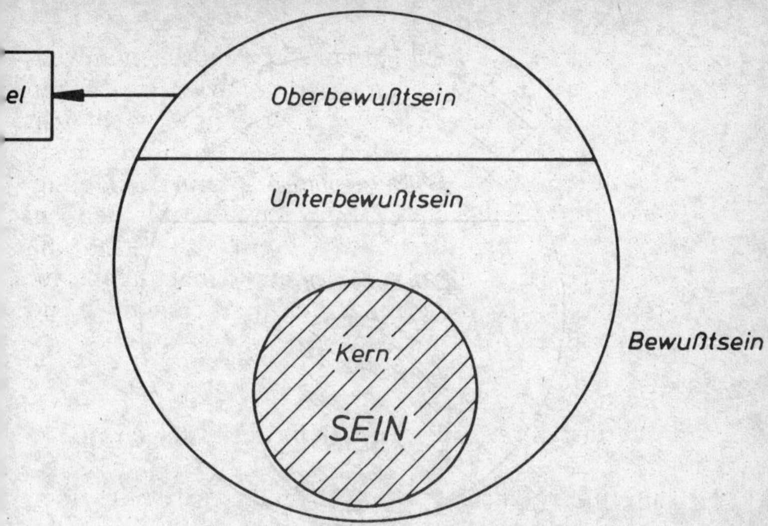

Bild 9
Der nur auf das Ziel fixierte Mensch verliert die Beziehung zum Kern.

Doch auf diese Weise fällt es den Menschen schwer, ihre Ziele zu erreichen, oder sie schaffen es überhaupt nicht. Und selbst wenn sie das Ziel erreichen, stellen sie fest, daß es ihnen nicht das erhoffte Glück bringt. Wie kommt man nun aber von dem Gefühl der inneren Leere und der Ohnmacht weg? Sie schaffen es dann, wenn Sie die geistige Haltung des Besitzergreifens wenigstens für kurze Zeit aufgeben. Sie müssen also loslassen. Tun Sie das, dann machen Sie eine tiefgreifende Erfahrung. Sie erleben, wie es ist, nur einfach da zu sein, zu existieren. Sie fühlen sich ganz wohl.
Diese Erfahrung bezeichnet die buddhistische Lehre als Lösen vom Anhaften an Dingen und Personen. Lassen Sie eine solche Erfahrung öfters zu, dann gelangen Sie mit Ihrem Kern, Ihrem Selbst, immer besser in Kontakt. Dann ruhen Sie im SEIN. Sie

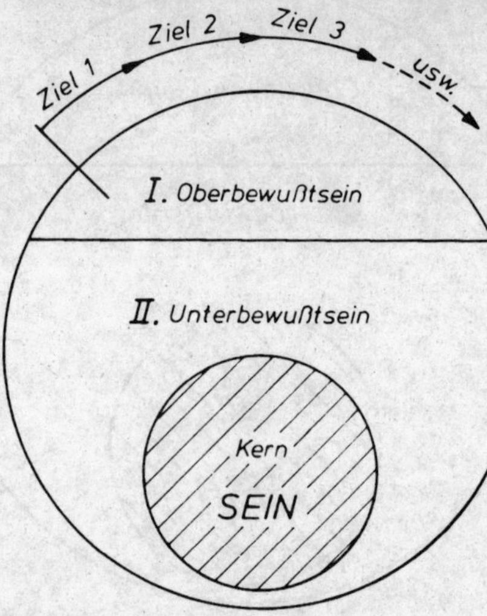

Bild 10
Durch die Haltung des ständigen Besitzergreifens geht der Kontakt zum Kern verloren.

erfahren, wie Sie von einem Strom tiefer Energien getragen werden. Sie erleben:
Das Leben ist herrlich und macht Spaß. Sie sind im Kern gut. Das Glück liegt bereits in Ihnen. Sie entscheiden sich dafür, Ihre Energien nur noch auf sinnerfüllte Lebensziele zu lenken.
Menschen, die eine solche Erfahrung nicht gemacht haben, begehen immer wieder denselben Fehler. Sie versuchen, immer mehr Geld zu verdienen, um das Gewünschte tun zu können und sich dann endlich glücklich zu fühlen. Die Richtschnur des Lebens solcher Menschen ist:

TUN → HABEN → SEIN

Diese Reihenfolge ist aber falsch, denn so wird der Mensch nicht glücklich.
Sie müssen vielmehr mit Ihrem SEIN, mit Ihrem KERN, in Kontakt stehen. Dort ist die Quelle Ihrer

größten Kraft. Sie schenkt Ihnen Geborgenheit und Glück. Die Kräfte aus dem SEIN lenken Sie auf Ihre Ziele. Dann ist Ihr TUN Ausdruck Ihrer schöpferischen Energien. So erreichen Sie den Zustand des HABENS. Die richtige Reihenfolge ist also:

SEIN → TUN → HABEN

Bild 11 bringt Ihnen den Sachverhalt zum Ausdruck und zeigt Ihnen, wie Sie es richtig machen:
Sie entspannen und sammeln sich. So gelangen Sie zum KERN (Pfeil 1, LOSLASSEN). Sie gewinnen Energien und lenken sie auf Ihr Ziel (Pfeil 2, TUN), Ihr Verstand hilft Ihnen dabei (Pfeil 3, TUN), Sie verstehen es, sich gelegentlich vom Ziel zu distanzieren, Sie lassen los (Pfeil 1, LOSLASSEN). So kommen Sie wieder mit der Quelle Ihrer tiefsten Kraft, dem SEIN, in Kontakt. Sie ruhen in sich, fühlen sich wohl. Dann richten Sie Ihre Energien wieder auf das Ziel (Pfeil 2

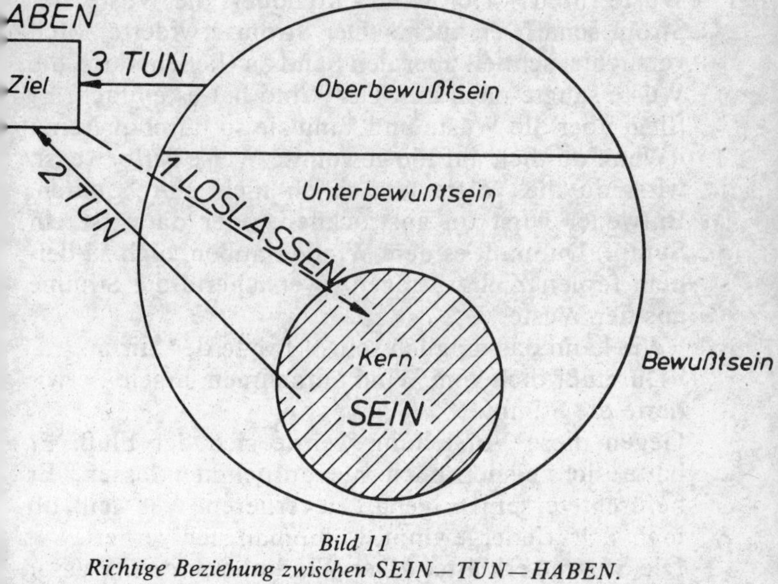

Bild 11
Richtige Beziehung zwischen SEIN—TUN—HABEN.

und Pfeil 3, TUN). Nach mehrmaligen Prozessen des TUNS und LOSLASSENS erreichen Sie schließlich das Ziel (HABEN).
Machen Sie es so, werden Sie glücklich und erfolgreich. Meditation, Bejahungen und Visualisierungen helfen Ihnen dabei. Alle Techniken bringen Sie mit dem SEIN in Kontakt und verstärken Ihre Kräfte für das TUN.

7. Eine alte Sufigeschichte macht Mut zum Loslassen

Ein Fluß floß von einem fernen Gebirge durch unterschiedliche Landschaften. Schließlich erreichte er die Wüste. Er versuchte, auch sie zu durchqueren. Doch bald stellte er fest, daß er immer mehr Wasser verlor, das im Sand versiegte. Aber er wollte nicht aufgeben. Plötzlich hörte er eine unbekannte Stimme aus der Wüste rufen: «Der Wind durchquert die Wüste, der Strom schafft es auch.» Der Strom erwiderte: «Ich versuchte, schnell über den Sand zu fließen, doch die Wüste saugte mich auf. Der Wind hat es einfach. Er fliegt über die Wüste und kann sie so durchqueren.»
«Wenn du dich auf die gewohnte Weise fortbewegst, wirst du die Wüste tatsächlich nicht durchqueren. Entweder wirst du austrocknen, oder du wirst ein Sumpf. Du mußt es dem Wind erlauben, dich zu deinem fernen Ziel zu tragen», versicherte die Stimme aus der Wüste.
«Wie kann das möglich sein?» fragte der Strom.
«Du mußt dich vom Wind aufnehmen lassen», erwiderte die Stimme.
Gegen diese Vorstellung wehrte sich der Fluß. Er hatte sich bisher noch nie aufnehmen lassen. Er befürchtete, seine Eigenart zu verlieren. Wer weiß, ob man sich wiedergewinnt, wenn man sich verliert.
Die Stimme erklärte: «Der Wind nimmt dein Wasser

auf. Er trägt es über die Wüste und gibt dein Wasser wieder frei. Es fällt als Regenwasser nieder. So wird aus dem Wasser wieder ein Fluß.»
«Woher weiß ich, ob ich mich darauf verlassen kann?» fragte der Fluß.
«Es ist tatsächlich so. Wenn du es nicht glaubst, wirst du entweder austrocknen oder ein Sumpf werden», versicherte die Stimme.
«Weshalb kann ich nicht der Fluß bleiben, der ich jetzt bin?» wollte der Strom wissen.
«Du kannst nicht bleiben, was du bist», sprach die Stimme. «Was das Wesentliche an dir ist, wird fortgetragen, und du wirst wieder ein Strom. Heute wirst du nach dem genannt, was du jetzt bist. Du weißt aber noch nicht, welcher Teil deines Selbst das Wesentliche ist.»
Der Strom begann, sich langsam zu erinnern. Hatte er sich nicht schon einmal vom Wind davontragen lassen? Er erinnerte sich daran, daß das für jeden nicht Sichtbare das Wichtige im Leben sei.
Der Strom ließ seinen Dunst in die Obhut des Windes aufsteigen, der ihn aufwärts und davon trug. Als der Wind nach langer Reise die Gipfel eines Gebirges erreichte, ließ er das Wasser sanft herabfallen. Da der Strom unsicher war und sich vor der neuen Erfahrung gescheut hatte, konnte er nun um so besser davon erzählen. Der Strom sprach: «Es ist wirklich wahr. Ich bin jetzt ich selbst.»
Der Strom hat es gelernt. Können auch Sie loslassen, um zu erfahren: «Ja, jetzt bin ich wirklich ich selbst?»

8. Alleinsein führt Sie zu Ihrer verborgenen Kraft

Bei Meditationsseminaren erlebe ich immer wieder, daß es einigen Menschen anfangs nicht leichtfällt, mit sich allein zu sein. So sagte zum Beispiel ein vierzig-

jähriger Angestellter: «Nachdem ich zehn Minuten mit geschlossenen Augen auf dem Stuhl saß, wollte ich irgend etwas tun. Ich stellte mir die Frage: Was soll das Ganze eigentlich? Ich ertappte mich dabei, nach Ausreden zu suchen, um mit der Übung nicht fortzufahren. Erst nach weiteren fünf Minuten wich das unangenehme Gefühl, und ich machte eine ganz neue Erfahrung. Ich fühle mich ganz wohl und spüre eine große Kraft, die mir Geborgenheit vermittelt. Ich hätte die Übung gern länger durchgeführt.»
Das anfängliche Verhalten des Angestellten war gar nicht überraschend. Viele Menschen versuchen vor dem Alleinsein davonzulaufen. Aktivitäten, mit denen der Mensch vor sich davonläuft, sind zum Beispiel: Streben nach Geselligkeit, Anpassung, Macht und Einfluß auf Mitmenschen, Besitzgier usw. Lassen Sie sich nicht von solchen Verhaltensweisen beherrschen. Üben Sie, allein zu sein. So schaffen Sie die Voraussetzung, um gelassen zu werden und zu Ihrer tiefsten Kraft vorzudringen.

9. Meditation verbindet Sie mit dem Kern

Wenn ich über Meditation spreche, werde ich immer wieder gefragt: «Ist Meditation nicht mit dem autogenen Training verwandt oder ihm gar gleichzusetzen?» Die Frage ist klar zu verneinen. Das autogene Training ist zu den füllenden Verfahren zu zählen, da es zum Beispiel mit gedanklichen Befehlen wie «Die Arme sind schwer, die Beine sind schwer» usw. arbeitet.
Meditation dagegen entwickelt Ihre Bewußtheit, Offenheit und Sensibilität. Ich kenne viele Menschen, die die großen Vorteile der Meditation erkannten und dafür das autogene Training aufgaben.
Oft höre ich auf den Rat zu meditieren die Antwort:

«Grübeln bringt mich nicht weiter. Mache ich mir zum Beispiel Gedanken um die Zukunft, dann drehen sich meine Gedanken nach einiger Zeit im Kreise. Dann fange ich auch an, Fehler zu begehen. Mein Leben wird enger. Der Zwang zum Grübeln schafft nur neue Probleme.»
Auch dieser Einwand ist nicht berechtigt. Meditation hat nichts mit Grübeln zu tun, sie ist etwas ganz anderes. In der Meditation sind nicht der Geist und seine Gedanken bestimmend, sie zerfallen und treten in den Hintergrund. Meditation kann als Bewußtseinslenkung bezeichnet werden.
Dabei gibt es zwei Möglichkeiten: Sie können Ihre Aufmerksamkeit entweder auf die Außenwelt oder auf sich selbst lenken.
Beschäftigen wir uns zunächst mit der ersten Möglichkeit. Sie können sie ausführen, wenn Sie einen Spaziergang in der Natur machen, Ihren Gesprächspartner wahrnehmen oder zum Beispiel die Menschen auf einem Marktplatz beobachten. Sehen Sie vielleicht einen Vogel und hören Sie auf sein Zwitschern, dann öffnen sich hierbei alle Ihre Sinne. Nicht Gedanken bestimmen die Szene, sondern der gegenwärtige Augenblick. Eventuelle Gedanken zerfallen schnell in sich. Sie erleben eine innere Stille, und erst jetzt können Sie Neues aufnehmen. Die Frische Ihres Erlebens wird nicht durch Gedanken bewertet und kontrolliert. Sie leben ganz im gegenwärtigen Augenblick. Sie sind im Zustand des Gewahrseins und beschäftigen sich weder mit der Zukunft noch mit der Vergangenheit. Ihr Bewußtsein ist offen, wie ein unbegrenzter Raum.
Wenden wir uns nun der anderen Variante zu, nämlich das Bewußtsein auf sich selbst zu lenken. Diese Technik wird auch als innere Sammlung bezeichnet. Bild 12 bringt schematisch zum Ausdruck, was dabei geschieht:

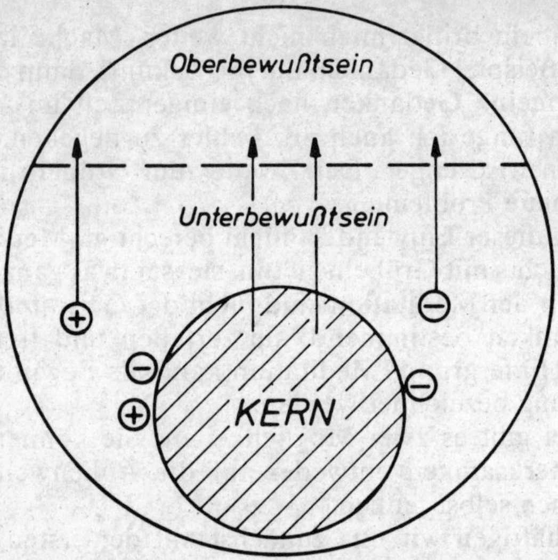

Bild 12
Im Zustand der inneren Sammlung wird die Abgrenzung zwischen Ober-, Unterbewußtsein und Kern durchlässig. Inhalte des Unterbewußtseins und des Kerns steigen ins Oberbewußtsein. Im Zustand der Bewußtheit ist Offenheit.

Die Grenze zwischen Oberbewußtsein (Normalbewußtsein) und Unterbewußtsein wird durchlässig. Speicherungen des Unterbewußtseins gelangen ins Oberbewußtsein. Solche Prozesse verblassen aber gewöhnlich sehr schnell. Nach einiger Zeit schiebt sich das Erleben des Kerns, der tiefsten Kraft oder des SEINS ins Erlebnisfeld. Sie erfahren innere Ruhe, Offenheit und Harmonie. In einem solchen Zustand der Offenheit lösen Sie sich von allen Verhaftungen. Sie beschäftigen sich nicht mehr mit dem richtigen oder falschen Verhalten in der Meditation. Ihr Bewußtsein fließt frei. Entwickeln sich Gedanken oder Gefühle, dann erleben Sie diese klar und deutlich, ohne sich davon gestört zu fühlen. Da Sie sie nicht festhalten, ziehen sie vorbei. Nur wenn Sie an ihnen festhängen, verlieren Sie den Zustand der Offenheit. Sie erfahren eine Hingabe zu Ihrer tiefsten Kraft, die Sie von Sorgen und Zweifeln befreit. Die Technik der inneren Sammlung habe ich in meinem Buch «Die universellen Kräfte Ihrer Psyche» beschrieben. Sie werden darin mit der inneren Sammlung vertraut gemacht. Ich übe diese Technik auch in Seminaren, die sich großer Beliebtheit erfreuen. Bereits nach einigen Übungen verliert die Meditation den Charakter der reinen Übung. Das Bewußtsein und die Körperenergien vermögen frei zu fließen. Jetzt wird Meditation Erfahrung, und Erfahrung ist Meditation. Sie sind im Zustand des Gewahrseins und erfahren die Fülle des SEINS. Sie stehen mit Ihrem Kern in Kontakt. In einem solchen Zustand können Sie Erlebnisse haben, die weit über Ihre normalen Erfahrungen hinausgehen. Die neuen Erlebnisse werden durch die umfassende Qualität Ihres Bewußtseins ermöglicht. Bleiben Sie aber an solchen Erfahrungen nicht haften, und sehnen Sie sie auch nicht herbei. Sonst verhindern Sie das freie Fließen Ihres Bewußtseins.

Entfalten Sie also reines Gewahrsein. Bleiben Sie offen. Dann erkennen Sie, daß Sie sich in der Meditation nicht anzustrengen brauchen.

Nun ist ein solcher Bewußtseinszustand nicht ständig aufrechtzuerhalten. Sie können aber mit ihm immer wieder neu in Kontakt gelangen, wenn Sie sich zur inneren Sammlung ganz in sich zurückziehen. So werden Sie nicht nur offener, sondern gewinnen ein tiefes Vertrauen zu sich selbst. Dann gelangen Sie immer besser mit Ihrem SEIN, der Schatzkammer in Ihrem Innern, in Kontakt. Schreiten Sie in der Richtung weiter voran, dann erfahren Sie: Die Schwierigkeiten des Lebens bedrücken Sie weniger. Ihre Lebensfreude nimmt zu.

10. Loslassen und Bejahungen ergänzen sich

Ein Geschäftsmann meinte während eines Gespräches zu mir:
«Ich betreibe regelmäßig meine Selbstbejahungsübung und die Visualisierungsübung. Das hat mir schon sehr geholfen. In den letzten beiden Jahren hat sich mein Geschäft sehr gut entwickelt. Dennoch gibt es irgendwann auch einmal Rückschläge und kleine Mißerfolge. Ich bin dann darüber betrübt. Ich erhöhe in solchen Situationen meine inneren Aufbauübungen und setze mich noch mehr für meinen geschäftlichen Erfolg ein. Ich habe aber den Eindruck, daß mein zusätzlicher Aufwand überhaupt nichts bringt. Ich vermag nichts zu erzwingen. Da ich obendrein überarbeitet bin, spreche ich auch leichter auf die negativen Beeinflussungen meiner Umwelt an.»
Ich erwiderte dem Geschäftsmann: «Ihre Erfahrung wird jeder bestätigen können, ganz gleich, welche Ziele er verfolgt. Für jeden Menschen gibt es die Notwendigkeit, irgendwann loszulassen. Das Leben ist wie ein Fluß, der jeden von uns trägt. Jeder muß bereit sein, loszulassen und dem Lebensstrom zu vertrauen. In solchen Situationen hat es gar keinen Zweck, die Zielbejahungen auch noch zu verstärken. Überlassen Sie sich dann dem Fluß des Lebens. Üben Sie, im Hier und Jetzt zu leben. So kommen Sie mit Ihren tiefsten Kräften in Kontakt und fühlen sich wohl.»
Der Geschäftsmann überlegte eine Weile und erwiderte:
«Eigentlich erkenne ich hierin einen Widerspruch. Wie kann ich denn hier und jetzt leben, dem Lebensfluß vertrauen und dennoch meine Ziele erreichen?»
«Ich will Ihnen das an einem Gleichnis veranschaulichen», erwiderte ich. «In diesem Jahr machte ich eine Expedition in das Amazonasgebiet zu einem in der

Wildnis lebenden Indianerstamm. Ein Südamerikaner steuerte unser Boot auf dem Amazonas. Achtsam wich er treibenden Baumstämmen aus und vermied, in gefährliche Strömungen zu gelangen. Mit zielbewußter Sicherheit wählte er einen der unzähligen Nebenflüsse aus, lenkte das Boot an vielen kleinen Inseln vorbei und legte dann ganz in der Nähe des Indiodorfes an. Wir waren am Ziel angelangt. Der Steuermann hat das Boot dem Fluß überlassen, er ließ es von den Wassermassen forttragen und vertraute dem Strom. Er wich aber auch Hindernissen und Gefahren aus und lenkte sein Boot zum Ziel.
Erkennen Sie an dem Beispiel, daß es möglich ist, loszulassen, sich dem Lebensfluß zu überantworten und dennoch zum gesetzten Ziel hinzustreben?»
«Ich begreife, daß Loslassen, Bejahungen und Visualisierungen nicht im Widerspruch zueinander stehen. Beide verbinden mich mit dem Strom des Lebens.»
Ich zeichnete dem Geschäftsmann die in Bild 10 und Bild 11 angegebenen Zeichnungen auf Papier, um ihm noch mehr zu verdeutlichen, wie Loslassen und konsequentes Tun sich gegenseitig ergänzen.
Er bekannte: «Mir ist klar, daß Gelassenheit die Voraussetzung zur Beharrlichkeit ist.»

11. Eine Frau entwickelt ein ganz neues Lebensgefühl

Eine fünfzigjährige Dame berichtete mir über ihr Leben:
«Eigentlich müßte ich mich glücklich fühlen. Mein Mann liebt mich und ist in seinem Beruf erfolgreich. Meine Schränke hängen voller Kleider. Einige der Sachen ziehe ich schon seit längerem überhaupt nicht mehr an. Dennoch weiß ich sie zu schätzen, da ich in den Kriegsjahren groß geworden bin und es mir zu jener Zeit an Kleidung mangelte. Seit einigen Jahren

habe ich keine rechte Lebensfreude mehr. Irgendwie kommt mir das Leben eintönig und fad vor. Selbst an unserer Wohnungseinrichtung finde ich keinen Gefallen mehr, obwohl ich jedes Stück in den vergangenen zwanzig Jahren sehr sorgfältig ausgewählt habe. Mein Mann meint, wir sollten uns von einigen Dingen trennen, da die Wohnung ohnehin überladen wirkt. Häufig muß ich auch an eine Bekannte denken, die schon wiederholt Schlechtes über mich erzählt hat. Manchmal kommt mir der Gedanke, mich von ihr zu trennen. Doch zu einem Entschluß habe ich mich bislang immer noch nicht aufgerafft.»

«Es wundert mich nicht, daß Sie sich nicht mehr wohl fühlen», bestätigte ich der Dame. «Sie müssen erst einen Teil des Alten freigeben, damit das Neue in Ihr Leben treten kann. Bemühen Sie sich also, loszulassen. Erst dann kann sich das Gute in Ihnen entfalten, und Neues und Schönes kommt auf Sie zu. Wenn Sie loslassen, vergrößern Sie Ihre Kraft, Ihr Leben zum Guten zu lenken. Denken Sie nur an die Natur, so wird Ihnen der Sachverhalt um so verständlicher werden. Die Natur kennt weder Freiräume noch ein Vakuum. Selbst wenn es kurzfristig entsteht, wird es wieder mit neuen Inhalten und Formen des Lebens gefüllt. Auch in Ihrem Leben ist es so. Sie müssen erst etwas freigeben, geistige Verstopfungen lösen, damit leerer Raum entsteht, in den das Gute fließen kann.»

Ich riet der Dame zu visualisieren und zu bejahen:

Ich trenne mich von Überflüssigem, ich halte nichts fest und kann loslassen. Ich vergebe meiner Bekannten, ich befreie mich von dem Gedanken an sie. Das höhere Bewußtsein macht uns beide frei und wirkt zu unserem Wohl. Ich überlasse mich dem Fluß des Lebens, und meine Energien fließen frei. Ich bin in mir geborgen. Das höhere Bewußtsein — Gott — wirkt zu meinem Wohl.

Meine Ausführungen überzeugten die Dame, und sie

wollte die neue Geisteshaltung konsequent aufbauen. Nach drei Wochen rief sie mich an und teilte mir freudig mit: «Vor zwei Wochen besuchte ich einen Lichtbildervortrag über Brasilien. Ich erfuhr, wie bitterarm dort die meisten Menschen sind. Der Redner nannte die Anschrift einer Vereinigung in Deutschland, die Kleiderspenden nach Brasilien weiterleitet. Am nächsten Tag packte ich den größten Teil meiner älteren Sachen zusammen und schickte sie zu der Sammelstelle. Als ich am darauffolgenden Tag wieder in den fast leeren Schrank schaute, überfiel mich ein kurzes Wehgefühl. Ich baute noch einmal die geistige Haltung des Freigebens auf. Am Abend erfaßte mich ein großes Wohlbefinden. Plötzlich fiel mir ein, mich zu einem Malkurs bei der Volkshochschule anzumelden. Ich hatte das Bedürfnis nach einer kreativen Tätigkeit. Das Leben war für mich wieder reizvoll geworden. Ein großes Wohlsein auf körperlicher, geistiger und seelischer Ebene durchdrang mich.»
Die Dame hat durch das Loslassen eine Wende in ihrem Leben erlebt. Schaffen auch Sie durch Loslassen des Alten Freiraum für das Gute in Ihrem Leben. So überwinden Sie das Vergangene, entwickeln sich weiter und erschließen sich faszinierende Lebenshorizonte.

12. Ihr Selbst bewahrt Sie vor Fixierungen

Während eines Gespräches sagte mir ein Mann: «Ich strebe in meinem Leben nach Harmonie. Ich entwickle Einfühlungsvermögen und stelle mich auf meine Mitmenschen ein. Ich respektiere die Interessen der anderen und gebe oft nach. Ich habe aber den Eindruck, daß ich etwas falsch mache. Meine Beziehungen zu anderen entwickeln sich nicht vorteilhaft. In der letzten Zeit habe ich sogar den Eindruck gewonnen, daß meine Weichheit nicht vorteilhaft für die Entwicklung meines vierzehnjährigen Sohnes ist. Was soll ich tun? Ich sehne mich doch so sehr nach Harmonie und möchte meinem Kind Liebe schenken.»

Ich entgegnete: «Sie werden das Leben erst dann verstehen, wenn Sie erkennen, daß alles im Leben aus Gegensätzen, aus Polaritäten besteht. So gibt es zum Beispiel Aktivität und Ruhe, Erfolg und Mißerfolg, Logik und Intuition, Verstand und Gefühl, Liebe zu sich selbst und anderen, Weichheit und Härte, Nachgiebigkeit und Durchsetzungskraft usw. Sie werden ein harmonisches Leben erst dann führen, wenn Sie beide Seiten jeder Polarität bei sich zur Entfaltung bringen.

Beschäftigen wir uns mit der Polarität Eigenliebe und Fremdliebe. Was geschieht, wenn jemand nur auf den Pol der Eigenliebe orientiert ist? Er fürchtet sich vor menschlicher Nähe und vermeidet Kontakte zu anderen. Er bemüht sich ständig, die eigene Person zu sichern und sich von anderen abzugrenzen. Seine Angst vor Selbsthingabe versucht er mit der Vorstellung zu rechtfertigen, der Mitmensch sei gefährlich. Eine derart einseitige Liebe ist daher besser als Egoismus zu bezeichnen. Ein Mensch mit einer solch einseitigen Fixierung auf Pol 1 wird auch als schizoider Typ bezeichnet.

Wie sieht es nun in dem Fall aus, wenn jemand nur auf Pol 2 fixiert ist? Da er die Hingabe an den Mitmenschen überbetont, gibt er sich selbst auf. Sein Ziel ist es, auf Mitmenschen nicht nur zuzugehen, sondern in ihnen aufzugehen. Er hat Angst davor, seine Eigenständigkeit zu entwickeln, er zeigt Ich-Schwäche. Die Mitmenschen spüren, wie wenig sich ein solcher Mensch bedeutet; sie empfinden sein Verhalten als Unterwürfigkeit. Ein solcher Mensch geht allen Auseinandersetzungen aus dem Wege. Er unterdrückt

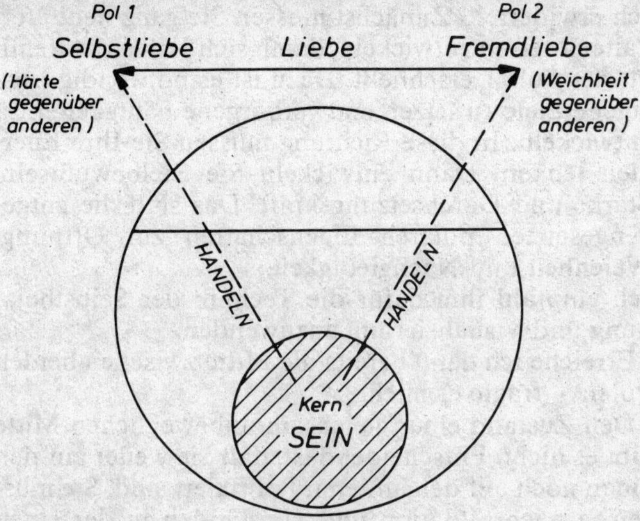

1 ←——— Fixierung auf Pol 1: *Betonung der Selbstbewahrung Angst vor Selbsthingabe*

———→ 2 Fixierung auf Pol 2: *Betonung der Selbsthingabe Angst vor Selbstwerdung*

Bild 13
Selbstliebe und Fremdliebe als Beispiel einer Polarität. Der Kern ermöglicht es, nicht auf einen Pol fixiert zu sein und zwischen beiden Möglichkeiten frei zu wählen.

seine eigenen Wünsche. Die Mitmenschen belohnen aber seine Selbstaufopferung nicht. Ein solcher Mensch wird auch als depressiv bezeichnet.»
Da einfache Skizzen Sachverhalte sehr gut verdeutlichen, zog ich die auf dieser Seite abgebildete Skizze im Gespräch zur Veranschaulichung heran.
«Ich bin eindeutig auf Pol 2 fixiert», bekannte der Mann offen. «Wie kann ich aber die Mitte zwischen beiden Polen erreichen?» fragte er mich.

Ich erwiderte: «Zunächst müssen Sie ganz neue Verhaltensweisen entwickeln, damit sich Ihnen die Realität des Pols 1 erschließt. Dazu ist es notwendig, sich eigene Ziele zu setzen und verborgene Fähigkeiten zu entwickeln. In diese Richtung müssen Sie Ihre Energien lenken. Dann entwickeln Sie Zielbewußtsein, Stärke und Durchsetzungskraft. Das sind die entgegengesetzten polaren Eigenschaften zur Öffnung, Weichheit und Nachgiebigkeit.»
Ich empfahl ihm dafür die Technik der Selbstbejahung und Visualisierung anzuwenden.
«Erreiche ich dann bereits die Mitte zwischen beiden Polen?» fragte er mich.
«Den Zustand einer gleichsam unbeweglichen Mitte gibt es nicht. Entscheidend ist, daß Sie weder auf den einen noch auf den anderen Pol fixiert sind. Sie müssen je nach Situation und Umständen in der einen Situation nach der Qualität Pol 1, in einer anderen nach der Qualität Pol 2 handeln. Die freie Auswahl haben aber viele Menschen schon längst verloren. Sie erhalten sich die Offenheit dann, wenn Sie in der Meditation Kontakt mit Ihrem Kern, also dem Selbst aufnehmen. Doch zunächst müssen Sie die andere Handlungsweise bei sich zur Entfaltung bringen. Erst wenn Sie nicht nur von einer Qualität beherrscht werden, entwickeln Sie sich weiter. Die Gegensätze sind notwendig, damit Ihr Wachstum erfolgen kann.»
Mein Gegenüber fragte: «Werden sich dann also auch meine noch zu gewinnende Stärke und Konsequenz auf meine Beziehungen zu meiner Familie positiv auswirken?»
Ich erwiderte: «Beharrlichkeit und Konsequenz sind wichtige Komponenten der Liebe. Daher werden auch Ihre Beziehungen zur Familie besser werden.»
Nach mehreren Monaten traf ich den Mann wieder. Er bekannte: «Zwischen Kraft und Liebe gibt es für mich nun keinen Widerspruch mehr. Ich kann lieben

und auch stark sein. In der Meditation erfahre ich, daß Wille und Liebe eine Einheit sind. Es gibt dann nur den Zustand des Einsseins. Ziehe ich mich in mich zurück, so stärke ich meine Fähigkeit, mich nach der Meditation frei für Festigkeit und Stärke oder für Offenheit und Weichheit zu entscheiden. Das ist die wirkliche Harmonie.»

Zusammenfassung

1. Zwanghafte Verhaltensmuster lassen die Wirklichkeit verzerrt erscheinen.
2. Zeigen Sie Gefühlswiderstände gegen Ihren Bejahungstext, dann machen Sie sich die Gründe dafür bewußt.
   Schreiben Sie sie auf.
3. Haß und Bitterkeit blockieren den Fluß Ihrer Energien.
4. Erinnerungen an Enttäuschungen fixieren Sie darauf, die Wirklichkeit immer nur auf negative Art zu sehen.
5. Werden Sie sich Aggressionen bewußt, dann werden Sie aus der Verdrängung befreit und gelangen ins Licht der Bewußtheit.
6. Werden die eigenen Bedürfnisse unterdrückt, entwickelt jeder Mensch Aggressionen. Es ist notwendig, sie neutral wahrzunehmen und keine Schuldgefühle zu entwickeln.
7. Wenn Sie einem Menschen wirklich verzeihen wollen, so setzt dies voraus, die eigenen Gefühle zunächst zuzulassen.
8. Vergeben Sie den Menschen, die Ihnen geschadet haben, so können Ihre blockierten Energien wieder frei fließen.
9. So gelingt es Ihnen zu vergeben: Visualisieren Sie das Bild der Person, die Ihnen geschadet hat. Sagen Sie ihr in Gedanken, daß Sie sie gehaßt haben und ihr nun verzeihen.
   Bringen Sie zum Ausdruck: Ich lasse meine Erinnerungen los, ich gebe sie frei, sei glücklich.
10. Wiederholen Sie die Übung mehrmals, wenn es notwendig sein sollte. So fühlen Sie sich befreit.
11. Loslassen verbindet Sie mit dem Kern. Wer nur auf das Ziel fixiert ist, tut sich schwer, es zu erreichen.

12. Nur wenn Sie die Reihenfolge
1. SEIN→2. TUN→3. HABEN
beachten, werden Sie glücklich. Wer die Reihenfolge umkehrt, geht am Leben vorbei.
13. Meditation, Visualisierungen und Bejahungen bringen Sie mit dem SEIN in Kontakt.
14. Wenn Sie loslassen, erkennen Sie: Jetzt bin ich wirklich ich selbst.
15. Alleinsein ist die Voraussetzung, mit sich selbst in Kontakt zu kommen.
16. Meditation entwickelt Ihre Bewußtheit, Offenheit und Sensibilität.
17. Jeder muß loslassen und dem Strom des Lebens vertrauen.
18. Sie können im Hier und Jetzt leben und Ihre Ziele anstreben.
19. Gelassenheit ist die Voraussetzung, um Beharrlichkeit zu erreichen.
20. Sie müssen einen Teil des Alten loslassen, damit das Neue in Ihr Leben treten kann.
21. Visualisieren Sie: Meine Energien fließen frei. Ich trenne mich von Überflüssigem.
22. Alles im Leben besteht aus Gegensätzen, aus Polaritäten. Es ist notwendig, nicht nur den einen Pol einer Qualität, sondern auch den entgegengesetzten zur Entfaltung zu bringen.
23. Vermeiden Sie Fixierungen. Bewahren Sie sich die Freiheit, nach der einen oder nach der anderen Qualität einer Polarität zu handeln.

Kapitel 6

Denken und Gefühle

1. Sie sehen, was Sie sind

Sind Sie schon einmal in der Dunkelheit durch einen Park oder Wald gelaufen? Dann wissen Sie: Wer ängstlich ist, meint überall Gefahren zu entdecken. So wird er zum Beispiel den Schatten eines Baumes für eine Gestalt halten, die ihn bedroht.

Niemand nimmt die Außenwelt vollkommen objektiv wahr. Jeder projiziert seine Ängste, Hoffnungen und seelischen Einstellungen nach außen. Der Optimist sieht überall nur Gutes, der Pessimist immer nur Schlechtes. Der negative Mensch empfindet überwiegend nur destruktive Emotionen. Er sieht im Mitmenschen jemand, den er bekämpfen muß.

So projiziert jeder seine Innenwelt nach außen und verfärbt die Wahrnehmung der Außenwelt. Wie die Innenwelt, so die Außenwelt, kann in einem Satz gesagt werden. «Die Welt ist weitgehend die Schöpfung des eigenen Bewußtseins», sagt bereits der Buddhismus. Wer diese Wahrheit erfaßt, gewinnt eine tiefe Erkenntnis und wird seine Einstellung wandeln.

Jeder Mensch kann von verschiedenen Emotionen gelenkt werden. In meinem Buch «Wer ist dein Freund, wer ist dein Feind — Wie man Menschen besser erkennt» habe ich verschiedene Emotionen der Menschen in eine Reihenfolge gebracht.

Die Verhaltensweisen eines Menschen werden nun ganz davon bestimmt, auf welchem Emotionsniveau er überwiegend beheimatet ist. Daher lassen sich Menschen sehr gut durch ihre Emotionen charakterisieren. Die Emotionsskala hilft auch Ihnen zu erkennen, ob Sie im Emotionsniveau steigen oder fallen. Sie stellen fest, auf welchem Emotionsniveau Sie überwiegend angesiedelt sind.

2. Sie dürfen nicht jedem Gefühl folgen

Ist Ihnen schon einmal bewußt geworden, wie unterschiedlich und obendrein veränderlich die Gefühle der Menschen sind?
Betrachten wir folgende Situation: Sie haben einen Freund. Er ist für Sie liebenswert. Sie freuen sich, wenn Sie ihm begegnen. Ein anderer Mensch kann für Ihren Freund jedoch ganz andere Gefühle entwikkeln. Vielleicht findet er ihn unausstehlich.
Gefühle können nicht nur ein objektives Erkennen des Mitmenschen verhindern, Gefühle verzerren oft den Blick auf die Realität. Jeder malt die Wirklichkeit nach seinen Gefühlen. Er projiziert auf Menschen und Gegenstände Eigenschaften, ohne sich seiner Verhaltensweise bewußt zu sein. Darauf wurde schon hingewiesen. Wenn jemand zum Beispiel sagt: «Ich hasse diese Person», dann hat er durch sein Gefühl in gewisser Weise erst eine solche Wirklichkeit geschaffen, denn ein anderer liebt vielleicht dieselbe Person. Zwei verschiedene Menschen schaffen sich also je nach ihrer geistigen Einstellung und nach ihrem Gefühl ganz andere Vorstellungen von der Wirklichkeit. Gefühle machen uns daher nur zu oft zum Opfer unserer Projektionen.
Gefühle sind ein wichtiger Bestandteil Ihres Lebens. Sie dürfen Sie nicht unterdrücken. Sie können sich aber auch nicht auf sie verlassen, da Sie sonst zum Opfer von Vorurteilen und Wahrnehmungsverzerrungen werden. Jeder Mensch strebt positive Gefühle an. Wer hätte nicht Interesse daran, sich von Gefühlen wie zum Beispiel Angst und Wut zu trennen, um Freude zu empfinden. Sie müssen zunächst Ihre Gefühlskanäle reinigen, damit tiefe und erhebende Gefühle aus dem Kern Ihres Wesens emporsteigen.

3. Wie Empfindungen und Gefühle entstehen

Nehmen wir einmal an, Ihr Kind kommt weinend nach Hause gelaufen, da es sich verletzt hat. Wenn Sie es in seinem Schmerz sehen, haben Sie zunächst eine unangenehme Empfindung. Dann entwickeln Sie Mitgefühl. Oder Sie beobachten Ihr Kind, wenn es friedlich in seinem Bett schläft. Ein Gefühl der Liebe steigt in Ihnen auf.
Alles, was Sie wahrnehmen, löst in Ihnen Sinnesempfindungen aus. Daraus entwickelt sich ein Gefühl.
Bild 14 zeigt Ihnen, daß das Bewußtsein von verschiedenen Gefühlszuständen erfaßt wird, die aufeinander folgen. Sie werden durch Wahrnehmungen ausgelöst. Gefühle entwickeln sich aber auch dann, wenn Sie sich etwas vorstellen. Erinnern Sie sich des vergangenen herrlichen Urlaubs, wird Sie ein sehr angenehmes Gefühl durchdringen. Machen Sie sich Sorgen um

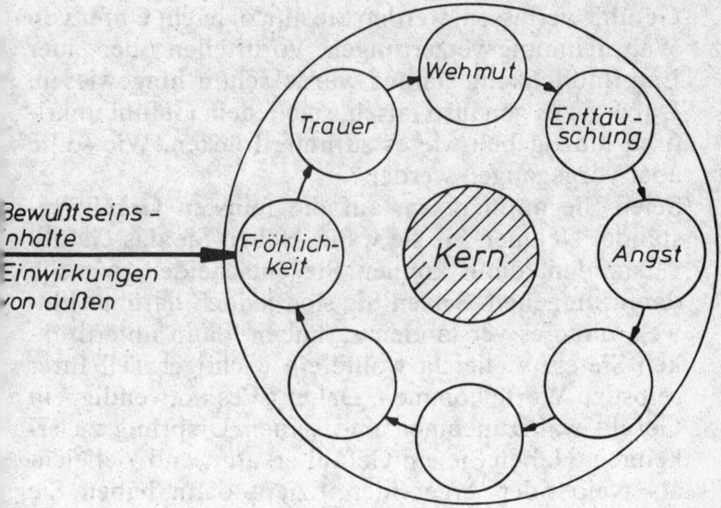

Bild 14
Einwirkungen von außen bewirken verschiedene Gefühle.

Ihre Zukunft und erwarten Sie Unangenehmes, dann werden Sie von unguten Gefühlen erfaßt.
Fassen wir zusammen:
Alte Inhalte Ihres Bewußtseins — seien es nur Wahrnehmungen, Gedanken, Erinnerungen oder Vorstellungen — bewirken Gefühlsregungen. Wollen Sie daher Ihre Gefühle steuern, müssen Sie Ihre Vorstellungen und Ihre Gedanken lenken. So schaffen Sie es, zum Beispiel Angst durch Vertrauen und Mut, Empfindlichkeit durch Gleichmut und Trauer durch Freude zu ersetzen.

4. So gehen Sie mit Ihren Gefühlen richtig um

Empfindungen und Gefühle sind ein wichtiger Bestandteil Ihres Lebens. Beide sind Ausdruck Ihrer Lebendigkeit und die Quelle der Intuition und Lebensfreude. Wenn Sie sich aber ganz auf Ihre Gefühle verlassen, werden Sie nur zu leicht Opfer von Wahrnehmungsverzerrungen, Vorurteilen oder einer Empfindlichkeit. Darauf wurde schon hingewiesen. Daher ist es genauso falsch, sich jedem Gefühl unkritisch hinzugeben wie es zu unterdrücken. Wie sollte aber vorgegangen werden?
Seien Sie aufmerksam auf die feinsten Gefühlszustände. Nehmen Sie sie wahr. Haben Sie das Gefühl verstanden, dann können Sie entscheiden, wie Sie damit umgehen. Setzen Sie sich jedoch darüber hinweg, ohne es verstanden zu haben, dann unterdrükken Sie es. Vielleicht wollte ein wichtiger Teil Ihrer selbst zu Worte kommen. Daher ist es notwendig, ein Gefühl wahrzunehmen und seinen Ursprung zu erkennen. Haben Sie ein Gefühl erkannt und vielleicht als Neid oder Ärger identifiziert, dann haben Sie mehrere Möglichkeiten, mit den negativen Gefühlen zu verfahren.

So vermögen Sie mit Ihren Gefühlen umzugehen:

1. Sie können ihm volle Aufmerksamkeit widmen und es zum Ausdruck bringen.
   Das tun Sie zum Beispiel dann, wenn Sie in einem Gespräch Ihren Unmut äußern, da Ihnen vielleicht ein Vorschlag nicht gefällt.
2. Sie beschließen, das Gefühl nicht weiter zu beachten.
   Sie handeln zum Beispiel nach diesem Grundsatz, wenn Sie den Unmut nicht äußern, da es Ihnen nicht zweckmäßig erscheint.
3. Sie bauen bewußt positive Gefühle auf.
   Vielleicht erinnern Sie sich eines unangenehmen Vorfalls der Vergangenheit. Da Sie bereits wissen, was Sie damals falsch gemacht haben, bringt Ihnen die Erinnerung keine neue Erkenntnis. Ein weiteres Denken daran würde nur Ihr Gefühlsniveau senken und vielleicht das Selbstbewußtsein schwächen. Daher lenken Sie Ihre Gedanken auf Ihre Erfolge und entwickeln so positive Gefühle.
   Entscheiden Sie von Fall zu Fall, nach welcher der drei Methoden Sie mit Ihren Gefühlen umgehen.

5. Nutzen Sie die Energien von negativen Gefühlen

Nehmen wir einmal an, Sie werden wütend. Eine Welle aggressiver Energie erfaßt Sie. Sie werden sich Ihrer Wut bewußt. Sie haben nun drei Möglichkeiten zum Handeln:

1. Sie bringen Ihre Aggressionen durch Worte und Handlungen zum Ausdruck.
   Manchmal kann es durchaus angemessen sein, Zorn zu zeigen. Es ist jedoch keineswegs immer richtig. Sie können durch ein solches Verhalten zwischenmenschliche Beziehungen stören oder gar zerstören.

2. Sie unterdrücken Ihre Aggressionen, da Sie nicht unhöflich sein wollen. Es können sich aber dann psychosomatische Herz-, Magen-, Darm- oder sexuelle Beschwerden entwickeln.
3. Sie versuchen, die aggressive Energie in andere Bahnen zu lenken.

Beschäftigen wir uns mit der dritten Möglichkeit. Aggressivität ist eine psychische Kraft. Sie enthält große Energien. Solche Energien lassen sich zum Nutzen oder Schaden einsetzen. Es hängt ganz von Ihnen ab. Sie können die Energien negativer Emotionen in eine andere Richtung lenken. So wird die Kraft nicht unterdrückt, sondern einfach in eine positive Richtung gelenkt. Davon handeln die beiden folgenden Fälle.

6. Eine Angestellte und ein Student richten die Energien negativer Emotionen auf positive Ziele

Eine Frau berichtete mir: «Manchmal kommt es im Geschäft vor, daß etwas falsch läuft. Natürlich mache ich mir Gedanken, wie der Ärger in Zukunft vermieden werden kann. Dennoch spüre ich, daß in mir noch aggressive Energien sind, die sich entladen wollen. Wenn ich an solchen Tagen nach Hause komme, ziehe ich mir meinen Jogging-Anzug an und mache im nahegelegenen Park einen halbstündigen Dauerlauf. Habe ich danach geduscht, fühle ich mich wohler. So habe ich meine Energien genutzt, um mein Wohlbefinden zu steigern.»

Ein Student erzählte: «Nachdem ich bei der Prüfung durchgefallen war, wurde ich zunächst auf den Professor wütend. Dann ärgerte ich mich darüber, nicht genügend fürs Examen getan zu haben. Daher lenkte ich meine Zornenergien auf meine Lernaktivitäten. So gelang es mir, intensiver zu arbeiten, meine nächste Prüfung wurde erfolgreich.»

7. Emotionen und das Erlebnis Ihres Kerns

Die Inhalte Ihres Bewußtseins, also Ihre Gedanken, Empfindungen und Gefühle, ändern sich ständig. So können äußere Einflüsse Sie zum Beispiel veranlassen, fröhlich, traurig, wütend, enttäuscht oder ängstlich zu sein. Da jeder Mensch dazu neigt, sich mit seinem Bewußtseinsinhalt zu identifizieren, kann natürlich auch kein Persönlichkeitskern wahrgenommen werden. Nehmen wir an, Sie seien wütend. Dann erfaßt diese Emotion Ihr Bewußtsein. Ein Persönlichkeitskern kann nicht wahrgenommen werden. Bild 15 stellt diesen Sachverhalt dar.
Ganz anders sieht es dagegen aus, wenn Sie achtsam auf Ihre Gefühle sind.
So berichtete eine fünfzigjährige Frau: «Ich war achtsam auf meine Empfindungen, Gefühle und Gedanken. Ich hatte das Erlebnis, als ob meine Gefühle an mir vorbeizögen. So fiel es mir leichter, nicht in einen Gefühlsstrudel hineingezogen zu werden. Ich ent-

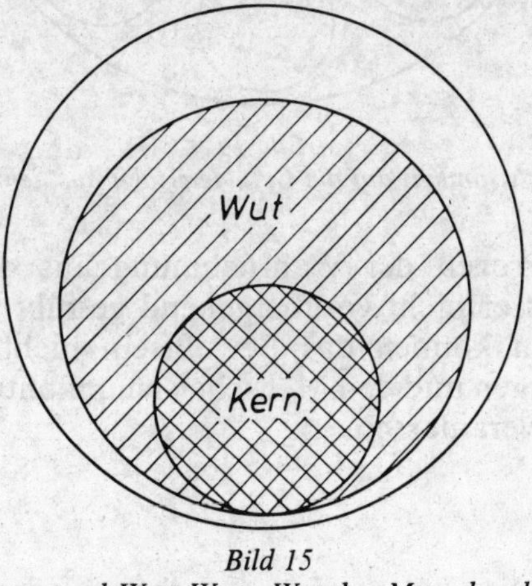

Bild 15
Bewußtseinszustand Wut. Wenn Wut den Menschen lenkt, ist das Bewußtsein getrübt.

deckte etwas, was ich als meinen Kern bezeichne. Er ist unabhängig vom Strom der Emotionen. Er gibt mir ein Gefühl der Kraft und der Geborgenheit.»
Bild 16 soll Ihnen helfen, den Sachverhalt noch deutlicher zu erkennen.

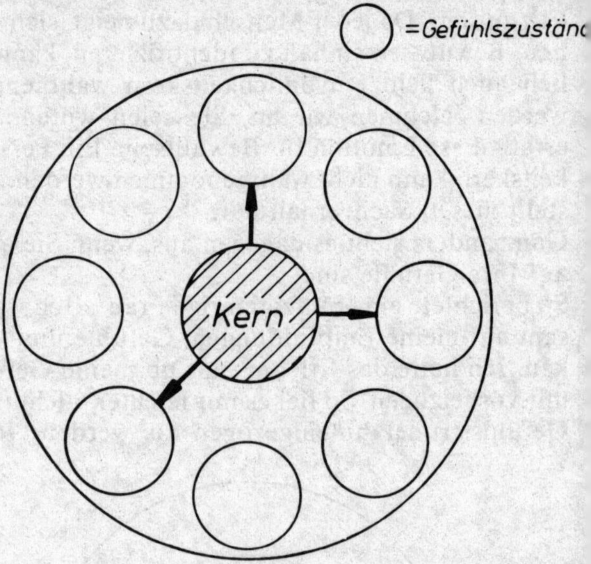

Bild 16
Die Achtsamkeit auf die Gefühle erfolgt aus dem Kern.

Da der Prozeß der Wahrnehmung aus dem Kern erfolgt, ist er nicht vorübergehend getrübt. Negative Emotionen können das Bewußtsein nicht gänzlich durchdringen und den Menschen zu unkontrolliertem Handeln veranlassen.

8. Wie Visualisierung auf die Energien negativer Emotionen wirkt

Sie erinnern sich an die Oberstufe des Visualisierens: Ihr Bewußtsein ermöglicht es Ihnen, bei geöffneten Augen ein Bild des visualisierten Objektes wahrzunehmen. Ein solches Visualisieren ist eine ausgezeichnete Methode, klare Bewußtheit zu entwickeln. Beherrschen Sie die Oberstufe des Visualisierens, so vermögen Sie diese Technik auch bei negativen Emotionen einzusetzen.
Wie ist dabei vorzugehen?
Werden Sie von negativen Emotionen erfaßt, so visualisieren Sie Ihr Übungsobjekt. Da Sie die Übung gut beherrschen, wird Ihnen das auch in einer solchen Situation gelingen. Lenken Sie dann die so stark entwickelte Bewußtheit auf Ihr Gefühl. Das Licht Ihres Bewußtseins wird die Energie der Emotion dazu nutzen, die Klarheit und Reinheit Ihres Bewußtseins zu erweitern. Negative Gefühle werden aufgelöst.

9. Eine Unternehmerin sehnt sich nach ihren positiven Gefühlen zurück

Eine Unternehmersfrau berichtete mir über ihre Erfahrungen der letzten 18 Jahre: «Fast zwanzig Jahre lang habe ich mit meinem Mann ein erfolgreiches Unternehmen aufgebaut. In dieser Zeit habe ich mich nur am Intellekt und am Materiellen orientiert. Kennen Sie eigentlich das Gefühl, wenn man jahrelang wie eine Maschine handelt und reagiert? Ich will mich zurückbesinnen. Ich sehne mich wieder nach einer inneren Lebendigkeit. Ich habe das Gefühl, krank zu werden, wenn ich nicht dazu zurückfinde.»
«Ein solch tiefes Bedürfnis kommt aus dem Kern Ihrer Persönlichkeit», erläuterte ich ihr. «Ihr Selbst

wird Ihnen auch helfen, Ihre innere Lebendigkeit wiederzugewinnen.»
«Ich wünsche es mir», entgegnete sie. «Gewiß wird es aber noch einige Zeit brauchen, die Erlebnisfähigkeit wieder voll zu entfalten.»
Sie fuhr fort: «Im Laufe der letzten Jahre habe ich eine Menge meiner Gefühle, die mir unerwünscht waren, beiseite geschoben. Ich habe sie gleichsam in Schubladen gesteckt, die ich später einmal herausziehen wollte. Jetzt gelingt es mir aber nicht in dem Maße, wie ich es gehofft habe.»
«Solche Gefühle gehen nicht so schnell verloren. Erst recht nicht, wenn jemand das Bedürfnis danach hat.»
«Ich hoffe es sehr», erwiderte sie lachend.
Ich empfahl der Dame, Meditation und Symbolimagination durchzuführen. Sie finden Symbolimagination in Kapitel 8 beschrieben.
«Mich hat schon immer die Vorstellung eines sich in die Luft emporschwingenden Adlers beeindruckt», sagte die Dame. «Zählt dies auch zu den Symbolen, und kann ich diese Vorstellung visualisieren?» wollte sie wissen.
Ich erwiderte: «Der Adler ist ein Ursymbol. Nach der christlichen Symbolik ist er das Spiegelbild Gottes im Menschen. Ein Bild des aufsteigenden Adlers zu visualisieren wird Ihnen sehr helfen, Lebendigkeit und erhebende Gefühle zu entwickeln.»

10. Öffnen Sie Ihr Herz

Die Unternehmersfrau im vorangegangenen Beispiel ist kein Einzelfall. Viele Menschen Anfang der Vierzig haben mir berichtet, daß sie sich nach ihrer inneren Lebendigkeit zurücksehnen. Eine solche Sehnsucht ist oft mit einem Unbehagen verbunden. Der Mensch scheint in einer inneren Krise zu stecken. Leider wird sie von einzelnen aus Unkenntnis über seelische Entwicklungen fast immer negativ bewertet. Dabei ist es keineswegs so. Was der Mensch als krankhaft ansieht, ist vielmehr ein Zeichen für seelische Gesundheit. Der Kern will den Menschen dazu bringen, eine Neuorientierung im Leben vorzunehmen und sich auf das Wesentliche zu besinnen.

Weshalb ist aber diese Wandlung nötig? Bis zum Schuleintritt hatte das Kind die innere Lebendigkeit. Dann begann eine ganz andere Entwicklung. Nun wurden nur der Verstand und das Urteilsvermögen geschult. Der Verstand bringt den Menschen aber nicht mit der Wirklichkeit in Kontakt. Dies ist nur mit dem Bewußtsein möglich. Nur mit dem Bewußtsein können Sie die Realität erfassen. Mit dem Verstand und dem Urteilsvermögen ordnen Sie nur die so gewonnenen Ergebnisse. Durch Einseitigkeit wurde der Verstand immer mächtiger. Der Mensch gebrauchte die Vernunft, um das Herz zu unterdrücken. Das Herz vieler Menschen scheint abgestorben durch den Würgegriff des Geldes, des Konsums und Profits und zugeschüttet von der Erde der öffentlichen Meinungen. Daher wird es Zeit, innerlich still zu werden und wieder dem Puls des eigenen Herzens zu lauschen. Das Herz wird schon seit Jahrtausenden als Zentrum positiver Gefühle angesehen. Inneren Frieden, Freude und Glück werden Ihnen nicht der Verstand und seine Aktivitäten erschließen, nur das Herz wird sie Ihnen eröffnen. Ihr Herz vermag Sie von Ihrem Ich zu lösen und mit dem Sein zu verbinden. Ist Ihr Herz geöffnet, dann sehen und fühlen Sie auf eine ganz neue Weise. Öffnen Sie Ihr Herz, dann öffnen sich alle Türen, die bisher verschlossen waren. Sie treten in Kontakt mit Ihrem Kern. Sie entwickeln Vertrauen und dringen zu sich selbst vor. Dann wird Ihr Leben harmonisch.

11. Aktivieren Sie Ihre Gefühlszentren

Entspannung, Visualisierung und Meditation sind sehr wirksame Mittel, um körperliche und seelische Verkrampfungen zu lösen und das Gefühlsleben zu erneuern. Die Meditation führt zu einer Tiefenentspannung, das Denken kommt zur Ruhe, und das Fühlen vermag sich wieder natürlich zu entwickeln. Die Meditation steigert auch Ihr Bewußtsein, das Voraussetzung für das Wahrnehmen von Gefühlen ist. Seit Jahrtausenden ist bekannt, daß der Körper verschiedene Energiezentren hat. Die meisten Menschen konzentrieren ihre Energien aus Gewohnheit oder Konditionierung nur auf ein oder zwei Zentren. Daher sind die Energien blockiert und können nicht frei fließen. Hier nun zwei verschiedene Übungen, wie Sie Ihre Energiezentren öffnen und wieder zum freien Fließen bringen.

Übung 1: Das Stimulieren der Gefühlszentren

a) Wollen Sie positive Gefühle entwickeln, dann konzentrieren Sie sich auf das Herzzentrum.
b) Wollen Sie Nervosität und Enttäuschungen überwinden, dann konzentrieren Sie sich auf das Kehlzentrum.
c) Machen Sie sich Sorgen oder sind Sie krank, dann konzentrieren Sie sich auf den Solarplexus (Nabelzentrum).
   Da die Zentren alle miteinander in Kontakt stehen, wird auch das Herzzentrum stimuliert, wenn Sie sich auf das Kehlzentrum konzentrieren.

Die Grundhaltung bei dieser Übung ist:
Machen Sie sich keine Gedanken über das, was Sie fühlen. Empfinden Sie es einfach. Schaffen Sie auch keine Erwartungen zu den Gefühlen, die Sie Ihrer Meinung nach erspüren sollen, um bei der Übung erfolgreicher zu sein. Nehmen Sie ganz einfach Ihre

Empfindungen wahr. Achten Sie darauf, welche Erfahrungen Sie nach solchen Übungen am Tage machen. Ihr Leben wird erlebnisreicher, und Ihre Fähigkeit zur Freude wächst.
Die folgende Übung kommt aus dem tibetanischen Raum und eignet sich für viele Menschen noch besser, da dabei alle Energiezentren geöffnet werden.

Übung 2: Setzen Sie sich bequem hin, oder legen Sie sich flach. Machen Sie es sich bequem, und entspannen Sie sich.
Führen Sie jeden Teil der folgenden Übung etwa 5—10 Atemzüge lang durch.
Stellen Sie sich vor: Über Ihrem Kopf ist ein Licht, das ihn berührt. Es ist eine leuchtende und glühende Kugel geistiger Energie. Das Licht entspannt und beruhigt den Bereich an Ihrer Kopfdecke. Stellen Sie sich vor, Sie atmen dort. Spüren Sie, wie der Atem die Energien frei fließen läßt.
Empfinden Sie, wie das Licht sich nach unten bewegt und sich in der Kehle vereinigt. Stellen Sie sich dort die leuchtende Kugel geistiger Energie vor, die nach außen strahlt. Stellen Sie sich vor, Sie atmen dort.
Spüren Sie, daß der Atem das Energiezentrum öffnet, die Energie frei strömt.
Stellen Sie sich nun vor: Das Licht wandert immer tiefer und ist nun im Herzen. Die leuchtende und warme Kugel strahlt aus dem Herzen. Das Licht heilt und entspannt den ganzen Bereich. Stellen Sie sich vor, Sie atmen dort. Der Atem öffnet diesen Bereich und bringt die Energie zum freien Fließen.
Stellen Sie sich nun vor, daß das Licht immer tiefer wandert und sich im Solarplexus und im Bauch sammelt. Stellen Sie sich auch hier vor, wie die leuchtende, warme Kugel aus dem Solarplexus und dem Bauch herausstrahlt. Stellen Sie sich vor, daß der ganze Bereich entspannt und beruhigt wird. Empfin-

den Sie, wie der Atem öffnet und die Energie frei zirkulieren läßt.
Stellen Sie sich dann vor: Das Licht wandert immer tiefer und vereinigt sich in den Geschlechtsorganen zur warmen, leuchtenden Kugel spiritueller Energie. Das Licht entspannt und beruhigt. Stellen Sie sich vor, Sie atmen dort. Empfinden Sie, wie der Atem öffnet und die Energie frei strömt.
Empfinden Sie nun, wie das Licht immer tiefer wandert. Wenn Sie sitzen, so stellen Sie sich die leuchtende Kugel am Ende Ihrer Wirbelsäule vor. Liegen Sie, dann stellen Sie sich die warme, leuchtende Kugel spiritueller Energie in den Füßen vor. Stellen Sie sich vor, wie die Kugel durch den ganzen Bereich strahlt und entspannt. Stellen Sie sich vor, Sie atmen in dem Bereich. Empfinden Sie, wie der Atem öffnet und die Energie frei zirkulieren läßt.
Stellen Sie sich dann vor, daß das Licht durch alle Energiezentren strahlt. Empfinden Sie die Wärme des Lichtes. Werden Sie sich bewußt, daß so jedes Energiezentrum geöffnet und aufgeladen wird. Spüren Sie noch Spannungen im Körper? Dann konzentrieren Sie das Licht auf diesen Bereich. Stellen Sie sich vor, Sie atmen dort.
Haben Sie die Übung mehrere Male durchgeführt, dann stellen Sie sich alle 6 leuchtenden Kugeln gleichzeitig vor, zwischen denen Energie fließt.
Wenn Sie Ihre Energiezentren durch diese Übung öffnen, so erschließen sich Ihnen ganz neue Erlebnisbereiche. Sie haben es in der Hand, in welche Richtung Sie Ihre Energien lenken wollen.

12. Überwinden Sie Begrenzungen

Die folgende Übung ermöglicht Ihnen, über eingebildete Einengungen und Begrenzungen hinauszugehen. Sie hilft auch dabei, Ihre Energien zum freien Zirkulieren zu bringen.
Führen Sie die Übung anfangs fünf Minuten, später zehn Minuten lang durch.

Übung:
Sitzen Sie bequem, und entspannen Sie sich. Schließen Sie die Augen, und atmen Sie ganz normal.
Stellen Sie sich vor, daß Ihre Wirbelsäule eine bläulich leuchtende Energiesäule ist. Energie fließt in der Säule hinauf und hinunter. Die Energie leuchtet, heilt und löst Spannungen. Die Säule ist nach unten offen. Sitzen Sie, so ist die Säule am Ende der Wirbelsäule offen. Liegen Sie, dann stellen Sie sich die Energiesäule bis ans Ende Ihrer Fußsohlen verlaufend vor. Durch die Öffnung der Energiesäule fließen Energien in die Erde. Ebenso fließen Energien aus der Tiefe der Erde durch die Energiesäule hinauf. Empfinden Sie, wie die Energien durch Sie hindurchfließen und Sie mit der Erde verbinden.
Wenn Sie so geerdet sind, dann vermögen Sie auch seelisch emporzusteigen, ohne den Boden unter den Füßen zu verlieren.
Die Energiesäule ist auch nach oben geöffnet. So vermögen Ihre Energien auch ins Universum zu fließen und Sie mit dem Kosmos zu verbinden.
Stellen Sie sich nun eine warme Lichtenergie unter Ihrer Schädeldecke vor. Spüren Sie, wie heilende Energien durch den Körper fließen.
Stellen Sie sich bei der Einatmung vor: Die heilenden Energien steigen die Wirbelsäule empor bis in den Kopf. Spüren Sie, wie sich die Energie mit dem Kosmos vereint.

Stellen Sie sich bei der Ausatmung vor: Lichtstrahlen gehen durch Sie hindurch zur Erde und reinigen Sie. Wiederholen Sie die Übung mehrere Male.
Stellen Sie sich dann während der Einatmung vor, daß sich das Licht unter Ihnen sammelt und emporsteigt. Stellen Sie sich während der Ausatmung vor, daß das Licht sich auf Sie wie eine Pyramide heilenden Lichtes ergießt.
Die Übung wird Sie bald innerlich ergreifen. Das Licht klärt Ihr ganzes Wesen. Der Kern empfindet es als angenehm. Sie spüren, wie Sie sich innerlich heil fühlen. Sie erfahren einen inneren Frieden und Gelassenheit.

Zusammenfassung

1. Der Mensch projiziert seine Innenwelt nach außen.
2. «Die Welt ist weitgehend die Schöpfung des eigenen Bewußtseins» — bringt bereits der Buddhismus zum Ausdruck.
3. Die Verhaltensweisen eines Menschen werden sehr davon bestimmt, auf welchem Emotionsniveau er überwiegend beheimatet ist.
4. Gefühle sind ein wichtiger Bestandteil Ihres Lebens. Sie dürfen aber nicht jedem Gefühl folgen, da Gefühle manchmal den Blick auf die Wirklichkeit verzerren.
5. Sie müssen Ihre Gefühlskanäle reinigen, damit tiefe und erhebende Gefühle aus dem Kern Ihres Wesens emporsteigen können.
6. Alle Inhalte Ihres Bewußtseins — Wahrnehmungen, Gedanken, Erinnerungen oder Vorstellungen — bewirken Gefühlsregungen.
7. Nehmen Sie das Gefühl wahr. Unterdrücken Sie es nicht. Entscheiden Sie dann, wie Sie damit umgehen.
8. Sie haben drei Möglichkeiten, mit Ihren Gefühlen umzugehen:
   Sie bringen das Gefühl zum Ausdruck.
   Sie beachten es nicht weiter.
   Sie bauen bewußt positive Gefühle auf.
9. Geben Sie den Energien negativer, also destruktiver Emotionen eine positive Richtung.
10. Sportliche Betätigung ist eine Möglichkeit, die Energien negativer Emotionen in eine positive Richtung zu lenken.
11. Seien Sie achtsam auf Ihre Gefühle, beobachten Sie aus dem Persönlichkeitskern. Negative Emotionen werden Sie dann nicht zum unkontrollierten Handeln veranlassen.

12. Werden Sie von negativen Emotionen erfaßt, so visualisieren Sie Ihr Übungsprojekt. Lenken Sie dann die so entwickelte Bewußtheit auf Ihr Gefühl.
13. Innere Lebendigkeit macht den Menschen glücklich.
14. Der Persönlichkeitskern kann einen Unbehagensdruck aufbauen, um eine Neuorientierung im Leben einzuleiten.
15. Sie treten mit der Wirklichkeit nur durch Ihr Bewußtsein in Berührung. Das Bewußtsein ist die Brücke zur Außenwelt. Der Verstand dient Ihnen nur dazu, die so gewonnenen Ergebnisse zu ordnen.
16. Das Herz wird seit Jahrtausenden als Sitz positiver Gefühle angesehen.
17. Es ist notwendig, innerlich — gedanklich — still zu werden und Gefühle wahrzunehmen.
18. Inneren Frieden, Freude und Glück wird Ihnen nicht der Verstand, sondern nur das Herz öffnen.
19. Öffnen Sie Ihr Herz, dann sehen und fühlen Sie auf eine ganz neue Weise.
20. Entspannung, Visualisierung und Meditation sind sehr wirksame Mittel, um Ihr Gefühlsleben zu entfalten.
21. Sie vermögen frei zu empfinden, wenn Sie Ihre Energiezentren öffnen.
22. Öffnen Sie Ihre Energiezentren durch die angegebene Übung der Lichtvisualisierung.
23. Sie überwinden Begrenzungen und bringen Ihre Energien zum freien Fließen, wenn Sie die angegebene Übung des Visualisierens der Energiesäule durchführen.
24. Lichtvisualisierungen klären Ihr Wesen. Sie fühlen sich wohl.

Kapitel 7

Symbole und ihre helfende Kraft

1. Die Wirkung eines Bildes mit Symbolcharakter

Vor einiger Zeit besuchte ich die Seychellen. Die kleine Inselgruppe liegt etwa 1600 km östlich vor Kenia und 900 km nördlich von Madagaskar inmitten des Indischen Ozeans. Es gibt dort menschenleere Buchten, Traumstrände und Tropenwälder. Besonders beeindruckt hat mich die Insel La Digue. Sie liegt im Osten vor der Insel Mahé und im Süden der Insel Praslin. Auf La Digue gibt es keine asphaltierte Straße. Wer zu Fuß unterwegs ist, vermag die wilden Orchideen zu entdecken, die sich an den Kokospalmen emporranken.

Während meines Aufenthaltes auf La Digue fotografierte ich einen herrlichen Sonnenaufgang. Auf dem Foto ist im Vordergrund das Wasser, im Hintergrund die aufgehende Sonne zu erkennen. Einen Abzug der Aufnahme schenkte ich einem Bekannten, der ihn in sein Arbeitszimmer hängte.

Er schildert die Wirkung des Bildes so: «Wenn ich das Bild betrachte, erfaßt mich ein tiefes Wohlgefühl. Ruhe und innerer Frieden durchdringen mich. Ich habe mir angewöhnt, immer dann einige Sekunden auf das Bild zu schauen, wenn ich hektisch werde und meine Gefühle ins Negative abzusinken drohen. Ich fühle mich danach immer von einem freudigen Gefühl durchpulst. Seit einiger Zeit beschränke ich mich nicht mehr nur auf das gelegentliche Anschauen des Bildes. Ich schließe meine Augen und stelle mir einen Sonnenaufgang vor. Starke positive Gefühle erfassen mich. Ich spüre, wie mich Energien durchdringen und meine innere Kraft zunimmt. Außerdem bin ich kreativer geworden.»

2. In Ihrem Kern ist ein Schatz von Symbolen

Selbst wenn Sie wie mein Bekannter noch kein Symbol imaginierten, haben Sie Symbole schon in Ihren Träumen erlebt. Da taucht vielleicht eine Sonne auf, eine Wiese, ein Tier, ein Berg oder was es auch immer sein mag. Die Welt der Symbole ist mannigfaltig. Niemand weiß, wie diese Urbilder, die C. G. Jung auch Archetypen nennt, entstanden sind. Bereits im Kind sind sie angelegt. Oft hat der Mensch keine Kenntnis von der Bedeutung der symbolischen Bilder. Er erschrickt manchmal, wenn er mit ihnen in Berührung kommt. So beschreibt C. G. Jung, wie ihn ein Professor aufsuchte und über eine Vision berichtete. Er hielt sie sogar für die ersten Anzeichen einer Geisteskrankheit. C. G. Jung nahm ein vierhundert Jahre altes Buch zur Hand und zeigte seinem Besucher ein Bild, auf dem die gleiche Vision abgebildet war.

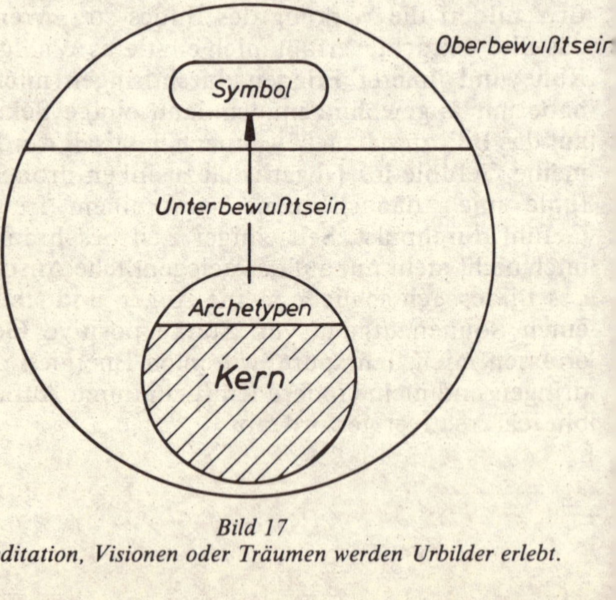

Bild 17
In Meditation, Visionen oder Träumen werden Urbilder erlebt.

Die Urbilder oder Archetypen sind nicht nur Bilder, sondern sie sind auch mit Emotionen behaftet. Ein bloßes Bild wäre nur eine Wortillustration, ohne besondere Folgen. Da das Bild mit Emotionen geladen ist, besitzt es eine psychische Energie. Deshalb beschreibt C. G. Jung das Symbol auch als «Wesen und Abbild psychischer Energie». Die Welt der Symbole ist dem näheren Umfeld bzw. der Spitze des Kerns zuzurechnen. Im Traum können die Urbilder erlebt werden. Bild 17 zeigt Ihnen den Sachverhalt. Wenn es nun gelingt, jenen tiefen Bereich der Urbilder zu beleben und systematisch zu aktivieren, stoßen Sie zu Ihrer tiefsten Kraft vor.

3. Innere Sammlung und Symbole

Die von mir in meinem Buch «Die universellen Kräfte Ihrer Psyche» dargelegte und in Seminaren geübte Meditationsmethode ermöglicht den Zugang zu den Urbildern. Während der inneren Sammlung steigen neben anderen Erfahrungen auch Inhalte aus dem Archetyp-Bereich ins Oberbewußtsein des Menschen. Vorausgesetzt ist allerdings, daß Sie ohne eine Erwartungshaltung an die Übung herangehen und Geduld haben. Nur dann sind Sie bereit, sich innerlich zu öffnen. Wer den Erfolg sofort haben will, versperrt sich seine eigenen Möglichkeiten. Geschehenlassen und Beobachten sind daher so wichtig.
Hier zwei Meditationserlebnisse, in denen Menschen mit den in ihnen verborgenen Urbildern in Kontakt kamen.
Eine Frau sah in der Meditation einen Adler, der in die Lüfte stieg. Sie identifizierte sich ganz mit dem Erlebnis. Der Adler ist ein solches Ursymbol. Die menschliche Seele wird oft als Vogel dargestellt, der

zum Himmel fliegt. Der Adler ist aber auch ein Machtsymbol. Bereits im Altertum war der Adler ein Königs- und Göttersymbol.
Ein Mann erlebte in der Meditation eine strahlende Sonne. Sie ist eines der wichtigsten Natursymbole. Die Sonne ist die Quelle der Wärme und des Lebens, sie kann aber auch zerstörerisch sein, da sie Trockenheit bewirkt. Bei den meisten Völkern ist die Sonne aber Symbol des Lebens und versinnbildlicht schöpferische Energien. Licht ist ganz allgemein Symbol für klares Bewußtsein. Sowohl der Mann wie die Frau erlebten bei den geschilderten Meditationserlebnissen tiefe positive Gefühle.
Nun stoßen Sie in der Meditation nicht nur in archetypische, sondern auch in andere Bereiche des Seins vor.
Doch schon das Erlebnis eines Symbols bewirkt beim Menschen bereits positive Gefühle. Darum gilt es, die Macht der Symbole für eine eigene Veränderung zu nutzen.

4. Das Symbol schlägt die Brücke zwischen Denken und Gefühl

Positive Gedanken entwickeln erst dann ihre starke Kraft, wenn sie von positiven Gefühlen begleitet sind. Ohne die Gefühle bewirken die Gedanken nichts.
Wer zum Beispiel Gedanken des Muts aufbaut, dabei aber ängstliche Gefühle hat, gelangt nicht zu der notwendigen Einheit zwischen Denken und Fühlen. Die Selbstbejahungstechnik wirkt nur deshalb, weil in den meisten Fällen der in jedem Menschen noch schwach vorhandene Funke positiver Gefühle langsam verstärkt wird. Doch damit ist das eigentliche Problem, positive Gefühle zu entwickeln, weder mit Sicherheit noch besonders effizient gelöst. Symbolimagination

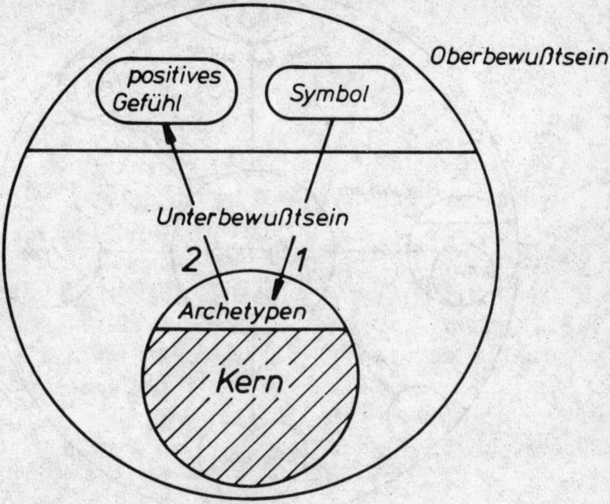

Bild 18
Symbolimagination löst positive Gefühle aus.

dagegen erschließt Ihnen mit Sicherheit und besonders schnell positive Gefühle.
Bild 18 hilft Ihnen, den Sachverhalt im Prinzip zu verstehen.
Ein im Bewußtsein visualisiertes Symbol erweckt das im Kern angesiedelte gleiche Urbild zum Leben und bewirkt darum tiefe positive Gefühle. Symbolvisualisierung verbindet Sie direkt mit dem SEIN, mit der Quelle Ihrer größten Kraft.

5. Die vereinigende Kraft des Symbols

Die umschließende Kraft des Symbols vereinigt nicht nur Gefühl und Denken, sondern ganz allgemein Sinneserfahrung und Geisteserfahrung. Das Symbol ermöglicht es Ihnen, die Welt und das Göttliche als

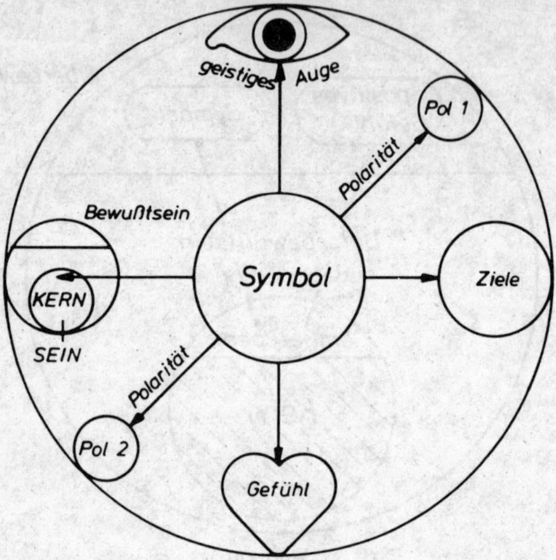

Bild 19
Die vereinigende Kraft des Symbols.

Ganzes zu schauen. So dringen Sie zu einer ganzheitlichen Erfahrung vor. Daher führt Sie das Symbol zur Quelle des Ursprünglichen zurück. Das Symbol verbindet Ihren ständig wandelnden Lebensvordergrund mit dem nicht wandelbaren Urgrund des Universums. In Bild 19 wird diese Beziehung durch den horizontalen Pfeil zwischen dem Kern und den Zielen Ihres individuellen Lebens dargestellt. Das Symbol verhilft Ihnen aber auch zu einer tiefen geistigen Schau der Dinge und zu tiefen Gefühlen. In Bild 19 wird dies durch den senkrecht stehenden Pfeil zum Ausdruck gebracht (geistiges Auge → Gefühl).
So bewahrt Symbolimagination Sie davor, oberflächlichem Denken verhaftet zu sein und gefühlsmäßig zu verkrusten.
Es gibt viele Symbole. Jedes spezielle Symbol verei-

nigt entsprechend seiner ganz besonderen Natur zwei bestimmte Polaritäten zu einer Einheit. Dies ist in Bild 19 durch den schrägen Strich zwischen Pol 1 und Pol 2 zum Ausdruck gebracht worden. Im Symbol erfahren Sie nicht nur Ihre eigene Lebendigkeit, sondern auch Ihre Teilhabe an einer ewigen und höheren, also der nicht mit den normalen Sinnen greifbaren Wirklichkeit.

Allgemein vereinigt das Symbol die Gegensätze
sinnlich und geistig
Gefühl und Verstand
greifbare und nicht greifbare Wirklichkeit
das Sterbliche und das Ewige

Ein Symbol läßt viele Facetten Ihres unendlichen Geistes aufleuchten und hilft, sie in die äußere Wirklichkeit umzusetzen. Während bei einer Selbstbejahung Worte das Unendliche endlich machen, führen Symbole über die Grenzen des Endlichen hinaus.

Symbole sind mit magischer Kraft aufgeladene Gebilde. Nutzen Sie die Symbole, so dringen Sie zu der tiefsten Kraft in Ihnen vor.

6. Eine alte Indianergeschichte macht Ihnen Mut, in neue Räume der Erfahrung vorzudringen

Bei den Indianern bediente man sich der Tiersymbole, um sich selbst neu zu erfahren. Durch das Erlebnis der Brüderlichkeit mit den Naturgeschöpfen drang der Indianer zu tiefer Menschlichkeit vor.

Hier eine Erzählung von den Plainsindianern Nordamerikas, die mündlich überliefert, von Storm aufgezeichnet und von mir gekürzt wurde:

Ein kleiner Junge saß auf einer Wiese und weinte.

Ein gelber Kolibri flog heran und sagte zu dem Kind: «Fliege mit mir fort. Du kannst es, denn du hast Flügel.»

Zu seinem Erstaunen stellte der Junge fest, daß er sich in einen leichten blauen Kolibri verwandelt hatte.
«Weshalb zögerst du?» fragte der gelbe Kolibri.
«Ich habe Angst», entgegnete der blaue Kolibri.
«Springe», riet der gelbe Kolibri.
Der blaue sprang und bewegte seine Flügel. Er erhob sich etwas vom Boden. Doch seine Angst war so groß, daß er schnell wieder zur Erde zurückflatterte.
Nach mehreren Versuchen wagte er endlich zu fliegen. Natürlich flog er nicht sehr hoch. Da die kleinen Kolibris in der Nähe der Blumen leben, flog er über sie hinweg. Er summte über einen sanften Strom von Farben, in dem eine ganze Welt von Lebewesen war. Ein tiefes Glücksgefühl erfaßte den blauen Kolibri. Der gelbe Kolibri begleitete ihn.
Plötzlich tauchte ein kleines Kaninchenbaby auf.
«Überbring für mich eine Nachricht», bat es.
«Was für eine Nachricht soll ich für dich überbringen?» fragte der blaue Kolibri.
«Flieg zu einem alten Mann in der Nähe, der den Wind um ein Zeichen bittet», erwiderte das kleine Kaninchen.
«Das ist doch keine Nachricht», entgegnete der blaue Kolibri.
Nun schwirrte der gelbe Kolibri heran und sprach: «Laß uns zum alten Mann fliegen. Dann wirst du alles erkennen und verstehen.»
Beide Kolibris schwirrten über die Blumen hinweg, um den alten Mann zu suchen. Schließlich fanden sie ihn in einem Jagdlager.
Der blaue Kolibri sah, wie der gelbe in der Nähe des Mannes mehrmals hin und her flog. Schließlich umschwirrte er seinen Kopf. Dann geschah etwas Merkwürdiges.
Der von Kummer gebeugte alte Mann richtete sich auf und begann zu lächeln. Der blaue Kolibri konnte sogar Tränen der Freude in seinen Augen entdecken.

Der gelbe Kolibri sah das Erstaunen in den Augen des blauen Kolibris. Deshalb erläuterte der gelbe Kolibri: «Der alte Mann hat um ein Zeichen gebeten. Oft gibt es unter den Menschen solche, die um ein Zeichen bitten. Flieg zu dem Alten, so wie ich, und du wirst verstehen.»
Der blaue Kolibri flog zum alten Mann und umkreiste ihn, wie es der gelbe Kolibri getan hatte.
«Ich danke dir», flüsterte der alte Mann mit glänzenden Augen zum blauen Kolibri.
Der blaue Kolibri flog zurück und summte: «Es ist ein Zauber.»
«Es ist tatsächlich ein Zauber», entgegnete der gelbe Kolibri.
«Für alle, die ein Zeichen suchen, ist es ein Zauber.»
Beenden wir hier die Erzählung.
Haben Sie erkannt, worin die Botschaft der Kolibris lag? Die Indianer im Urwald Nordwestbrasiliens hätten die Botschaft sofort verstanden, obwohl sie mit den Indianern Nordamerikas nicht in Kontakt stehen. Für beide Indianerstämme sind nämlich die Vögel Mittler zwischen den Menschen und den Göttern.
Die Botschaft der Kolibris für den alten Mann bestand einfach darin, ihn daran zu erinnern, daß auch seine Seele Flügel hat und er über die Möglichkeit verfügt, sich zu den Höhen des Bewußtseins emporzuschwingen.
Lassen Sie sich von der Indianergeschichte nicht nur daran erinnern, daß auch in Ihnen ein Schatz von Symbolen liegt. Imaginieren Sie Symbole. So lösen Sie sich aus der Verfremdung mit sich selbst. Sie dringen in neue Bereiche Ihres Seins vor.

7. Sterbende teilen sich oft durch die Symbolsprache der Außenwelt mit

In ihrem Buch «Verstehen, was Sterbende sagen wollen» weist Frau E. Kübler-Ross darauf hin, daß Sterbende ihre tiefsten Wünsche und Gefühle durch eine symbolische Sprache zum Ausdruck bringen.
Besonders Kinder bedienen sich hierbei farbiger Bilder.
So zeichnete ein Mädchen namens Jamie, das an einem unheilbaren Tumor erkrankt war, in den letzten Monaten seines Lebens zwei Regenbogen. Die Symbolsprache des Regenbogens teilt uns viel über den inneren Zustand Jamies mit.
Wie ist die Botschaft des Regenbogens zu deuten? Frau Kübler-Ross interpretiert ihn als Zeichen des Friedens zwischen Gott und den Menschen. Sie bezieht sich dabei auf die Geschichte von Noah und der Sintflut. Gott teilte nach der Katastrophe dem Menschen mit, daß er den Regenbogen zum Zeichen dafür setze, daß keine Sintflut mehr komme. Es war Gottes Verheißung des Friedens durch das sichtbare Symbol des Regenbogens (1. Mose 9, 13—17). Da Jamie einen großen Regenbogen zeichnete, der das ganze Blatt ausfüllte, kommt darin zum Ausdruck, daß das Mädchen seinen Frieden mit Gott gemacht hat.
Auch weitere von diesem Mädchen aus innerem Antrieb gezeichnete Symbole teilten mit, daß sie um ihren bevorstehenden Tod wußte, ohne davor Angst zu haben.
So zeichnete sie einen großen Kreis, der zwanzig kleinere Kreise enthielt. Welche Botschaft liegt in diesem Symbol? Der Kreis ist ein universelles Zeichen. Er bedeutet Ganzheit, Erfüllung, Gott. In den gezeichneten Symbolen offenbart das Mädchen auf andere Art, daß sie und Gott in Frieden waren. Jamie hatte ihren

Weg als Aufbruch zu einer neuen Ganzheit angenommen.
Der Mutter halfen die Informationen über ihre Tochter sehr. Jetzt erst lernte sie, den kommenden Tod ihrer Tochter zu akzeptieren, da sich Jamie selbst dazu bekannte.

8. Ein Unternehmer umgibt sich mit Symbolen

Ich kenne einen Unternehmer, der in seinem Betrieb über 600 Angestellte beschäftigt.
Er gestand mir: «Der Erfolg meiner Unternehmung wird ganz entscheidend von den nützlichen Ideen bestimmt, die von mir und meinen Mitarbeitern entwickelt werden. Nur so bleibt die Position meines Betriebes auf dem Markt gesichert, und wir können expandieren.»
Zur Förderung seiner schöpferischen Kräfte bedient sich der Unternehmer eines Symbols. Da strömendes Wasser eine gedankenanregende Wirkung auf ihn hat, steht in seinem Garten ein Springbrunnen. In seinem Arbeitszimmer hängt ein modernes Bild eines Wasserfalles im Tropendschungel. Das Zentrum der Quelle leuchtet in den Farben des Regenbogens, nach außen werden die Farben kräftiger.
«Das Bild ist für mich Symbol meiner schöpferischen Kraft», erklärte er mir. «Es regt meine Gedanken an, geistige Kräfte beginnen zu sprudeln. Das Symbol ist für mich der Schlüssel zu meiner schöpferischen Kraft.»
Wollen auch Sie sich durch ein Symbol helfen lassen, innere Qualitäten zu entwickeln? So gelingt es Ihnen, sich von beschränkenden Konditionierungen zu lösen. Es liegt an Ihnen, für welche innere Qualität Sie sich entscheiden. Es gilt dann nur noch, das dafür notwendige Symbol zu wählen.

Arbeiten Sie mit dem Symbol, dann werden Sie auch empfänglich für seinen Inhalt. Mit der Kraft des Symbols vermögen Sie die ihm gemäße Realität in Ihrem Inneren zu entwickeln. Damit wollen wir uns im nächsten Kapitel beschäftigen.

Zusammenfassung

1. Urbilder sind mit starken Emotionen behaftet. Positive Symbole lösen in Ihnen positive Gefühle aus.
2. Urbilder sind in jedem Menschen angelegt. Die meisten Menschen sind sich der Bedeutung der symbolischen Bilder nicht bewußt.
3. Nach C. G. Jung sind Symbole Wesen und Abbilder psychischer Energien.
4. In Ihnen ist ein Schatz von Symbolen. Die Archetypen sind zum Kern zu zählen.
5. Im Traum und in der Meditation erleben Sie die Welt der Symbole.
6. Sie erfahren die Symbole in der inneren Sammlung dann, wenn Sie ohne Erwartungshaltung und Erfolgsdruck üben.
7. Wenn Sie Symbole visualisieren, lösen Sie tiefe positive Gefühle aus. Sie kommen dabei mit Ihrem Kern, dem Sein, in Kontakt.
8. Jedes Symbol vereinigt zwei Polaritäten.
9. Die umschließende Kraft des Symbols vereinigt Gefühl und Denken.
10. Symbolvisualisierung entwickelt nicht nur Ihre schöpferischen Kräfte. Sie bewahrt Sie davor, im oberflächlichem Denken verhaftet zu sein und gefühlsmäßig zu verkrusten.
11. Symbole sind mit magischer Kraft aufgeladene Gebilde. Sie führen über die Grenzen des Endlichen hinaus.
12. Bereits in den alten Kulturen erschlossen Symbole den Menschen den Zugang zu neuen Wirklichkeiten.
13. Sterbende bringen oft ihre tiefsten Wünsche und Gefühle durch eine symbolische Sprache zum Ausdruck.

14. Ein Unternehmer fördert seine Kreativität durch Betrachten von Symbolen.
15. Symbolvisualisierung hilft Ihnen, Ihre Energien zu lenken. Mit Symbolvisualisierung überwinden Sie einschränkende falsche Glaubenssätze und bauen positive Verhaltens- und Erlebnisweisen auf.

Kapitel 8

Wie Sie die Macht der Symbole nutzen

1. Die Praxis der Symbolvisualisierung

In diesem Kapitel erfahren Sie Techniken, die verborgene Kraft einiger Symbole zu entfalten. Führen Sie zunächst alle in dem Buch beschriebenen Symbolvisualisierungen ein- oder zweimal durch. Schließen Sie dabei die Augen, und stellen Sie sich das bildhaft vor, was Sie gelesen haben. Entscheiden Sie sich dann für das Symbol, das Ihre Gefühlswelt besonders positiv ergriffen hat. Arbeiten Sie mit dem Symbol Ihrer Wahl mindestens während vierzehn Tagen bis drei Wochen drei- bis fünfmal am Tag.

Wie können Sie Ihre Symbolvisualisierung verbessern? Eine große Hilfe ist es, den Text für die Übung auf eine Kassette zu sprechen. Zur Durchführung der Übung schalten Sie die Kassette ein, schließen die Augen und stellen sich bildhaft das vor, was Sie hören.

Sehr förderlich ist es auch, wenn Sie unterstützend Ihr Vorstellungsvermögen trainieren. Es liegt nahe, sich für solche Übungen an dem Symbol zu orientieren, das Sie wählten. Haben Sie sich für das Symbol Sonne entschieden, dann hilft es Ihnen, wenn Sie einen Sonnenaufgang auf einem Foto oder Bild betrachten und dann das Bild bei geschlossenen Augen aufbauen. Eine weitere Hilfe ist es, achtsam auf einen Sonnenaufgang in der Natur zu sein.

Haben Sie vielleicht das Symbol Quelle gewählt, dann empfiehlt es sich, daß Sie Ihr reproduktives Vorstellungsvermögen mit dem Bild oder Foto einer Quelle trainieren. Förderlich ist es auch, wenn Sie eine herrliche Quelle in der Natur betrachten können.

Denken Sie daran: Übungen zur Verbesserung Ihres reproduktiven Visualisierungsvermögens haben nur den Zweck, Ihr kreatives Vorstellungsvermögen zu steigern. Nach einiger Zeit können Sie auf solche unterstützende Übungen verzichten. Denn mit der

Kraft Ihres Bewußtseins vermögen Sie sich die Dinge bald schöner vorzustellen, als Sie sie je in der Natur gesehen haben.
Wählen Sie sich also ein Symbol aus. Visualisieren Sie dies über einen Zeitraum von zwei oder drei Wochen drei- bis fünfmal am Tag.
Aus Erfahrung weiß ich, daß die meisten Menschen sofort von zwei oder sogar von drei Symbolen angetan sind. Visualisieren Sie nach zwei oder drei Wochen ein anderes Symbol Ihrer Wahl.
Entscheiden Sie sich später dafür, das Symbol regelmäßig zu visualisieren, das Ihre positiven Gefühle am meisten verstärkt.
Nun wäre es gewiß nicht richtig, sich langfristig allein auf ein oder zwei Symbole zu beschränken, die Ihnen besonders liegen. Jedes Symbol entwickelt und verstärkt eine ganz spezifische Bewußtseinsqualität. Machen Sie daher auch gelegentlich andere Symbole zum Inhalt Ihrer Visualisierungen. So hüten Sie sich vor Einseitigkeit und dringen in neue Bereiche vor.
Hier noch ein wichtiger allgemeiner Hinweis:
Gehen Sie bei Ihren Übungen geduldig vor. Erwarten Sie nicht von heute auf morgen die entscheidende Veränderung. Jede psychische Veränderung braucht Zeit. Üben Sie vor allem regelmäßig.

2. Das Symbol SONNE

Die Sonne war für viele Völker die Offenbarung einer Gottheit. So verehrten zum Beispiel die alten Ägypter und auch die Inkas die Sonne. Sie geht an jedem Morgen neu auf und ist Quelle des Lichtes, der Wärme und des Lebens überhaupt. Daher ist die Sonne für viele Menschen das ergreifendste Symbol. Die Sonne ist auch Symbol für klares Bewußtsein und versinnbildlicht schöpferische Energien und geistige Prozesse. Die Sonne zeichnet sich außerdem durch eine runde Form aus. Der Kreis ist das Symbol des in sich ruhenden Gottes. Aus ihm geht alles hervor, was nach Vollendung strebt.

Übung I: Sonnenaufgang am Meer
Stellen Sie sich vor, Sie stehen frühmorgens am Strand. Der Himmel ist noch dunkel. Das Meer rauscht. Sie genießen die Atmosphäre.
Der Himmel färbt sich rot, dann gelb. Nun schiebt sich die Sonne wie eine Scheibe aus dem Wasser.
Die Strahlen der Sonne bilden eine Brücke des Lichtes zu Ihnen. Es wird immer heller um Sie. Sie spüren ein angenehmes Gefühl auf der Haut. Sie fühlen sich wohl. Sie geben sich ganz dem Erlebnis hin.
Nun erleben Sie, wie auch in Ihnen die Sonne aufgeht. Langsam wird sie immer deutlicher. Nun sehen Sie die Sonne in Ihnen ganz klar. Ihr ganzer Körper wird von wohltuenden Lichtstrahlen durchdrungen. Sie fühlen sich wohl in diesem Licht. Ihr ganzes Wesen ist erfüllt von diesem Licht.
Ihre innere Sonne ist das Selbst. Das göttliche Licht ist in Ihnen. Energien durchpulsen Sie. Licht ist um Sie. Sie werden von dem Licht durchflutet. Ihr Licht strahlt nach außen.

Übung II: Sonnenaufgang in den Bergen
Stellen Sie sich vor, Sie stehen in der Morgendämmerung auf dem Plateau eines hohen Berges. Die Fläche, auf der Sie stehen, ist groß, und Sie fühlen sich sicher. Ein Teil des Bodens um Sie ist mit Schnee bedeckt. Die mit Schnee bedeckten Spitzen der Berge liegen zu Ihren Füßen. Sie genießen die Stille. Langsam löst sich der Nebel unter Ihnen auf.
Der Himmel färbt sich rot, dann gelb. Nun sehen Sie am fernen Horizont die Sonne langsam nach oben steigen. Die Farben um Sie ändern sich. Sie spüren,

wie die Sonnenstrahlen auf Ihren Körper fallen. Sie fühlen sich wohl. Der Schnee um Sie reflektiert die Sonnenstrahlen. Sie haben einen freien Blick in die Ferne. Es wird immer heller um Sie.
Nun stellen Sie sich vor, daß in Ihrem Herzen die Sonne aufgeht. Sie sehen die gelbe Scheibe immer klarer. Sie spüren in Ihrem Innern die wohlige Wärme, die von ihr ausgeht. Ihr ganzer Körper wird davon erfüllt.
Die innere Sonne ist der göttliche Kern in Ihnen. Sie führt Sie zu den Höhen des Bewußtseins. Das Licht ist in Ihnen, und das Licht ist um Sie. Die Sonne am Horizont strahlt auf Sie. Ihre innere Sonne strahlt in die Weite, in die Unbegrenztheit.
Sie sind zum Zentrum des Lichtes geworden. Das Licht ist in Ihnen. Das Licht ist um Sie.
Entscheiden Sie selbst, ob Sie nun lieber einen Sonnenaufgang am Meer oder in den Bergen visualisieren.

3. Das Symbol QUELLE

Das Wasser ist für das Leben der Menschen von großer Bedeutung. Kein Leben ist ohne Wasser denkbar. Es ist Lebensspender und Lebenserhalter. Das Wasser ist ein Symbol des Unbewußten, denn es kommt aus dem Dunkeln. Besonders kommt dies im Symbol der Quelle zum Ausdruck, die aus dem Boden oder aus dem Fels strömt.
Das Wasser fällt aber auch als befruchtender Regen vom Himmel. So ist das Wasser auch Ausdruck des Geistes. Durch ihn erneuert sich der Mensch. Die Vorstellung des fließenden Wassers trägt auch entscheidend dazu bei, daß blockierte Energien im Körper fließen.

Übung:

Stellen Sie sich vor, Sie sind auf einer Insel in den Tropen.

Die Sonne scheint. Vor Ihnen sehen Sie Felsgestein. Aus der Öffnung zwischen zwei Felsen strömt eine klare Quelle. Sie sehen, wie sich das gelbe Sonnenlicht in dem herabfallenden Wasser spiegelt. Sie erkennen, wie das Wasser in den Farben des Regenbogens funkelt: rot, gelb, grün, blau, violett. Sie hören das Plätschern der Quelle in der Stille.

Das Wasser der Quelle ergießt sich vor dem Felsen in einen klaren Teich. Sie gehen zu dem Teich und trinken von seinem klaren Wasser. Sie spüren das Wasser in Ihrem Mund. Sie fühlen, wie das Wasser durch Ihren Körper fließt.

Jetzt gehen Sie in den Teich. Sie erleben die angenehme Frische des Wassers. Sie sehen die Quelle über sich und spüren die Bewegung des Wassers um sich herum.

Das kristallklare Wasser wäscht alles fort, was Sie belastet. Unangenehme Erinnerungen, bedrückende Gefühle und Enttäuschungen.

Dann stellen Sie sich die Quelle in Ihnen selbst vor. Ihre innere Quelle sprudelt. Sie stellen sich das Fließen vor. Die innere Quelle reinigt Ihr Bewußtsein.

Nun werden Sie selbst zur Quelle. Sie erleben sich ganz als Quelle. Energien fließen in Ihnen. Energien strömen aus dem Zentrum Ihrer Quelle. Sie erneuern sich. Alles fließt in Ihnen. Sie fühlen, wie die Energien fließen.

Sie werden zum Zentrum des Lebens. Neues wird aus Ihnen geboren. Sie tauchen in den Grund, aus dem Sie hervorgegangen sind. Während das Wasser und seine Energien in Ihnen verströmen, fließen neues Wasser und neue Energien aus Ihrem inneren Zentrum. Sie sind die Quelle. Sie sind die Quelle des Lebens.

4. Das Symbol BLUME

Die Blume war bereits in den ältesten Kulturen der Menschheit ein Symbol des Lebens und der inneren Entfaltung.
Der Stengel der Blume wächst aus der Erde, an ihm sind die grünen Blätter, und die Blüte ragt nach oben, gleichsam ins geistige Reich. Das Aufsteigen des Saftes im Stengel und das Aufbrechen der Blüte sind Zeichen der Weiterentwicklung.
Für die Symbolvisualisierung Blume können Sie als Vorstellungsobjekt eine Tulpe, eine Rose, eine Sonnenblume, eine Orchidee oder eine andere Blume nehmen. Für das folgende Beispiel wurde eine Tulpe gewählt.

Übung
Stellen Sie sich eine Tulpenzwiebel vor. Sie hat die Form einer Küchenzwiebel und außen eine trockene, braune Haut. Nach innen folgen mehrere Schalen, die einen winzigen Stengel und grünliche Blättchen enthalten. Die Sproßknospe ist in der Zwiebel verborgen. Die Tulpenzwiebel ist in der Erde.
Aus der Zwiebel sprießen mehrere Wurzeln. Der grüne Sproß in der Zwiebel entwickelt sich und treibt nach oben. Der treibende grüne Sproß sprengt die Zwiebelschale und stößt durch die Erde nach oben. Sie sehen den Sproß deutlich und klar. Der grüne Sproß entwickelt sich zu einem grünen Kelch. Nun öffnet sich der Kelch. Die grünen Blätter streben zur Seite. Sie erkennen einen Stiel, auf dem Sie eine herrliche geschlossene Blüte sehen. Sie schauen sich die geschlossene Tulpenblüte ganz genau an. Jetzt stellen Sie sich die ganze Tulpe vor. Sie sehen die Wurzeln, die Zwiebel, den grünen Stengel, die grünen Blätter und die geschlossene Blüte. Sie nehmen den Duft der Tulpe wahr.

Nun stellen Sie sich vor, wie Kräfte und Energien von den Wurzeln der Tulpe in den Stengel und die Blüte fließen. Nun öffnet sich die Tulpenblüte. Die Blütenblätter gehen auseinander.
Ebenso wie sich die Blüte öffnet, entfaltete sich auch Ihr ganzes Wesen. Sie schauen in die geöffnete Blüte. Dort im Zentrum der Blüte ist Ihr innerer Kern. Sie werden mit Ihrem Kern eins. Ihr Kern und Ihr ganzes Sein strahlen nach außen.

5. Das Symbol BERG

Berge sind seit Jahrtausenden zum Brennpunkt der Zivilisationen und Religionen geworden. Der Berg ist dem Himmel am nächsten. Der Berg ist ein Wegweiser, über die irdischen Begrenzungen dem unendlichen Universum näher zu kommen. Denn nur zu leicht kann der Mensch in neblig trüben Tälern und den Niederungen negativen Denkens seine Verbindung mit dem Göttlichen vergessen.
Wer aber den Gipfel erreicht hat, läßt all das zurück, was Körper und Geist bedrückt. Er erfährt eine große Freude. Daher kann der Berg für Sie zu einem Gefäß für kosmische Kraft werden. Eine Bergbesteigung wird Ihnen Inspiration und ein großes Freiheitsgefühl schenken.

Übung:
Stellen Sie sich eine grüne Wiese vor, die mit Alpenblumen bewachsen ist. Vor Ihnen liegt ein Berg, der für einen Wanderer leicht zu besteigen ist. Im oberen Bereich des Berges sehen Sie Schnee. Der blaue Himmel und das Grün der Wiese bilden einen herrlichen Farbkontrast zum Berg.
Sie beschließen, den Berg zu besteigen. Ein leicht zu gehender Weg führt Sie bis zur halben Höhe des Ber-

ges. Sie sehen zu beiden Seiten des Weges grüne Wiesen. Gelegentlich kommen Sie an einigen Kiefern vorbei. Sie sehen einen Schmetterling, der von Blume zu Blume fliegt.
Nun wird der Weg steiler und enger. Sie erkennen mehrere Meter höher schroffe Felsen zu beiden Seiten des Weges. Langsam steigen Sie bis zu einer Anhöhe empor. Dort machen Sie eine kurze Rast.
Nun beginnt ein Schneefeld. Der Weg verläuft wieder flacher, der Anstieg wird bequemer. Sie gehen über ein Schneefeld. Der Schnee spiegelt die Sonnenstrahlen. Da der Schnee nicht tief und gefroren ist, kommen Sie gut voran. Ihr Weg führt an einem großen Felsen vorbei. Nun sind Sie auf dem Gipfel angelangt. Sie sehen in der Ferne die Spitzen verschiedener Berge zu Ihren Füßen liegen. Einige Wolken ziehen unter Ihnen vorbei. Der blaue Himmel über den Wolken ist grenzenlos. Der Schnee glänzt und spiegelt das Licht der Sonne wider. Sie sind stolz auf sich, den Aufstieg geschafft zu haben.
Sie spüren, wie sich Ihr innerer Raum ausweitet. Die geheime Kraft des Berges und Ihres hohen Standpunktes befreit Ihren Kern von allen Einengungen. Sie erfahren Ihr tiefstes Selbst. Sie erleben eine innere Neugeburt. Innerer Frieden und Erhabenheit durchdringen Sie.

6. Das Symbol ADLER

Ihr Selbst hat eine tiefe Beziehung zu der Sie umgebenden Natur, ja sogar zum ganzen All. Ihr Kern hat Anteil an der ganzen inneren und äußeren Welt. Diese Weisheit bringt auch das Märchen zum Ausdruck, in dem es so viele hilfreiche Tiere gibt. Deshalb kann Ihr Kern auch als Tier imaginiert werden. Eines der Tiersymbole ist der Adler. Da er am höchsten fliegt, dient er auch als Symbol der Seele. Ein Vogel ist schon seit jeher ein Symbol für Freiheit und Leichtigkeit. Der Adler als König der Vögel ist auch ein Symbol der Macht Gottes. Daher ist der Adler ein Ursymbol und steht für das Königtum des Menschen und seine Berufung zu Höherem.

Übung:
Stellen Sie sich einen Adler vor. Er ist dunkelbraun und hat einen goldbraunen Kopf. Sie sehen seinen mächtigen Hakenschnabel. Sie erkennen seine kräftigen Flügel, die an beiden Enden breit gefächert sind. Nun stellen Sie sich vor, daß Sie selbst der Adler sind. Die ganze Kraft des Adlers ist in Ihnen. Sie können fliegen. Mit kräftigen Flügelschlägen erheben Sie sich vom Boden. Sie schrauben sich immer höher in die Lüfte empor. Unter Ihnen sehen Sie Bäume und Häuser, Sie sehen kleine Berge zur rechten und linken Seite.
Nun steigen Sie in großen Kreisen immer höher in die Luft. Jetzt überblicken Sie alle Berge. Die Bäume und Häuser sind schon fast nicht mehr zu erkennen.
Über Ihnen ist der endlose Himmel, unter Ihnen die unbegrenzte Weite. Ohne Anstrengung lassen Sie sich mit ausgebreiteten Flügeln von der Luftströmung tragen.
Es gibt für Sie keine räumlichen und zeitlichen Begrenzungen mehr. Sie können überall hinfliegen. Sie genießen den freien Gleitflug.
Ihr Kern ist eins geworden mit dem Grunde allen Seins. Sie geben sich ganz dem Gefühl hin, eins mit der Unendlichkeit zu sein und an ihr teilzuhaben.
Nach einiger Zeit kreisen Sie langsam zur Erde nieder. Sie erkennen deutlich die Bäume, die Häuser, die Straßen. Sie steuern eine Wiese an. Sie erkennen die Blumen. Nun schweben Sie nur noch wenige Zentimeter über dem Gras. Jetzt bremsen Sie mit den Flü-

geln. Sie lassen sich nieder und haben wieder festen Boden unter den Füßen.
Nun lassen Sie das tiefe Erlebnis in sich nachklingen. Alle Beschränkungen sind von Ihnen gefallen. Sie sind frei. Frei wie der Adler. Ihr Herz weiß es. Es ist so.

7. Das Symbol BAUM

Der Baum ist ein uraltes Symbol des Lebens. Bei nahezu allen Völkern hat er die Bedeutung des Lebensbaumes. Als Imaginationssymbol weist der Baum auf die persönliche Entwicklung und das geistige Wachstum des Imaginierenden hin.
Der Baum ist die Ewigkeit im Vergänglichen, er zeigt, wie die Gegensätze ineinander wirken. Der Schatten des Baumes schützt den Menschen vor der Sonne, die Blätter vor Sturm und Regen. Aus dem Holz baut der Mensch sein Haus, die Wiege und den Sarg. Deshalb sind im Symbol Baum Leben und Tod vereint. Der Baum ist ein Versprechen, daß das Leben nie enden wird. So ist der Baum ein Zeichen des Heils.

Übung:
Stellen Sie sich einen Baum vor. Sie sehen seinen dikken Stamm, Sie erkennen seine Rinde. Der Stamm verzweigt sich in ein vielfältiges Geäst. Am Fuße des Baumes sehen Sie gewaltige Wurzeln, die in die Erde greifen.
Die Zweige tragen viele Blätter. Die Sonne scheint darauf. Der Schein der Sonne leuchtet durch das Grün der Blätter. Über dem Baum sehen Sie den blauen Himmel. Sie geben sich ganz der Betrachtung hin. Nun stellen Sie sich vor, daß in den Wurzeln des Baumes das Wasser des Lebens aufsteigt. Es fließt durch den Stamm und verteilt sich im Geäst und den

Zweigen. Das Wasser ist die lebensspendende Kraft für die Blätter. Das formlose Wasser schuf die Blätter des Baumes und gibt ihnen neue Lebenskraft.
Sie sehen den Stamm und die vielen Zweige des Baumes. In der Einheit von Stamm und Geäst erkennen Sie die Vereinigung zweier Gegensätze.
Nun stellen Sie sich vor, daß Sie selbst der Baum sind. Das Leben ist in Ihnen und will auf mannigfaltige Art zum Ausdruck gelangen. Sie erfahren sich als Zentrum des Lebens. Sie spüren, wie Sie sich innerlich erneuern. Das Leben in Ihnen endet nie. Sie sind Zentrum des Lebens.

8. Das Symbol REGENBOGEN

Der Regenbogen zerlegt das weißgelbe Licht in die Farben Violett, Blau, Blaugrün, Grün, Gelb, Orange und Rot. So bringt der Regenbogen die Vereinigung und den Einklang der Gegensätze zum Ausdruck. Er ist die Brücke zwischen Himmel und Erde. Daher wurde er schon immer als ein Zeichen des Friedens und der Versöhnung mit dem All verstanden. Im Regenbogen sind die saphirhafte Himmelsbläue, die flammende Morgen- und Abendröte, die gelbe Mittagsglut und die blaugrüne und violette Abenddämmerung enthalten.
Hier noch einige kurze Hinweise zur Symbolik der Farben überhaupt, die Ihnen helfen, die große Bedeutung des Regenbogens zu verstehen. Die Farbe vermittelt uns ebenso wie die Musik direkte Erfahrungen. Sie können mit dem Verstand nicht begriffen und ausgedrückt werden. Die Farben sprechen das Gefühl mit seinen vielen Möglichkeiten des Erlebens an. So löst die Wahrnehmung von Farben tiefe Emotionen aus und läßt Sie zu Ihrer tiefsten Natur vordringen.

Beginnen wir mit den drei primären Farben Blau, Rot, Gelb. Von ihnen können alle anderen Farben abgeleitet werden

Die Kombination von Blau und Rot ergibt die Komplementärfarbe von Gelb, nämlich Violett. Die Vermischung von Rot und Gelb ergibt die Komplementärfarbe von Blau, nämlich Orange.

Die Kombination von Gelb und Blau führt zur Komplementärfarbe von Rot, dem Grün.

Rot, Gelb und Orange sind die aktiven Farben, Grün, Violett und Blau die passiven. Rot und Gelb verhalten sich zueinander wie materielle und immaterielle Dinge oder wie emotionale und intellektuelle Aktivitäten.

Orange, die Mischung von Rot und Gelb, entspricht der Kombination von Gefühl und Wissen. Orange ist die Farbe der Erleuchteten. Daher wundert es nicht, daß in den frühen Kulturen die Inkas und die Tibeter das rötliche Gold für heilig hielten.

Blau ist die Komplementärfarbe von Orange. Blau bringt die Unendlichkeit des Universums zum Ausdruck. Die Farbe ist Symbol für die Reinheit und Einheit des göttlichen Seinsgrundes. Rot und Grün sind die Farben des Lebens.

Die Farbe Violett vereinigt die aktivste Farbe, nämlich Rot, mit der passivsten, dem Blau. Violett ist daher Ausdruck des inneren Kampfes.

Aus all den Ausführungen wird verständlich, wie intensiv der Regenbogen die Vereinigung von Gegensätzen zum Ausdruck bringt.

Übung:

Stellen Sie sich vor, Sie stehen auf einem Weg. Das Land ist eben. Zur rechten und zur linken Seite des Weges sehen Sie Wiesen. Der Himmel ist blau. Zur linken Seite erkennen Sie mehrere weiße Wolken, zur rechten sehen Sie eine schwach graue Wolke. Es hat

geregnet, Sie riechen die Frische des Grases. In der Ferne fällt ein schwacher Regen.
Sie sehen, wie sich ein Regenbogen von der Erde bis zum Himmel und wieder zur Erde wölbt. Er bildet einen Halbkreis von der Erde zum Himmel und wieder zur Erde. Im Regenbogen erkennen Sie von innen nach außen die Farben Violett, Blau, Blaugrün, Grün, Gelb, Orange und Rot. Fällt es Ihnen schwer, sich die sieben Farben vorzustellen, imaginieren Sie zunächst den Regenbogen aus den Farben Violett, Blau, Grün, Gelb und Rot bestehend. Sie betrachten den Regenbogen und geben sich ganz dem Erlebnis hin.
Dann stellen Sie sich vor, daß Sie selbst der Regenbogen sind. Die Farben sind Facetten Ihres Wesens. Es sind Qualitäten Ihres Seins. Als Regenbogen vereinigen Sie den irdischen und den himmlischen Pol. Sie sind der Regenbogen. Ihr Wesen verbindet Erde und Himmel.

9. Das Symbol SCHMETTERLING

Der Schmetterling ist ein Symbol für Leichtigkeit und farbenprächtige Schönheit. Seine entscheidende Bedeutung aber liegt in der Metamorphose (Umwandlung), die er erfahren hat. Der Schmetterling ist ein Symbol für die innere Veränderung und für die durch den physischen Tod nicht zu zerstörende Seele.

Übung:
Stellen Sie sich einen Kokon vor. Betrachten Sie ihn eine Weile. Dann stellen Sie sich vor, daß Sie selbst in diesem Kokon sind. Sie fühlen sich darin wohl.
Nun spüren Sie, wie eine große Woge von Energie aus der Tiefe Ihres Seins in Ihnen emporsteigt. Sie haben den Mut und die Kraft, die Sie schützende Hülle aufzubrechen. Gleichzeitig spüren Sie, daß Sie so alle

einschränkenden Lebenshaltungen aufbrechen. Sie lösen sich von allen Sicherheiten.
Sie verwandeln sich in einen herrlichen bunten Schmetterling. Sie können fliegen. Sie sind frei.
Vor Ihnen liegt eine große Wiese mit vielen bunten Blumen. Sie sind fasziniert von den Farben. Sie sind ganz leicht geworden. Sie fliegen auf und nieder. Nun flattern Sie zu einer Blüte. Sie nehmen den Duft wahr. Dann fliegen Sie zur nächsten. Nach einiger Zeit flattern Sie davon. Sie spüren Ihre Leichtigkeit. Sie genießen Ihre Freiheit. Unter sich nehmen Sie immer neue Formen und Farben wahr. Sie lösen sich von dem Anblick und geben sich ganz dem Gefühl hin, zu flattern und über die Wiese zu gleiten. Sie erleben neue Freiräume.
Sie fühlen sich mit dem Grund allen Seins verbunden. Die Zeit hat aufgehört zu existieren. Es gibt keine räumlichen und zeitlichen Begrenzungen. Sie bewegen sich in einer faszinierenden Welt von Formen und Farben. Sie sind eins mit dem Grunde des Seins. Ihre Erfahrung weitet sich aus.

10. Das Symbol WELLE

Die Welle ist das Symbol der Vergänglichkeit und der ewigen Erneuerung. Wer die Welle visualisiert, versteht loszulassen, und es fällt ihm leichter, Geduld zu entwickeln.

Übung:
Stellen Sie sich vor, Sie stehen am Strande des Meeres. Sie sehen, wie sich an der Oberfläche Wellen kräuseln. Nun schauen Sie sich eine Welle genauer an. Sie sehen, wie sich ein kleiner Wellenberg aufbaut. Nun stürzt die Spitze der Welle nahezu im Halbkreis nach vorn. Zu beiden Seiten der Welle zeigt sich

eine deutliche Einbuchtung an der Wasseroberfläche. Stolz zeigt die Welle ihr schaumumkränztes Haupt. Nun taucht die Welle zurück in den Grund, aus dem sie hervorgegangen ist. Während die eine Welle dabei ist, zu vergehen, baut sich schon die nächste auf.
Sie sehen sich das Spiel der Wellen und ihre Erneuerung eine Weile an. Nichts bleibt bestehen, alles ist im Werden und Vergehen. Vergeht eine Welle, nimmt eine andere Form und Gestalt an.
Sie erkennen, daß das Vergehen der einen Welle erst das Werden einer anderen ermöglicht. Eins entsteht aus dem anderen. Ähnlich ist es auch im Leben. Es gibt keinen seelischen Tod. Es existiert nur ein unendliches Werden und Vergehen. In diesem Werden und Vergehen findet eine ewige Erneuerung statt.
Sie spüren auch in Ihnen ein Werden und Vergehen. Sie überlassen sich diesem Spiel. Sie lassen los. Aus dem Grunde Ihres Seins wird immer wieder Neues geboren. Sie ruhen in einem Urgrund ewiger Erneuerung.

11. Das Symbol PERLE

Die Perle ist rund und zart schimmernd. Sie ist ein Edelstein des Meeres. Die Perle entsteht durch einen in die Muschel eingedrungenen Fremdkörper, den die Muschel mit dünnen Perlenschichten umgibt. Daher ist die Perle ein Symbol für die Umwandlung des Leidens in die Freude.

Übung:
Stellen Sie sich eine Muschel im strahlend blauen Wasser vor. Ein winziger Fremdkörper dringt in die Muschel ein. Sie sehen, wie sich langsam hauchdünne Schichten um den eingedrungenen Körper legen. Eine Perle beginnt sich zu entwickeln.

Sie sehen, wie die Perle langsam immer größer wird. Nun öffnet sich die Muschel. Die Perle tritt aus der Muschel hervor. Die Perle zeigt ein perlmuttfarbenes Glänzen.
Das Licht der Perle strahlt mild. Sie sehen das milde Licht ganz deutlich.
Die Perle erinnert Sie daran, daß Ihr innerster Kern aus eigener Kraft Unangenehmes in Angenehmes verwandeln kann. Der Kern gibt Ihnen die Kraft, alles in Licht und Freude zu verwandeln.
Sie sehen die Perle. Sie erkennen das Glänzen der Perle. Nun stellen Sie sich die Perle in Ihrem Innern vor. Das milde Licht der Perle durchstrahlt Sie. Während Sie sich mit ihr identifizieren, kommen Sie mit dem Teil in sich in Berührung, der alles in Licht verwandeln kann.
Lassen Sie nun die Wahrnehmung der Perle verblassen. Sie werden sich nun der helfenden Kraft in sich bewußt, die alles in Licht verwandeln kann.

12. Sie können auch andere Symbole nutzen

In den vorangegangenen Abschnitten haben Sie zehn verschiedene Symbole kennengelernt. Aus Erfahrung weiß ich, daß jedem Menschen wenigstens zwei davon sofort zusagen. Visualisieren Sie also das Symbol Ihrer Wahl. Nutzen Sie seine magische Kraft.
Nun gibt es außer den genannten Symbolen noch viele andere. Man unterscheidet Natursymbole, Tiersymbole, Symbole der Dingwelt, Symbole des menschlichen Lebens und Symbole der Zeit und des Raumes.
Die Natursymbole Sonne, Quelle, Blume, Berg, Baum, Regenbogen, Welle und Perle wurden bereits genannt.
Andere Natursymbole sind zum Beispiel das Feuer,

der Fluß, der Himmel, das Meer, der Regen, der Wald, die Wiese usw. Zu den Tiersymbolen zählen der bereits erwähnte Adler und der Schmetterling. Andere Tiersymbole sind der Bär, der Fisch, der Fuchs, der Löwe usw.

Symbole aus dem Bereich der Dingwelt sind zum Beispiel die Brücke, der Felsen, der Speer, das Schiff und das Haus. Symbole des menschlichen Lebens sind das Auge, das Kind, der Tod usw. Im Buddhismus ist das Auge das Symbol der inneren Schau. Das Kind ist Sinnbild neuer Möglichkeiten. Der Tod ist kein Symbol für das Lebensende, sondern ein Signal für einen Wandlungsvorgang. Etwas stirbt, und Neues entfaltet sich.

Abschließend zu den Symbolen der Zeit und des Raumes. Der Kreis ist Sinnbild des Unendlichen und Ewigen und ein Ganzheitssymbol. Die Kugel entspricht in der symbolischen Bedeutung weitgehend dem Kreis. Das in den Übungen dieses Kapitels mehrfach erwähnte Licht ist ein Symbol für klares Bewußtsein und für die Kraft Gottes im Menschen. Das Quadrat ist Sinnbild für das Begrenzte im Gegensatz zum Unbegrenzten. Die Spirale führt zum Zentrum und ist ein Symbol für inneres Wachstum. Die Reise ist Sinnbild für den Lebensweg. Der Mond ist ein Symbol für innere Ruhe und Heiligkeit.

Beenden wir die kurze Übersicht. Selbst ein ganzes Buch über die Symbole wird nicht ausreichen, deren Geheimnis voll zu entschlüsseln.

Wichtig für Sie ist es, sich der magischen Kraft der Symbole zu bedienen. Nutzen Sie sie. Arbeiten Sie regelmäßig damit. So verhelfen Sie Ihrer verborgenen Kraft zum Durchbruch. Es liegt nur an Ihnen.

Zusammenfassung

1. Führen Sie zunächst alle die in dem Kapitel beschriebenen Symbolvisualisierungen ein- oder zweimal durch.
2. Entscheiden Sie sich dann für ein oder zwei Symbole, die in Ihnen im Vergleich zu den anderen Übungen relativ starke positive Gefühle auslösen. Nehmen Sie die Symbolvisualisierung drei- bis fünfmal am Tag vor. So reinigen Sie Ihre Gefühlskanäle und verstärken positive Gefühle.
3. Sprechen Sie den Text auf eine Kassette. Lassen Sie die Kassette abspielen. Schließen Sie die Augen. Visualisieren Sie nun Bilder entsprechend den Worten, die Sie von der Kassette hören.
4. Die Kassette hilft Ihnen, die Übungen konsequent durchzuführen.
5. Sie verbessern die Symbolvisualisierung, wenn Sie Ihr reproduktives Visualisierungsvermögen steigern.
6. Symbole von großer Bedeutung sind: die Sonne, die Quelle, die Blume, der Berg, der Adler, der Baum, der Regenbogen, der Schmetterling, die Welle und die Perle.
7. Es gibt viele Natursymbole. Man unterscheidet: Tiersymbole, Symbole der Dingwelt, Symbole des menschlichen Lebens und Symbole der Zeit und des Raumes.
8. Sie spüren Veränderungen in sich, wenn Sie eine Symbolvisualisierung regelmäßig zwei bis vier Wochen durchführen..
9. Visualisieren Sie später auch andere Symbole. Üben Sie sich in jedem Fall mindestens 14 Tage in der beschriebenen Weise. So erschließen Sie sich neue Erlebnisweisen und Bewußtseinsqualitäten.

Kapitel 9

Wie Sie Ihr inneres Gleichgewicht erreichen

1. Zwangsvorstellungen rauben Ihnen das Gleichgewicht

In einem Gespräch mit mir äußerte ein Betriebsleiter: «Die Vorteile positiven Denkens leuchten mir durchaus ein. Aber was soll ich machen? Ich sehe stets nur die negativen Seiten aller Angelegenheiten. Das hat dazu geführt, daß ich vor schwierigen Arbeiten zurückscheue. So haben sich schon berufliche Nachteile für mich ergeben. Ich weiß, daß mein Verhalten falsch ist. Doch ich komme gegen mein negatives Denken nicht an.»

Der Betriebsleiter hatte durch eigene Erfahrung eine alte Tatsache bestätigt. Negatives Denken bewirkt ungünstige Lebensumstände. Dies ist schon in der Bibel nachzulesen; Hiob sagt: «Alles, was ich befürchtet habe, ist über mich gekommen.»

Ich entgegnete dem Mann: «Sie sind sich durchaus Ihrer Verhaltensweise bewußt, Ihre Gedanken immer auf Negatives zu richten. Wie Sie sagen, haben Sie darin schon eine Perfektion erreicht. Offenbar vermögen Sie Ihre Gedanken gut zu lenken, leider in eine falsche Richtung. Weshalb sollte es dann auch nicht möglich sein, Ihre Gedanken auf Positives zu richten? Sie müssen nur anfangen, Ihre Gedanken zu lenken. Natürlich werden Sie es hierin nicht von heute auf morgen zur Perfektion bringen. Schließlich muß eine Gewohnheit durch eine neue ersetzt werden. Da Sie aber wie jeder Mensch über die Fähigkeit der Gedanken- und Energielenkung verfügen, wird es Ihnen im Laufe der Zeit immer besser gelingen, lebenseinschränkende Gedanken durch lebensbejahende zu ersetzen. Niemand kann Ihnen diese Arbeit abnehmen, Sie müssen sie schon selbst tun. Denn zu Ihrem Geist haben nur Sie Zugang.»

Der Betriebsleiter schaute mich nachdenklich an. Er erwiderte: «Sie haben recht. Ich will versuchen, selbst

über meine Gedanken zu bestimmen. Registriere ich negative Gedanken, dann werde ich sie durch positive ersetzen. Was kann ich zusätzlich tun, um meine Gedanken noch besser lenken zu lernen?»
Ich empfahl ihm die in dem Buch beschriebenen Techniken der Visualisierung und der Bejahung. Außerdem wies ich ihn auf die große Hilfe der Meditation hin.
Zurück zu Ihnen.
Bemühen auch Sie sich, Ihre Gedanken und Energien immer besser zu lenken. Ihre Freiheit verwirklichen Sie erst dann, wenn Sie Ihre Gedanken und Energien so lenken können, wie Sie es wollen. Wenn Sie das nicht vermögen, werden Sie das Opfer von Zwangsprozessen. So verlieren Sie das innere Gleichgewicht. Erst wenn Sie zur Lenkung fähig sind, lösen Sie sich von Fixierungen und gewinnen inneres Gleichgewicht.

2. Ein Zielkonflikt reibt eine Frau auf

Nach einem Seminar suchte mich eine 30jährige Dame auf und berichtete:
«Vor drei Jahren habe ich mein Abitur auf der Abendschule bestanden. Ich wollte Physik studieren, da mir die Naturwissenschaften sehr viel Freude bereiten. Meine Eltern rieten mir von meinem Vorhaben ab. Ich hätte aber nicht auf sie hören und meinen Wunsch verwirklichen sollen. Nun habe ich einen Mann kennengelernt, den ich liebe. Er will mich heiraten. Mein Wunsch ist es, Kinder zu haben. Andererseits will ich aber auch studieren. Ich kann mich nicht entscheiden. Durch meine innere Zerrissenheit leide ich sehr.»
Zielkonflikte sind nicht selten. Viele Menschen leiden darunter. Nur zu oft tun sich Menschen schwer, das

herauszufinden, was sie von ganzem Herzen wollen. Wer sich seines tiefsten Wunsches aber nicht bewußt wird, vergeudet Energien, da er nicht die Richtung kennt, in die er gehen will.
In Gesprächen konnte ich aufgrund meiner Erfahrungen schon vielen Menschen dabei helfen, sich über ihren tiefsten Wunsch Klarheit zu verschaffen. Auch in diesem Fall trug das Gespräch dazu bei, mehr Zielklarheit zu gewinnen.
Nachdem wir uns einige Zeit unterhalten hatten, sagte ich zu der Dame: «Natürlich ist es wichtig, was Sie wollen. Nur darauf kommt es an. Nach vielen Ihrer Äußerungen scheint es aber so zu sein, daß Ehe und Kinder Ihre tiefsten Wünsche sind.»
Die Frau erwiderte: «Ich glaube, Sie haben recht. Ich werde aber noch einmal zu Hause darüber nachdenken.»
Ich fuhr fort: «Nehmen wir an, Sie entscheiden sich für die Ehe. Verfallen Sie aber dann nicht in den Fehler, daran zu denken, was Sie aufgegeben haben. Sie fühlen sich dann selbst nicht wohl, und Ihre Ehe verläuft disharmonisch.»
Die Dame sprach: «Mein Verlobter hat mir schon angedeutet, er möchte nicht eine Frau heiraten, die nur mit halbem Herzen ja zur Ehe sagt.»
Ich riet ihr: «Entscheiden Sie sich für das, was Sie wollen. Wie auch Ihr Entschluß ausfällt, bejahen Sie ihn. Lassen Sie Ihre Gedanken nicht um die Dinge kreisen, die Sie nicht zu Ihrem Ziel gemacht haben.»
Der Fall der Dame soll nur als ein Beispiel für die nicht wenigen Menschen dienen, die sich nicht entscheiden können. Mit der Entscheidung, ganz gleich, worum es sich dabei handelt, haben nicht wenige Menschen Probleme. Wenn sie das eine tun, denken sie an das andere, das sie nicht tun. So wird aber der Mensch nicht glücklich. Er zerstört sein Glück.
Fällen Sie daher eine Entscheidung. Bleiben Sie

dabei, wenn nichts Außergewöhnliches eintritt. Lenken Sie Ihre Kraft aufs Ziel.
Es gibt zwei Arten von Menschen. Die einen sind voreilig und impulsiv, die anderen unentschlossen. Der Impulsive muß lernen, besonnener und überlegter zu handeln. Der Unentschlossene, für den die Dame ein Beispiel ist, muß lernen, Entscheidungen zu treffen. Ein orientalisches Sprichwort beschreibt die Problematik beider Menschentypen mit einer treffenden Aussage: Niemand vermag ein Kamel zu besteigen, das noch gar nicht gekommen ist, oder eins, das bereits davongelaufen ist.
Unentschlossenheit führt immer zu einem Konflikt. Wer sich nicht entscheiden kann, schadet sich selbst. Eine falsche Entscheidung ist besser als keine Entscheidung. Aus Fehlern werden Sie lernen. Fehler können korrigiert werden und bringen oft sehr wichtige Erfahrungen. Selbst die Wissenschaft arbeitet nach der Methode des Versuchs und Irrtums (trial und error). Trennen Sie sich also von Unentschlossenheit. Fällen Sie Entscheidungen, und lernen Sie daraus.

3. Entspannung ist notwendig für inneres Gleichgewicht

Inneres Gleichgewicht erreichen Sie nicht, wenn Sie sich dazu zwingen. Sie brauchen nur zu lernen, sich zu entspannen. Verkrampfung lähmt Ihre Energien. Entspannung bringt Ihre Energien zum freien Fließen und hilft Ihnen, Ihr inneres Gleichgewicht einzustellen.
Wenn Sie die in meinem Buch «Die universellen Kräfte Ihrer Psyche» beschriebene Technik der Entspannung und Meditation üben, erreichen Sie bald eine Tiefenentspannung. So befreien Sie sich von körperlichen und seelischen Verkrampfungen. Nehmen

Sie während der Meditation den freien Fluß Ihres Atems wahr, ohne ihn zu beeinflussen. Seien Sie sich Ihrer Empfindungen bewußt. Vielleicht haben Sie während der Meditation die Wahrnehmung, daß sich der Raum um Sie ausdehnt. Lassen Sie sich von den Empfindungen tragen. Nehmen Sie Ihre Gedanken wahr, ohne sie zu lenken. Hüten Sie sich davor, sich zu stark zu konzentrieren. Entwickeln Sie Ihre Bewußtheit, ohne sich von einer festen Absicht leiten zu lassen. Nach einiger Zeit nehmen Sie vielleicht Energien wahr, die Sie als Wärme empfinden. Haben Sie bestimmte Empfindungen, dann versuchen Sie, diese auszudehnen. Nehmen Sie einen Gedanken wahr, dann gehen Sie gleichsam in ihn hinein, ohne ihn zu bewerten. Ihre Energieströme harmonisieren, Sie fühlen sich frisch und ausgeglichen.
So lernen Sie Ihre Bewußtheit auszudehnen. Ihre Empfindungen erfahren keine Begrenzungen. Diese Erfahrungen helfen Ihnen, positive Gefühle wie Freude, Liebe, Heiterkeit und andere zu verstärken. So dringen Sie zu ganz neuen Ebenen des Erlebens und Verstehens vor.

4. Inneres Gleichgewicht und Energieströme

Wenn Sie im Zustand tiefer Entspannung sind, spüren Sie, wie Energieströme in Ihnen kreisen. Der tibetanische Buddhismus unterscheidet drei verschiedene Muster oder Elemente von Energien.
Ein Element ist das Körperelement oder auch Körpermuster. Es ist diejenige Energie, die im Körper ist.
Das zweite Muster ist der Atemkörper, der auch als freifließende Energie bezeichnet wird.
Das dritte Muster ist die Energie des feinstofflichen Geistkörpers. Der feinstoffliche Körper wird von den bewußten und unbewußten Gedanken und Gefühlen

geschaffen. In der westlichen Tradition wird er auch als Astralleib bezeichnet.
Alle drei Muster der Energien sind untereinander gekoppelt und wirken gemeinsam. Sie stehen zum Kehl-, Herz-, Kopf- und Nabelzentrum in Verbindung. Die drei Muster sind im Herzzentrum integriert.
Sind Sie im Zustand des Wahrnehmens — das Herzzentrum ist geöffnet und der Verstand weitgehend still —, haben Sie einen Zustand großer Harmonie erreicht. Er ist durch eine besondere Energielage gekennzeichnet.
Stehen die Energiemuster nicht im richtigen Verhältnis zueinander, entstehen geistige und seelische Blokkaden, Gefühlsverwirrungen und körperliche Krankheiten.
Der Fluß der Energien bestimmt, ob Sie körperlich und geistig gesund sind. Daher wurde Ihnen schon in Kapitel 6, Abschnitt 11 geraten, sich auf Ihre Energiezentren zu konzentrieren.
Ihr Herzzentrum öffnet sich aber nur dann, wenn Sie bereit sind, sich zu akzeptieren, wie Sie sind. Seien Sie daher freundlich zu sich.

5. Ein Mann überwindet Unausgeglichenheit

Ein leitender Angestellter schilderte mir seine Schwierigkeiten. «Nur zu oft bringen mich nervöses und unsicheres Verhalten aus dem Gleichgewicht. Da ich unsicher bin, hoffe ich auf Unterstützung und Bestätigung durch Mitmenschen. Bleibt diese aus, verstärkt sich meine Nervosität nur noch. Da ich verspannt bin, werden viele Energien fehlgeleitet. Manchmal kommt es dann zu Gefühlsausbrüchen. Oberflächlich betrachtet fühle ich mich dadurch erleichtert. Doch da das alte Verhaltensmuster erhalten bleibt, verliere ich dadurch immer wieder mein inneres Gleichgewicht. Was kann ich tun?»

Ich entgegnete ihm: «Sie können Nervosität und Unausgeglichenheit nur dann überwinden, wenn Sie sich von alten Verhaltensmustern lösen. Sie schaffen es, wenn Sie sich der Techniken der Visualisierung bedienen.»

Ich erläuterte dem Angestellten die in dem Buch dargelegten Techniken. Danach fuhr ich fort: «Sie müssen außerdem lernen, Ihre Achtsamkeit auch auf unangenehme Lebenssituationen zu lenken. Das fällt zu Anfang gewiß nicht leicht. Viele Menschen sind an ihre einschränkenden Lebenshaltungen gebunden und verstärken sie durch ihre rastlosen Aktivitäten nur noch mehr. Sie verhalten sich wie eine Fliege, die in ein Glas gefallen ist und unkontrolliert darin herumsummt. Daher ist es notwendig, den verhängnisvollen Kreislauf zu durchbrechen. Gehen Sie dabei wie folgt vor: Lenken Sie Ihre Bewußtheit auf jede Situation, die Sie aus dem Gleichgewicht bringen kann.»

Ich wies den Mann auf die in Kapitel 6, Abschnitt 7 bereits erwähnte Tatsache hin und machte ihm klar, daß der Prozeß der Wahrnehmung aus dem Kern erfolgt. Ich fuhr fort: «Gewahrsein häuft keine neuen Emotionen und Verhaltensweisen an. So vermögen Sie sich dem Zwang negativer Speicherungen zu entziehen und neue Verhaltensweisen zu entwickeln. Sie müssen also das Problem der Unausgeglichenheit bereits beim Entstehen angehen. Mit der Zeit gelingt es Ihnen immer besser. Sie entwickeln ein Gefühl für Ihre Emotionen. Sie identifizieren sich nicht mehr mit dem Gefühl und weisen es auch nicht mehr zurück. Sie werden nicht mehr so leicht in Schwierigkeiten verwickelt, da Sie den Überblick bewahren.»

Nach sechs Wochen berichtete mir der Angestellte: «Die Entwicklung positiver Gefühle hat viel zum

Erreichen meines inneren Gleichgewichtes beigetragen. Völliges Gewahrsein auf unangenehme Situationen hilft mir, nicht so schnell in den Sog des Negativen zu geraten. So bewahre ich meine Freiheit und stärke mein Selbstvertrauen.»

6. Gewinnen Sie inneres Vertrauen

Nicht wenige Menschen verlagern das Erleben des Schönen in die Zukunft. Sie meinen, das Glück liege im Himmel oder sonstwo. Dabei ist es ganz einfach: Alle Wahrheit und Weisheit ist bereits in Ihnen. Das Glück ist in Ihnen.

Folgen Sie daher anderen nicht kritiklos. Lauschen Sie auf Ihre innere Stimme. Wenn Sie nicht auf sie hören, wird sie sich wahrscheinlich nicht mehr melden. Daher ist es so wichtig, daß Sie lernen, dem eigenen Urteil zu vertrauen. Bewußtheit hilft ihnen auch dabei. Je mehr sie zunimmt, um so mehr öffnen Sie sich neuen Erfahrungen. Gewiß ist es zu Anfang nicht einfach, sich auf das eigene Urteil zu verlassen. Irrtümer lassen sich nicht vermeiden. Sie lernen aber aus Ihren Erfahrungen und vermögen immer bessere Entscheidungen zu treffen.

Verlassen Sie sich also auf das Gute in Ihnen. Niemand kann Ihnen die Sicherheit geben, die Sie in sich selbst finden. Entwickeln Sie inneres Vertrauen. Erst dann schätzen Sie sich selbst.

Alle Religionen betonen, welch großer Schatz an Weisheit im Inneren jedes Menschen ist. Der Buddhismus kennt neben dem materiellen und feinstofflichen Körper den Körper der Wahrheit. Jeder Mensch hat ihn. Auch Sie. Er ist der höchste und wunderbarste von allen. Er verbindet Sie mit dem gesamten Universum. Er wird auch als der allumfassende Körper jenseits aller Worte bezeichnet.

Sie entwickeln inneres Vertrauen, wenn Sie Ihr Bewußtsein für den Körper der Wahrheit verstärken. Gehen Sie wie folgt vor:
Setzen Sie sich auf einen Stuhl oder auf den Boden. Stimmen Sie sich auf Ihre Ganzheit ein, sie ist Teil des Universums. Lassen Sie sich von dieser Offenheit tragen. Werden Sie sich Ihrer tiefsten Natur bewußt. Wählen Sie aus den folgenden Sätzen einen aus, der Sie am meisten anspricht:

Ich bin mein höchstes Selbst.
Ich bin die höchste Wirklichkeit.
Ich bin ein Teil des Bewußtseins Christi.
Ich bin das Ewige.
Ich bin ein Buddha.
Ich bin das Himmelreich Gottes.
Ich bin das Absolute.

Lassen Sie sich vom Inhalt des Satzes Ihrer Wahl ganz durchdringen. Bleiben Sie danach noch einige Zeit in der Stille sitzen. Bejahen Sie Ihren physischen Körper, Ihren Astralkörper und Ihren Körper der Wahrheit. Nehmen Sie sich vor, zu allen drei Körpern gut zu sein.

7. Ein Biologe schadet sich durch seine Ungeduld

Vor kurzem suchte mich ein 41jähriger Mann auf und berichtete mir seinen Lebensweg: «Ich habe Biologie studiert und meine Doktorprüfung mit einer guten Note bestanden. Seit etwa zehn Jahren arbeite ich in der pharmazeutischen Industrie. Mein Verantwortungsbereich ist aber sehr begrenzt. Mein Einkommen liegt erheblich unter dem meiner Studienkollegen. Ich habe nicht die Position, die ich entsprechend meiner Ausbildung haben müßte.»

Während er sprach, konnte ich ganz deutlich seine innere und äußere Angespanntheit wahrnehmen. Sein innerer Zwang äußerte sich in seiner Mimik, Gestik, und Sprechweise.
Er fuhr fort: «Auch im privaten Bereich habe ich nicht das erreicht, was meine Bekannten geschafft haben. Ich bin nicht verheiratet, habe keine Kinder. Ein Haus besitze ich auch nicht. Vor einigen Wochen habe ich mich aus einer unbefriedigenden Beziehung zu einer Dame gelöst.» Sein innerer Druck vergrößerte sich immer mehr. Mit großer Anspannung preßte er die Worte heraus: «Ich will endlich das erreichen, was andere schon längst verwirklicht haben. Mir bleibt nur noch wenig Zeit. Ich habe Angst, es nicht mehr zu schaffen. Was muß ich tun, um meine Ziele zu erreichen?»
Wir unterhielten uns längere Zeit darüber, was er tun müsse, um seine Wünsche zu verwirklichen. Meine Ratschläge überzeugten ihn.
Dann ging die Ungeduld wieder mit ihm durch. Er blickte mich prüfend an und fragte: «Welche Garantien können Sie mir geben, daß ich meine Ziele erreiche?»
Ich erwiderte ihm: «Mit Ihrer Ungeduld werden Sie Ihre Ziele wohl kaum erreichen. Ungeduld ist eine Unausgeglichenheit im Energiesystem. Sie stiehlt Ihnen körperliche und seelische Kraft. Sie beraubt Sie auch der Fähigkeit, bei der Gestaltung Ihrer Zukunft überlegen vorzugehen. Ungeduld versetzt Sie in Aufregung. Sie tun hektisch heute dies und morgen jenes, Sie begehen Fehler. Ungeduld schwächt die Wirksamkeit all Ihrer Aktivitäten. Am Ende bringt Ungeduld Sie dazu, daran zu glauben, daß alles negativ ausgehen wird.»
Der Biologe schaute mich überrascht an. «Von dieser Seite habe ich die Angelegenheit noch gar nicht betrachtet», meinte er. «Die Tatsache bleibt aber

bestehen: Ich habe nicht mehr viel Zeit, meine Ziele zu erreichen.»

Ich fuhr fort: «Achten Sie bitte auf sich selbst. Dann erkennen Sie, wie Sie Ihre eigenen Energien abschnüren. Was ist die Folge? Sie versuchen, ohne Plan und Zielrichtung nach vorne zu drängen. Sie drehen sich im Kreise und handeln kopflos. Ihre Gefühlswelt ist zerrissen. Wenn es Ihnen gelingt, Geduld zu entfalten, dann entwickeln Sie auch eine positive Lebenseinstellung. So erreichen Sie innere Harmonie. Eine solche Lebenshaltung wird sich sehr fördernd auf den Beruf, das konstruktive Planen der Zukunft und die zwischenmenschlichen Beziehungen auswirken. Entwickeln Sie Geduld, dann fällt es Ihnen auch leichter, Vertrauen in die Zukunft zu entwickeln. Geduld bringt Sie mit der tiefsten Kraft in Ihnen in Berührung und verbindet Sie mit der Quelle des Glücks in Ihnen. Dann versuchen Sie nicht mehr, von anderen Garantien zu erhalten, weil Sie nicht darauf angewiesen sind.»

Der Biologe erwiderte: «Offenbar habe ich mir durch meine Ungeduld schon sehr geschadet. Ich sehe ein, daß ich nichts erzwingen kann. Was soll ich aber tun, um die notwendige Geduld zu entfalten?»

Ich legte ihm das Programm dar, das im nächsten Abschnitt beschrieben ist.

8. So entwickeln Sie Geduld

Hier ein Programm, um mehr Geduld zu entwickeln:

1. Lernen Sie, sich zu entspannen. So bewirken Sie, daß die Energien der Emotionen wieder ungehemmt fließen können. Achten Sie darauf, die ersten Anzeichen der Ungeduld zu erkennen. Achtsamkeit harmonisiert den Energiefluß und wirkt der Ungeduld entgegen.

2. Machen Sie regelmäßig einen Spaziergang. So schaffen Sie eine friedliche Stimmung, die den Energiefluß harmonisiert.
3. Farben wirken sich sehr positiv auf körperliche und seelische Vorgänge aus. Wählen Sie Farben aus, die Sie mögen. Das Erlebnis von Farben schwächt innere Unruhe, harmonisiert Ihren Energiefluß und steigert Ihr Wohlbefinden.
4. Suchen Sie sich ein Bild oder einen Gegenstand aus, der Ihnen besonders gefällt. In der Betrachtung des Schönen stoßen Sie bis zum Sein vor. In solchen Erlebnissen erfahren Sie eine große innere Ausgeglichenheit. Die Betrachtung der Vollkommenheit erinnert Sie daran, daß auch in Ihnen große Schönheit und Vollkommenheit sind. Was Sie auch immer als Symbol des Schönen für sich wählen: Seine Schönheit und Harmonie verwandelt die Ungeduld der Gefühlswelt in die harmonische Energie der Geduld. Schauen Sie sich daher den Gegenstand und das Bild oft an. Tragen Sie es bei sich. Bewahren Sie es in Ihrem Herzen.
5. Üben Sie sich ganz allgemein darin, in der Außenwelt das Schöne zu erkennen. Machen Sie sich keine Gedanken darüber, was sein sollte. Sehen Sie vielmehr die Schönheit in allem, was ist. So wird die Welt für Sie schöner.
6. Nehmen Sie sich Zeit für sich. Gönnen Sie sich Ruhe. Bauen Sie die Zuversicht auf. Selbst wenn scheinbar nichts geschieht, so ereignet sich doch etwas. Lassen Sie zu, was geschieht, ohne von Erwartungen erfüllt zu sein. Gehen Sie in die Stille. Das Glück ist in Ihnen. Der Verstand hilft nicht, es zu verstehen. Sie müssen es erfahren.

9. Warum Akzeptieren wichtig ist

Bei einem Seminar sagte mir eine junge Dame: «Ich habe gelesen, daß für die Macht der Gedanken nichts unmöglich ist. Auch ich bin davon überzeugt.»
Sie redete eine Weile darüber, ohne sich aber auf eine ganz konkrete Lebenssituation zu beziehen. Es ist nicht selten, daß Menschen in ihren Betrachtungen beim Allgemeinen bleiben. Ich frage dann auch nicht weiter nach, wenn ich spüre, daß jemand nichts Genaues sagen will. Schließlich ist es verständlich, wenn jemand in Gegenwart fremder Menschen nicht über seine privaten Ziele und Probleme sprechen will. Bereits aus ihren wenigen Ausführungen und Fragen gewann ich den Eindruck, daß die Dame vermutlich ein noch nicht genanntes Problem auf völlig falsche Weise lösen wollte.
Meine Vermutung bestätigte sich. Nach dem Seminar berichtete sie mir im persönlichen Gespräch: «Vor einem Jahr sagte mir mein Verlobter 10 Tage vor der Hochzeit, er wolle mich nicht heiraten. Er löste die Verlobung, beschimpfte mich und ließ nichts Gutes an mir. Ich fühlte mich sehr gedemütigt und war sehr unglücklich. Aus Enttäuschung gehe ich zu keinen Gesellschaften mehr. Ich kann nicht glauben, daß unsere Beziehung zu Ende ist. Ich trage weiter den Verlobungsring. Jeden Tag konzentriere ich mich länger als eine Stunde auf meinen Verlobten. Ich hoffe, ihn mit Gedankenkraft zurückzugewinnen. So werde ich mein Ziel erreichen.»
«Welche Wirkung haben Ihre Gedanken bisher gehabt?» fragte ich sie.
Sie antwortete: «Bis jetzt überhaupt keine. Mehrmals habe ich den Mann angerufen. Jedes Mal hat er mich schroff abgewiesen. Ich werde aber nicht aufgeben.»
«Was haben Sie eigentlich mit Ihren Reaktionen bisher erreicht?» fragte ich sie.

Die Dame zögerte, die Frage zu beantworten. Daher sagte ich: «Hätten Sie die Situation akzeptiert, hätten Sie das Leid wahrscheinlich schon überwunden. Durch Ihr ständiges Sichwidersetzen und Widerstreben haben Sie Ihr Leid nur noch verstärkt. Denken Sie darüber nach: Zeigt sich nicht in Ihrem Verhalten eine große Abhängigkeit vom ehemaligen Verlobten? Fixierung auf den Partner hat mit Liebe überhaupt nichts zu tun. Jeder muß sich im Leben einmal mit etwas abfinden. Das gilt nicht nur für zwischenmenschliche Beziehungen, sondern ganz allgemein für alle Lebensbereiche. Für jeden Menschen gibt es einmal Dinge, an denen er nichts ändern kann. Er muß lernen, sie zu akzeptieren. Es hilft überhaupt nicht, zu jammern oder dagegen anzukämpfen. Natürlich wird jeder ein solches Ereignis bedauern und sich dagegen auflehnen oder resignieren. Da aber das Leben für jeden Menschen solche Situationen schafft, muß man lernen, an ihnen zu wachsen. Zunächst muß man sie aber akzeptieren. Das eigentliche Problem dabei ist das der Fixierung. Mit einem beweglichen Bewußtsein dagegen vermögen Sie zu jedem Unabänderlichen eine neue Einstellung zu beziehen. Welche neue Einstellung konnten Sie in Ihrem Fall entwickeln? Wahrscheinlich haben Sie falsche Vorstellungen von dem, was für Sie gut ist und was wirklich Liebe ist. Zu echter Liebe ist der Mensch nur fähig, wenn er innere Qualitäten entfaltet. Sie können Ihre Erfahrung nutzen, eine ganz neue Einstellung zur Liebe zu entwickeln. Mit Sicherheit ist Ihnen viel Leid erspart geblieben, weil die Ehe mit einem negativen Menschen nicht zustande kam. Das Unendliche oder Gott gibt jedem Menschen seine eigenen Lektionen, um daraus zu lernen. Jeder kann diese Erfahrung machen.
Eine Dame formulierte sie einmal in folgendem Beispiel: ‹Manchmal kam ich mir wie ein Hund vor, der

von den Ereignissen des Lebens immer wieder in dieselbe Richtung gestupst wurde. Erst als ich das begriff und nach der Einsicht handelte, entwickelte sich mein Leben zum Guten!›»

Mein Gegenüber schaute mich nachdenklich an. Ich fuhr fort: «Natürlich ist es notwendig, seine eigenen Ziele mit Konsequenz und Ausdauer zu verfolgen. Leider mangelt es vielen Menschen daran. Kämpfen Sie aber nicht gegen das Unabänderliche an. So blokkieren Sie Ihre Energien. Denken Sie vielmehr darüber nach, welche Botschaft Ihnen Gott oder das Universum vermitteln will. Sie sind frei, eine ganz neue Einstellung zu beziehen. Sie können aus dem Unabänderlichen lernen. Sie haben die Kraft, alles zu Ihrer Weiterentwicklung zu nutzen. Jedes Ereignis vermag Sie mit Ihrem Kern in Verbindung zu bringen, wenn Sie die richtige Einstellung beziehen. So vermögen Sie alles zu Ihrem Wohl zu nutzen.»

10. Betonen Sie nicht den einen Pol einer Lebensrealität

Als ich den 30jährigen Angestellten kennenlernte, stand er unter großem inneren Druck. Bald wurde mir klar, daß er selbst für diesen Zustand verantwortlich war. Er erzählte: «Mein Wunsch ist es, Abteilungsleiter in der Unternehmung zu werden, in der ich beschäftigt bin. Ich will das Ziel in sechs Monaten erreichen. Dreimal am Tage betreibe ich Suggestionstechniken. Da ich meinem Ziel aber überhaupt nicht nähergekommen bin, führe ich meine Suggestionstechniken an jedem Tag nun mehr als eine Stunde durch.»

«Mich wundert es nicht, wenn Sie sich so fühlen, als ob Ihnen der Kopf zerspringen würde», stellte ich fest.

Ich erläuterte: «Natürlich ist es richtig, die eigenen

Energien auf das Ziel zu lenken. Wer aber sein Ziel überhaupt nicht loslassen kann, gerät bald aus dem Gleichgewicht. Daher ist es wichtig, sich wenigstens für kurze Zeit distanzieren zu können. Sonst werden Sie sehr bald das Opfer einer Fixierung. Zielstrebigkeit ist notwendig, aber ebenso die Fähigkeit, loslassen zu können. Wer nicht loslassen kann, wird nur zu leicht zum Opfer einer Verkrampfung. Seine Anstrengungen sind nicht effektiv. Wer sein inneres Gleichgewicht verliert, vermag seine Energien nicht mehr richtig zu lenken.»

11. Mit Distanzierung erreichen Sie inneres Gleichgewicht

Den meisten Menschen macht das Auf und Ab des Lebens zu schaffen. Jeder hat den Wunsch, damit besser fertig zu werden und nicht so leicht sein Gleichgewicht zu verlieren.
Sie werden das Ziel aber nur dann erreichen, wenn es Ihnen gelingt, sich zu desidentifizieren. Es ist notwendig, das Ich loszulassen.
Menschen identifizieren sich mit ihrem Körper, ihren Gefühlen, ihren Gedanken oder auch mit ihren Wünschen. Liegt aber tatsächlich dort das wahre Ich?
Widmen wir uns zunächst dem Körper. Natürlich ist es notwendig, zu seinem eigenen Körper gut zu sein. Können Sie in Ihrem Körper das eigene Ich entdekken? Ohne Körper gibt es kein Ich, Ihr Körper ist aber nicht Ihr Ich.
Wie steht es mit den Gefühlen? Sie entstehen und vergehen. Auch dort können Sie das wahre Ich nicht entdecken.
Manche Menschen wiederum identifizieren sich so gut mit ihrem Verstand, daß für sie keine Gefühle existieren. Ist es aber richtig, sich mit dem Geist zu iden-

tifizieren? Der Geist besteht aus Gedanken, die ständig wechseln. Welcher Gedanke ist das Ich? Verbirgt sich das Ich hinter einem ärgerlichen oder ernsten Gedanken?
Das Ich ist also weder im Körper noch in den Gefühlen und auch nicht im Verstand zu finden.
Ist vielleicht das Ich in den Wünschen zu finden? Nehmen wir einmal an, die Kinder seien der Lebensinhalt einer Mutter. Was macht sie, wenn sich die Kinder von zu Hause lösen?
Eine Frau berichtete mir: «Meine Kinder sind jetzt alle aus dem Haus. Ich bin in eine schwere Identitätskrise geraten.» Ähnlich fühlen sich manche Männer, wenn sie pensioniert werden.
Das Ich kann also auch nicht in den Wünschen oder im Rollenverhalten des Menschen gefunden werden. Wer sich nur mit einem Bereich seines Wesens identifiziert, kann nicht in neue Bereiche seiner Persönlichkeit wachsen. Nur wer sich desidentifizieren kann, vermag seine eigene Freiheit zu entfalten.

12. So desidentifizieren Sie sich

Vielleicht machen Sie in der Meditation die Erfahrung, das «Ich» zu verlieren. Sie nehmen Ihren Körper nicht mehr wahr. Ein Schweigen der Gedanken tritt ein. Es scheint nichts mehr zu geben, woran Sie sich halten können. Manche Menschen sorgen sich darum, das Ich verloren zu haben. Das Verhalten entsteht aber nur aus dem Gefühl der Unwirklichkeit des falschen Ichs.
Wo liegt aber das wahre Ich? Das wahre Ich liegt im Selbst, das wir auch als Kern oder Sein bezeichnet haben. Erst wenn Sie sich vom falschen Ich lösen, stoßen Sie zu Ihrem wahren Ich, dem Selbst vor. Wer sich vom Ich löst (desidentifiziert), gelangt zu seinem

wahren Ich, dem Selbst, und vermag sich damit zu identifizieren.
Meditation hilft Ihnen, sich zu desidentifizieren. Hier eine weitere Technik, wie Sie sich für kurze Zeit von Ihrem falschen Ich lösen.
So desidentifizieren Sie sich:
Machen Sie sich bewußt:
Sie haben einen Körper, doch das wahre Ich ist nicht der Körper.
Sie haben Gefühle, doch das wahre Ich sind nicht die Gefühle.
Sie haben einen Verstand, doch Ihr wahres Ich ist nicht der Verstand.
Sie haben Wünsche, doch Ihr wahres Ich sind nicht die Wünsche.
Sie stellen sich vor, daß Sie Ihren Körper nicht wahrnehmen.
Sie stellen sich vor, Ihre Gefühle lösen sich auf.
Sie stellen sich vor, Ihre Gedanken fliegen in den Raum und lösen sich auf.
Sie stellen sich vor:

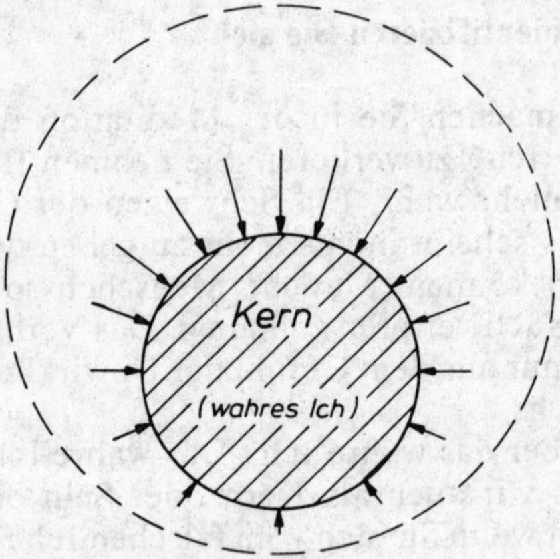

Bild 20
Stärkung des Kerns durch Versenken in sich selbst.

Das wahre Ich, das Selbst bleibt übrig. Sie nehmen es wahr. Es ist der ruhende Pol im Auf und Ab Ihres Lebens. Dort ist ein Zentrum von Energie. Dort erleben Sie Ausgeglichenheit und Harmonie. So erfahren Sie Ihr Sein. Im Kern ist Ihre wahre Identität. Der Prozeß der Auflösung des nichtwahren Ichs ist in Bild 20 dargestellt.
Da das Bewußtsein gleichsam im Kern verdichtet und von außen zurückgezogen wird, ist der äußere Kreis gestrichelt gezeichnet.
Sie brauchen keine Angst zu haben, bei der Übung Ihr Gedächtnis, die Fähigkeit zum zielgerechten Handeln oder gar Ihre Persönlichkeit zu verlieren. Desidentifizierung stärkt Ihre Fähigkeit, sich noch besser mit dem Ziel zu identifizieren.
Nun zu einer weiteren Technik der Desidentifizierung. Sie hilft Ihnen besonders, sich von einem bestimmten Problem zu lösen, das Ihnen das Gleichgewicht raubt.
Gehen Sie dabei wie folgt vor:
a) Nehmen Sie Ihre Gedanken wahr, die um das Pro-

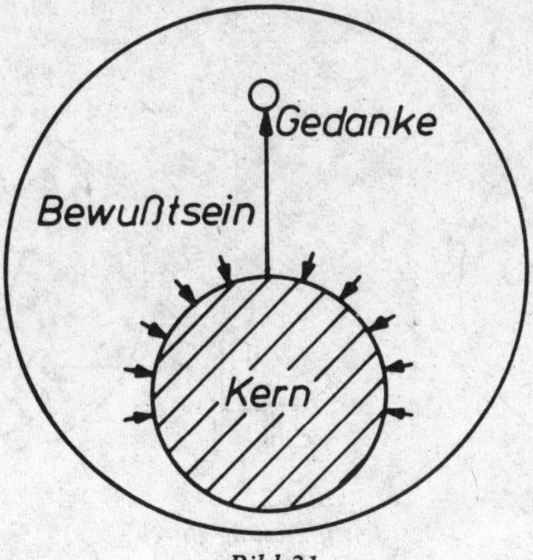

Bild 21
Desidentifizierung durch Achtsamkeit.

blem kreisen. Gehen Sie mit dem Bewußtsein gleichsam in die Gedanken hinein.

b) Stellen Sie sich dann das Problem als kleine Kugel über Ihnen an der Zimmerdecke oder am Himmel vor. Konzentrieren Sie sich auf die kleine Kugel.

c) Stellen Sie sich nun vor, Sie betrachten, wie Sie die kleine Kugel an der Zimmerdecke oder am freien Himmel betrachten.

In Bild 21 und Bild 22 A und B sehen Sie alle drei Stufen der Technik skizziert.

Was geschieht? Das Bewußtsein wird vom Problem zurückgenommen. Das Selbst zieht sich vom Problem zurück. Aus Bild 21 und Bild 22 erkennen Sie, wie die Distanzierung des Selbst wächst. So lösen Sie sich von gewohnheitsmäßigem Verhalten und gewinnen neue Perspektiven. Tiefe Erkenntnisquellen erschließen sich. Sie treten mit «dem Körper der Wahrheit» in Ihnen in Kontakt.

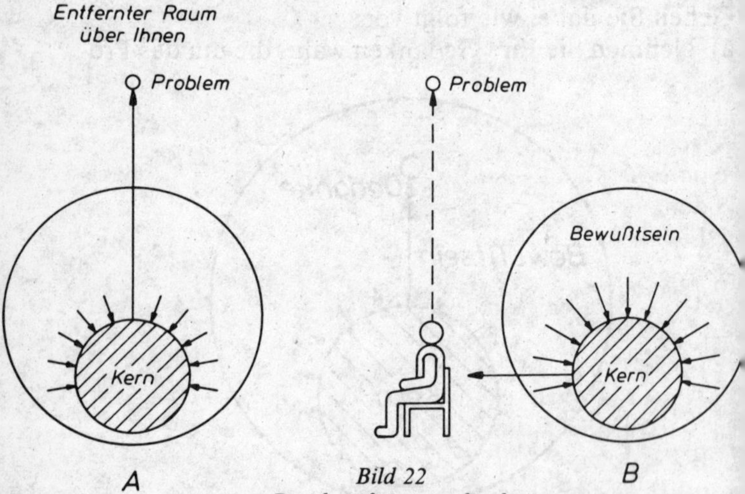

Bild 22
Desidentifizierung durch
A: Sie stellen sich das Problem als Kugel über sich vor.
B: Sie sehen sich, wie Sie das Problem betrachten.

Schaffen Sie also Abstand. Bedienen Sie sich der Distanzierungstechniken. So gelingt es Ihnen, offen zu sein und Probleme zu lösen. So erreichen Sie inneres Gleichgewicht.

13. Ein Geschäftsmann erreicht innere Ruhe

Ein Geschäftsmann, dem ich die Desidentifizierungstechniken empfohlen hatte, erzählte mir seine Erfahrungen: «Früher raubte mir das Auf und Ab des Geschäftsgangs mein ruhiges Gemüt. Nur zu oft malte ich mir aus, was alles noch an Negativem eintreten könnte. Kleinigkeiten gab ich eine viel zu große Bedeutung. Bereits nach zwei Wochen vermochte ich mit den Techniken der Ich-Distanzierung einen anderen Bewußtseinszustand aufzubauen. Nun vermag ich mit dem Kern in Kontakt zu treten, wenn ich es wünsche. So kann ich mich immer besser von unangenehmen Einflüssen, Gedanken und Gefühlen lösen. Ich werde nicht mehr so leicht in den Sog negativer Ereignisse oder eines negativen Umfeldes gezogen. Es gelingt mir besser, meine Energien auf unsere Ziele zu richten. Mit innerem Gleichgewicht lebt es sich glücklicher. Meine Handlungen sind erfolgreicher geworden. Ich denke nun mehr über das Gute in meinem Leben nach. Mein innerer Friede ermöglicht mir zu erkennen, was im Leben wirklich wichtig ist.»

14. Entwickeln Sie Gleichmut

Nur aus innerem Gleichgewicht entwickeln Sie Kraft, Begeisterung und Lebensfreude. Innere Harmonie hilft, das Gute in Ihnen zur Entfaltung zu bringen. Verlieren Sie jedoch das Gleichgewicht, werden Sie zum Opfer lebenseinschränkender Emotionen.

Gleichmut ist der Faktor, mit dem Sie eine vollkommene geistige Ausgeglichenheit und das Gleichgewicht zwischen Denken und Fühlen erreichen.
Gleichmut hat weder mit Gleichgültigkeit noch mit lauwarmen Emotionen zu tun. Er stellt vielmehr eine unerschütterliche Standfestigkeit im Denken und im Fühlen dar.
Gleichmut ist ein sehr hoch zu bewertender Bewußtseinszustand. Denn nur derjenige, der über den Dingen steht, ist zu Anteilnahme und Liebe für den Mitmenschen fähig. Das Wohlbefinden des Gleichmütigen hängt also nicht davon ab, wie sich die anderen ihm gegenüber verhalten. Wie entwickelt man aber den erstrebenswerten Gleichmut?

15. Das 15-Punkte-Programm, um Gleichmut zu entwickeln

1. Seien Sie nicht der Gefangene Ihrer Emotionen. Stärken Sie positive Emotionen durch Symbolvisualisierung und Gedankenlenkung.
2. Seien Sie achtsam auf Ihre Gefühle. Unterdrükken Sie sie nicht. So vermögen Sie sie zu lenken, bevor Sie diese aus dem Gleichgewicht bringen.
3. In Ihre Achtsamkeit auf Emotionen dürfen Sie weder Bewertungen noch Erwartungshaltungen einfließen lassen.
4. Lernen Sie aus Ihren Beobachtungen. Stellen Sie sich wiederholt die Frage: Was passiert eigentlich? Das hilft Ihnen, sich und die Mitmenschen genauer zu beobachten und aus den Erkenntnissen zu lernen. Einsichten entwickeln sich. Ihre Weisheit wächst.
5. Achten Sie auf Ihre Wortwahl. Überlegen Sie: Welche Emotionen verbergen sich hinter Ihren Worten?

6. Seien Sie achtsam auf die Gegenwart. Lassen Sie Ihre Gedanken nicht zu oft in die Vergangenheit oder Zukunft abwandern.
7. Seien Sie sich bewußt, daß Ihr wahres Ich weder im Körper noch im Gefühl, in den Gedanken oder den Wünschen liegt. Stärken Sie die Wahrnehmung des Selbst.
8. Distanzieren Sie sich von Problemen, indem Sie sich diese als kleine Kugeln außerhalb von sich visualisieren und sich vorstellen, wie Sie sich selbst bei der Übung beobachten.
9. Sie erreichen Ich-Distanzierung, wenn Sie über die Vergänglichkeit alles Irdischen nachdenken. Denken Sie auch an Ihren eigenen Tod. Die Beschäftigung damit hilft Ihnen, Kleinigkeiten nicht überzubewerten und den unwesentlichen Dingen des Lebens nicht hinterherzulaufen.
10. Nehmen Sie Ihre Erfahrungen an, gleich welcher Art sie sind. Dann lösen Sie sich von Fixierungen. Sie dringen zu innerer Ruhe vor.
11. In der Meditation dringen Sie zum Körper des unendlichen Wissens in Ihnen vor. Er ist Ihr verborgenes «inneres Radarsystem», mit dem Sie inneres Gleichgewicht erreichen.
12. Folgen Sie der inneren Stimme, so entwickeln Sie ein tiefes inneres Vertrauen. Es hilft Ihnen, das Gleichgewicht zu wahren.
13. Denken Sie daran: Sie sind der Lenker Ihres Lebens. Sie bestimmen, in welche Richtung Sie Ihre Energien lenken. Sie haben die freie Auswahl zwischen den beiden Seiten einer Polarität.
14. Hüten Sie sich davor, sich immer nur an den Erfolgen anderer zu messen.
15. Vergessen Sie nicht: Innere Wandlungsprozesse sind zunächst unsichtbar. Erst im Laufe der Zeit machen sie sich im Handeln bemerkbar.

Gehen Sie nach dem 15-Punkte-Programm vor. Selbst

wenn Sie einmal Ihr Gleichgewicht verlieren, werden Sie es bald wieder zurückgewinnen. Ihr Gleichmut ist eine große Hilfe in allen Lebenssituationen. Mit Gleichmut erreichen Sie inneren Frieden und Heiterkeit.

16. Mitgefühl führt zu innerer Ausgeglichenheit

Eine 60jährige Frau berichtete mir über ihre Erfahrungen mit der starken Kraft des Mitgefühls:
«In der letzten Zeit war die Beziehung zu meinem Mann nicht harmonisch. Häufig stritten wir miteinander. Eigentlich ging es nur um Kleinigkeiten. Neulich erzählte mir mein Mann einige Kindheitserlebnisse. Ich war sehr überrascht über seine Offenheit. Plötzlich wurde mir klar, warum er noch heute in bestimmten Situationen nach eingefahrenen Verhaltensmustern reagiert. Ein tiefes Mitgefühl stieg in mir auf. Die Wärme des Gefühls breitete sich in meinem Herzen aus. Die Kraft des Mitgefühls verhalf mir zu einem inneren Gleichgewicht, das sich sehr positiv auf die Beziehung zu meinem Mann auswirkte. Die erwärmende Kraft des Mitgefühls gab mir inneren Frieden.»
Nutzen auch Sie die große Kraft des Mitgefühls für sich. Können Sie es entfalten? Was müssen Sie tun, um es zu entwickeln?
Fangen Sie zunächst an, sich selbst voll zu akzeptieren. Wer sich selbst entdeckt, der erkennt auch bald den Wert des Mitmenschen. Denken Sie manchmal daran, wie viele Menschen von Verwirrung, Einsamkeit und Leid gequält werden. Wenn Sie das verstehen, dann lockert sich der Druck um Ihr Ich. Sie öffnen sich und entwickeln Mitgefühl. Es stellt eine große Energie dar. Mitgefühl verhilft Ihnen zu innerer Ausgeglichenheit.

Um Mitgefühl zu entfalten, müssen Sie Offenheit entwickeln. Mitgefühl ist offen und grenzenlos. Mitgefühl hilft Ihnen, Ihre Programmierungen zu überwinden. Echtes Mitgefühl macht Sie nicht traurig, es stärkt Sie und erschließt Ihnen Lebensfreude.

17. Was Sie noch beachten müssen

Innere Harmonie werden Sie nur dann erreichen, wenn Sie sich auf das beschränken, was machbar ist. Sie müssen Willenskraft, Entschlossenheit und Ausdauer entwickeln. Wenn Sie sich aber zuviel vornehmen, sind Sie abends unglücklich, weil Sie Ihr Tagesziel nicht erreicht haben. Daher gilt es, sich auf das Mögliche zu beschränken und nach der Technik der kleinen Schritte voranzugehen.
Voraussetzung für ein harmonisches Leben ist aber auch, ehrlich gegenüber sich selbst zu sein. Wenn Sie sich selbst belügen, erkennen Sie die Wirklichkeit nicht und geraten immer wieder in neue Konflikte. Beobachten Sie sich. Beobachten Sie die Außenwelt. So gelangen Sie zu den notwendigen Erkenntnissen. So vermeiden Sie den Fehler, die Schuld immer nur beim anderen zu suchen. Um sich selbst zu erkennen, brauchen Sie einen Spiegel. Denn wer sich über sich täuscht, verliert das Gleichgewicht und hat Mißerfolg.
Entwickeln Sie Vertrauen. Sie brauchen es. Nur dann sind Sie geduldig. Richtiges Vorgehen zieht nicht unbedingt sofort den beabsichtigten Erfolg nach sich. Falsches Verhalten verhindert ihn jedoch absolut sicher.
Bild 23 zeigt Ihnen, welche weiteren Bedingungen Sie erfüllen müssen, um inneres Gleichgewicht zu erreichen. Es sind dies:

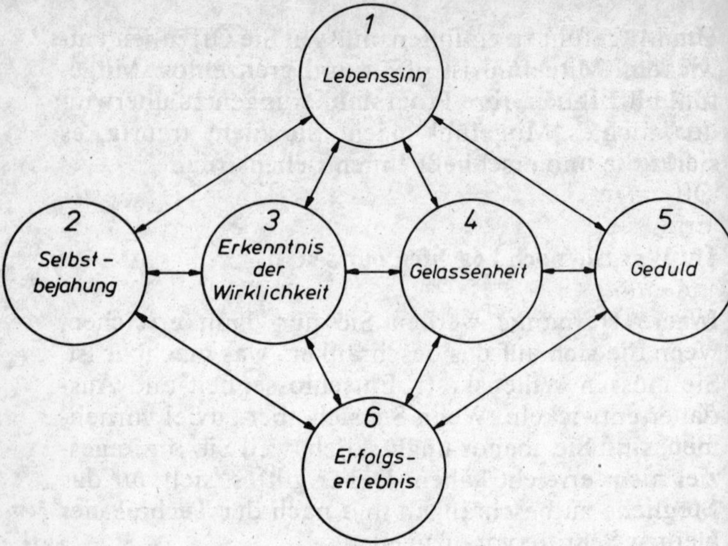

Bild 23
Inneres Gleichgewicht.

1. Lebenssinn, 2. Selbstbejahung, 3. Erkenntnis der Wirklichkeit, 4. Gelassenheit, 5. Geduld, 6. Erfolgserlebnisse.

Der Lebenssinn erfordert: eigene Ziele anzustreben, den kosmischen Plan in Ihrem Leben zu erkennen und innere Werte zu verwirklichen.

Selbstbejahung und Visualisierung stärken den Willen, das konsequente Verhalten und das Durchhaltevermögen. Positive Gefühle und Gedanken werden verstärkt.

Zu 1 Lebenssinn
Den kosmischen Plan erkennen
Wünsche verwirklichen
Innere Werte entfalten

Zu 2 Selbstbejahung
Wille, Konsequenz, Durchhalten
realistischer Plan
positive Gefühle, positives Denken
Visualisieren

Zu 3 Erkenntnis der Wirklichkeit
Erkenntnis der Außenwelt
Selbsterkenntnis
Offenheit
Erfahrungen, lernen
Intuition, innere Stimme
Wissen
Verstand

Zu 4 Gelassenheit
Entspannung
Ich-Distanzierung
Gleichmut
Selbsterfahrung
Geborgenheit

Zu 5 Geduld
Entspannung
Technik der kleinen Schritte
Vertrauen

Zu 6 Erfolgserlebnis
Verwirklichung innerer Möglichkeiten
Gestalten der äußeren Wirklichkeit
Das Ziel erreichen

Das Erkennen der Wirklichkeit bezieht sich auf die Außenwelt und das Ziel. Sie sind bereit, aus Ihren Erfahrungen zu lernen. Sie entwickeln Offenheit. Sie hören auf Ihre innere Stimme und entwickeln Intuition.
Gelassenheit entwickeln Sie durch Ich-Distanzierung. Sie entfalten Gleichmut. Aus Selbsterfahrung gewinnen Sie innere Geborgenheit.
Geduld und Technik der kleinen Schritte helfen Ihnen, Ihren realistischen Tagesplan zu verwirklichen. Inneres Vertrauen hilft Ihnen, Ihre Ziele anzustreben und in sich zu ruhen.
Da Sie sich realistische Tagesziele setzen, haben Sie Erfolgserlebnisse. Ihre Erfolgserlebnisse helfen Ihnen, innere Kräfte zu entfalten.

Zusammenfassung

1. Negatives Denken ist Energielenkung, aber in die falsche Richtung. Wer seine Energien immer in solche Richtung lenkt, wird das Opfer von Zwangsprozessen.
2. Innere Freiheit und Gleichmut erhalten Sie erst dann, wenn Sie Ihre Gedanken in die Richtung lenken, die Sie selbst auswählen.
3. Zielkonflikte rauben Ihnen das innere Gleichgewicht.
4. Voreiligkeit und Unentschlossenheit bringen Sie dazu, das Gleichgewicht zu verlieren.
5. Der Voreilige muß lernen, überlegter zu handeln. Der Unentschlossene muß sich zu Entscheidungen durchringen.
6. Entspannung bringt Ihre Energien zum freien Fließen.
7. Die in meinem Buch «Die universellen Kräfte Ihrer Psyche» beschriebene Entspannungs- und Meditationstechnik hilft Ihnen, sich von körperlichen und seelischen Verkrampfungen zu lösen.
8. Üben Sie, Ihre positiven Empfindungen auszudehnen.
9. Es gibt drei verschiedene Muster von Energien: das Körperelement, den Atemkörper und den feinstofflichen Geistkörper. Alle drei Energiearten stehen untereinander und mit dem Kehl-, Herz-, Kopf- und Nabelzentrum in Verbindung.
10. Die meisten Menschen verstärken durch ihre rastlosen Aktivitäten ihre einschränkenden Lebensmuster nur noch mehr.
11. Gehen Sie das Problem der Unausgeglichenheit an den Wurzeln an. Werden Sie der entwickelten Gefühle gewahr, so werden Sie diese weder unterdrücken noch sich damit identifizieren. So entziehen Sie sich dem Sog des Negativen.

12. Alles Glück und alle Weisheit sind in Ihnen.
13. Hören Sie auf die innere Stimme, und öffnen Sie sich neuen Erfahrungen. Lernen Sie daraus.
14. Verstärken Sie das Bewußtsein mit einem der Sätze: Ich bin die höchste Wirklichkeit — Ich bin ein Teil des Bewußtseins Christi — Ich bin das Ewige — Ich bin ein Buddha.
15. Ungeduld ist eine Unausgeglichenheit im Energiestrom und schadet Ihnen.
16. Entwickeln Sie Geduld durch Entspannung, und tragen Sie ein Bild des Schönen und der Vollkommenheit bei sich und in Ihrem Herzen. Versuchen Sie das Schöne in allem zu erkennen.
17. Verfolgen Sie Ihre Ziele mit Ausdauer und Konsequenz. Kämpfen Sie aber nicht gegen das Unabänderliche an. Lernen Sie zu akzeptieren, was Sie nicht ändern können.
18. Bewahren Sie sich die Freiheit, sich entsprechend der Situation für den einen oder den anderen Pol einer Lebensrealität zu entscheiden.
19. Ihr wahres Ich liegt weder im Körper noch in den Gefühlen, Gedanken oder Wünschen.
20. Desidentifizieren hilft Ihnen, zu Ihrem Selbst zu gelangen und in neue Bereiche Ihrer Persönlichkeit zu wachsen.
21. Desidentifizierung stärkt Ihre Fähigkeit, sich besser mit dem Ziel zu identifizieren.
22. Betreiben Sie die in Abschnitt 12 angegebene Technik der Distanzierung. Machen Sie sich bewußt, worin Ihr Ich nicht zu finden ist. Lassen Sie die Wahrnehmung Ihres Selbst wachsen.
23. Wollen Sie sich von einem Problem distanzieren, dann stellen Sie sich das Problem als kleine Kugel über Ihnen vor.
    Visualisieren Sie, wie Sie die kleine Kugel über Ihnen betrachten. So gewinnen Sie neue Perspektiven.

24. Sie erreichen inneres Gleichgewicht mit Gleichmut.
25. Gleichmut hat weder etwas mit Gleichgültigkeit noch mit lauwarmen Emotionen zu tun. Gleichmut ist ein stabilisierender Faktor in allen positiven Emotionen.
26. Entwickeln Sie Gleichmut nach dem in Abschnitt 15 dargelegten 15-Punkte-Programm.
27. Mitgefühl verhilft Ihnen zu innerer Ausgeglichenheit. Sie entwickeln Mitgefühl, wenn Sie sich innerlich öffnen.
28. Inneres Gleichgewicht entwickeln Sie dann, wenn Sie 1. Ihren Lebenssinn entdecken, 2. Selbstbejahung üben, 3. zu Erkenntnissen der Wirklichkeit und Ihrer selbst vorstoßen, 4. Gelassenheit üben, 5. Geduld praktizieren und 6. Erfolgserlebnisse haben.

Kapitel 10

Positives Denken und Handeln

1. Der positive Mensch ist kein Phantast

Worin liegt der Unterschied zwischen einem positiven Denker und einem Phantasten? Der positive Mensch verwirklicht seine Vorstellungen durch beharrliches Tun. Der Phantast dagegen steigt gleichsam in den Luftballon seiner Wünsche und läßt sich von ihm ins Reich der Phantasie tragen. Er braucht den Traum, weil er mit der Wirklichkeit nicht fertig wird. Seine Welt der Vorstellungen ist der Ersatz für die nicht bewältigte Wirklichkeit. Extreme Phantasten sitzen hinter den Mauern eines Irrenhauses. Harmlosere leben unter uns und werden als Spinner bezeichnet.

Der Witz macht sich über solche Traumtänzer lustig: Psychopathen bauen Luftschlösser, Neurotiker bewohnen sie, und Psychiater kassieren die Miete.

Charakter und Verhaltensweisen des Phantasten habe ich in meinem Buch über Menschenkenntnis «Wer ist dein Freund — Wer ist dein Feind?» beschrieben.

Um Ihnen den Unterschied zwischen dem positiven Menschen und dem Phantasten noch mehr zu verdeutlichen, berichte ich Ihnen von zwei Menschen.

Vor einiger Zeit unterhielt ich mich mit einer Dame, die ihre Ausbildung als Lehrerin für Sonderschulen mit einer sehr guten Note abgeschlossen hatte. Ihre Chancen, angestellt zu werden, waren gut. Die Dame sagte mir: «Mein innigster Wunsch ist es, an einer Sonderschule zu unterrichten. Seit zwei Monaten bete ich um die göttliche Führung. Doch in meinem Leben hat sich noch nichts ereignet.»

Vorsichtig fragte ich Sie: «Wie viele Bewerbungen haben Sie in den letzten beiden Monaten geschrieben? Und vor allem: Wie gestalten Sie Ihre Bewerbungen?»

Sie schaute mich überrascht an und erwiderte: «Keine, ich bete doch um die göttliche Führung.»

Ich antwortete: «Ihr Ziel ist Ihnen doch bekannt. Sie hätten schon längst eine größere Anzahl von Bewerbungen schreiben müssen. An diesem Schritt führt nichts vorbei. Nur wer sich selbst hilft, dem hilft auch Gott.»

Im Gespräch erläuterte ich der Dame Techniken, mit deren Hilfe sie mehr Tatkraft entwickelte.

Nun das zweite Beispiel.

Eine 51jährige Dame hatte ihren Lebenspartner durch Tod verloren. Sie wünschte sich einen neuen Lebensgefährten. Sie berichtete mir folgendes: «Jeden Abend setze ich mich auf einen Stuhl, schließe die Augen und stelle mir vor, wie ein charakterlich wertvoller Mann auf mich zukommt. Wir werden glücklich miteinander. Ich stelle mir all die schönen Dinge vor, die wir gemeinsam unternehmen. Meine Zukunft läuft als geistiger Film vor meinen Augen ab.»

«Was tun Sie noch, um Ihre Vorstellungen zu verwirklichen?» fragte ich sie.

«Solche Vorstellungen reichen doch aus», war ihre Antwort. «Ich brauche doch nur noch abzuwarten», meinte sie.

Ich erwiderte: «Sie haben zum Teil recht. Glaube und Vertrauen auf eine positive Zukunft sind wichtig. Wenn Sie aber fast nie aus dem Haus gehen und keine Menschen kennenlernen, geben Sie Ihrem Glück keine Chance. Natürlich wäre es falsch, auf jeden Mann, der Ihnen gefällt, energisch zuzugehen und zu sagen: ‹Heiraten Sie mich›. Menschliche Beziehungen entwickeln sich langsam. Sie werden aber wohl kaum einen geeigneten Partner finden, wenn Sie nicht unter Menschen gehen.»

Erkennen Sie den entscheidenden Fehler, den beide Damen machten? Natürlich ist es wichtig, sich vom Glauben an das Ziel durchdringen zu lassen und die im Buch beschriebenen Visualisierungsübungen durchzuführen. Es gilt aber auch, das Notwendige zum Erreichen des Ziels zu tun. Lenken Sie also Ihre Energien auf das Handeln. Erst dann werden Sie ein positiver Mensch.

2. Die verschiedenen Ebenen der Wirklichkeit

Das menschliche Leben bewegt sich auf verschiedenen Ebenen der Wirklichkeit. Es sind dies: Materie (I), Gefühle (II), Gedanken und Vorstellungen (III) und die Ebene der spirituellen Wirklichkeit (IV). Bild 24 soll Ihnen helfen, sich diesen Sachverhalt einzuprägen.

Beginnen wir mit der physischen Ebene, der Ebene der Materie. Mit Ihrem Körper haben Sie daran teil. «Der Körper ist kristallisiertes Bewußtsein», bringt schon der Buddhismus zum Ausdruck. Der Körper darf also nicht vernachlässigt werden. Das erfordert, sich gesund zu ernähren, Sport zu betreiben und den Körper zu pflegen.

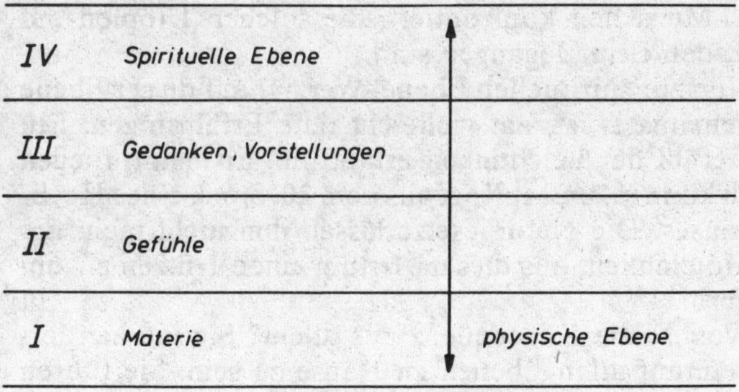

Bild 24
Die vier Ebenen der Wirklichkeit.

Es reicht aber nicht aus, nur auf der ersten Ebene zu leben und die anderen zu vernachlässigen.

Die zweite Ebene nehmen die Gefühle ein. Wer seine Gefühle entfaltet, weil er zu lange nur einseitig seinen Verstand betont hat, handelt richtig. Es passiert aber etwas Schreckliches, wenn jemand nur auf der Gefühlsebene lebt und seinen Verstand über Bord werfen will, den er eigentlich gar nicht besessen hat. Wer nur auf der Gefühlsebene lebt, kann keine Intuition entwickeln. Verstand und Intuition, Oberbewußtsein und Unterbewußtsein stehen in enger Wechselwirkung miteinander.

Wer sich nur auf der Ebene der Gedanken und Vorstellungen bewegt, ist — verzeihen Sie den Ausdruck — ein Träumer. Er versteht es nicht, seine Energien in das Tun fließen zu lassen.

Häufig gibt es dafür folgende Gründe:

1. Der Mensch scheut die notwendige Kleinarbeit.
2. Er will alles sofort.
3. Er erkennt nicht die Mittel und Maßnahmen, um sein Ziel zu erreichen.
4. Er wird das Opfer von Illusionen, die in der Literatur verbreitet werden. Nur zu oft werde ich mit Menschen konfrontiert, die solchen Utopien auf den Leim gegangen sind.

Nun zur spirituellen Ebene. Wer nur auf dieser Ebene beheimatet ist, hat vielleicht tiefe Erfahrungen. Ein Gefühl der Leichtigkeit erfaßt ihn. Er meint, fliegen zu können, und springt aus dem 20. Stock eines Hochhauses. Die Naturgesetze lassen ihm nicht mehr die Möglichkeit, aus diesem Irrtum einen Nutzen zu ziehen.

Was ist die Konsequenz aus allem? Sie müssen lernen, auf allen Ebenen zu Hause zu sein. Sie führen nur dann ein harmonisches Leben und entwickeln sich weiter, wenn Ihr Leben nach dem in Bild 25 dargestellten Kreislauf der Entfaltung abläuft. Also:

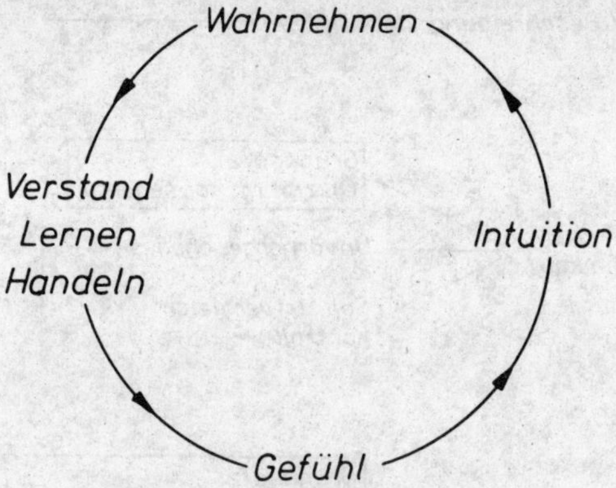

Bild 25
Kreislauf der Entfaltung.

Wahrnehmen — den Verstand entwickeln, lernen, handeln — Gefühlen Raum geben — die Intuition entfalten — wahrnehmen usw. So bringen Sie alle Bereiche des Lebens zur Entfaltung. Nur wenn SEINS-Erfahrungen in Ihrem TUN zum Ausdruck gelangen, verwirklichen Sie Ihre Individualität. So entwickeln Sie sich zu dem Menschen, auf den Sie angelegt sind.

3. Der Weg zum Ziel

Bild 26 zeigt Ihnen, wie Sie vorgehen müssen, um Ihr Ziel zu erreichen

1. Finden Sie Ihr Ziel. Schreiben Sie auf, was Sie mit Ihrem Ziel erreichen wollen. Notieren Sie die Mängel des Ist-Zustandes und die Vorteile des Ziels.
   Erfolgreiche Techniken zur Zielfindung habe ich in meinem Buch «Die geheime Kraft Ihrer Wünsche» beschrieben.

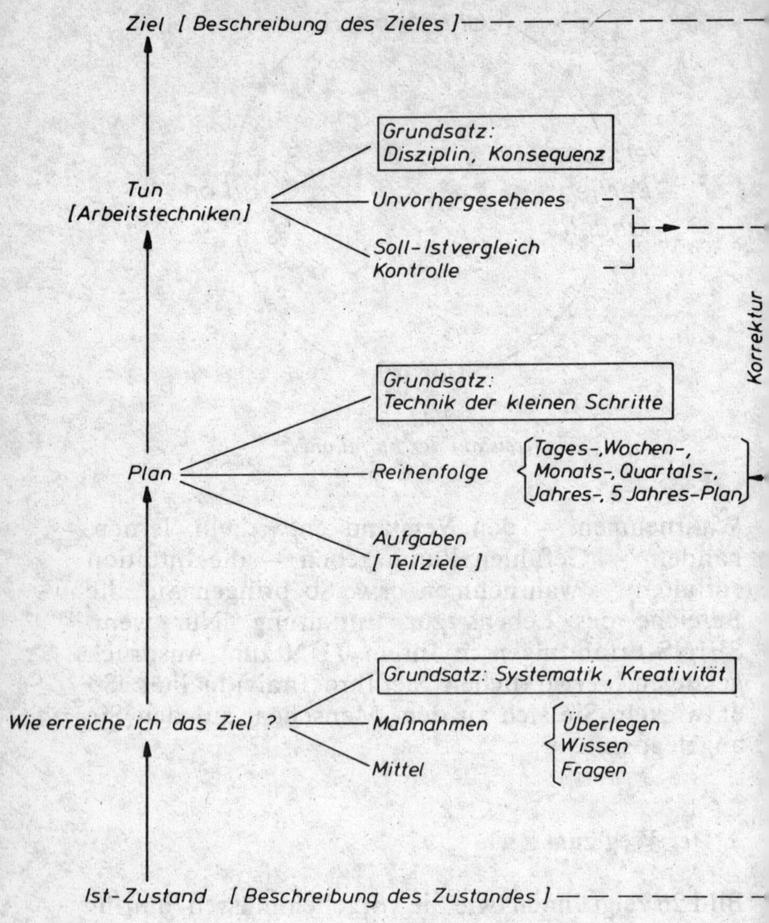

Bild 26
Der Weg zum Ziel.

2. Überlegen Sie sich: Wie erreiche ich mein Ziel? Dafür gilt es, die notwendigen Mittel und Maßnahmen zu erkennen. Das erfordert, sich selbst und Fachleuten Fragen zu stellen, sein Wissen zu erweitern und sich Wege zum Ziel zu überlegen.

Beim Erkennen der richtigen Mittel und Maßnahmen zum Erreichen des Ziels tun sich nach meinen Erfahrungen viele Menschen schwer. Das überrascht nicht. Denn es geht hierbei um Selbsterkenntnis, Arbeitsmethoden, Verstand, Gefühl und die Verhältnisse in der Berufswelt. Dazu gehören auch die richtige Einschätzung des Machbaren, nicht selten auch wirtschaftliche Belange und ein Bewerten verschiedenster Einflußgrößen für den Entscheidungsprozeß. So wundert es nicht, wenn ein Mensch von einer einseitigen Perspektive aus Wichtiges übersieht. Im persönlichen Gespräch habe ich hierbei vielen Menschen helfen können, das Richtige zu tun und so Zeit und finanziellen Aufwand zu sparen.

3. Zerlegen Sie Ihre Ziele in Teilziele. Machen Sie einen Tages-, Wochen-, Monats-, Quartals-, Jahres- und einen 5-Jahres-Plan. Gehen Sie hierbei nach dem Grundsatz der kleinen Schritte vor.
4. Setzen Sie das Vorgenommene in die Tat um. Vergleichen Sie jeden Abend Soll und Ist des Tagesplanes.
   Nur selten gibt es Unvorhergesehenes, das zu Korrekturen zwingt. Oft entstehen Probleme, weil es an Arbeitstechniken, Organisation und Disziplin fehlt.

4. Irrtümer zum Schmunzeln

Hier eine kurze Darstellung häufiger Irrtümer. Vielleicht bringt der eine oder andere Satz Sie zu humorvoller Selbsterkenntnis.

Das Beste ist, viel auf einmal zu machen.

Zuerst erledigt man das Eilige, zuletzt das Wichtige.

Das Eilige ist auch besonders dringlich.

Je mehr einer redet, desto mehr schafft er.

Lernen sollte jeder immer mehrere Stunden hintereinander. An jeder Arbeit dagegen immer nur eine Viertelstunde etwas tun.

Wenn ich selbst nicht weiß, was ich will, wissen es andere.

Sie brauchen nichts mehr zu lernen. Schließlich haben Sie schon eine Ausbildung.

Auf Pausen kann ich verzichten, wenn ich erfolgreich bin.

Das Unterbewußtsein erlaubt es mir, faul zu sein.

In vier Stunden erledigen Sie weniger als in sechzehn Viertelstunden.

Sie können Ihren Entwicklungsstand halten, ohne etwas dafür zu tun.

Fragen schadet dem Ansehen.

Ideen entstehen ohne Vorarbeit.

Sie brauchen Ihre Ideen nicht aufzuschreiben, da Sie sie ohnehin nicht vergessen.

Man hat sich die Entscheidung sorgfältig zu überlegen — nach dem Reinfall.

Sie entscheiden sich dann für die beste Lösung, wenn Sie die Lösungswege nicht unterscheiden können.

Auf Geistestraining läßt sich verzichten.

Wer den Mitmenschen liebt, zeigt Schwäche.

Ärger frißt mich auf. Daran kann ich nichts ändern.

Erkenne ich einen Fehler, habe ich Grund zum Jammern.

Fehler werden berichtigt, wenn Sie daran festhalten.

Wer sich nicht entscheiden kann, fühlt sich wohl.

Der kleine Schritt ist ohne Bedeutung.

Ein Problem wird größer, wenn Sie es aufschreiben.

Die Dummheit der anderen ist Ihr Untergang.

Charakter erübrigt Arbeitstechniken.

Widerspruch und Rechthaberei sind Zeichen von Intelligenz.

Sie müssen erst die Maßnahmen kennen und dann das Ziel finden.

Das Setzen von Terminen ist eine Angelegenheit der Schwachen.
Aufgaben werden belastender, wenn sie in Teilaufgaben zerlegt werden.
Sie schaffen um so mehr, je mehr auf dem Tisch liegt.
Sie müssen erst sprechen, bevor Sie wissen, was Sie denken.
Eine Ordnung ist dann gut, wenn Sie das finden, was Sie gar nicht suchen. Das erzieht zur Gedankenvielfalt.
Der morgige Tag ist wichtiger als der heutige.
Arbeitsprinzipien und Methoden sind das Korsett des Schwachen.
Jedes Problem hat zwei Seiten, die falsche und die meine.
Nochmals: Alle Aussagen sind falsch. Haben Sie bei dem einen oder anderen Satz eigene Fehler erkannt?

5. Die richtige Einstellung zum Geld

Vielleicht meinen Sie: «Was hat eigentlich das Problem Geld in einem solchen Buch zu suchen? Ich bin innerlich reich.»
Ich gebe Ihnen recht. Sie sind innerlich reich. Es gibt Menschen, die finanziell sehr reich sind. Sie haben aber nicht das Gefühl, es zu sein. Sie sorgen sich um Kapitalanlagen, Steuern und die Zukunft. Das Gefühl, innerlich reich zu sein, ist also eine Grundeinstellung, die nichts mit der Höhe der Finanzen zu tun hat. Jeder Mensch ist innerlich reich, ganz unabhängig davon, wie hoch sein Bankkonto ist.
Wie steht es aber um Ihre Einstellung zum Geld? Was meinen Sie? Ist Geld schlecht? Welche Einstellung haben Sie dazu?
Schreiben Sie bitte in wenigen Sätzen auf, wie Sie darüber denken und welche Gefühle Sie bewegen. Dann

überlegen Sie: Ist das Geld identisch mit Ihren Einstellungen und Vorstellungen darüber? Was ist Geld wirklich? Es ist nichts anderes als ein Tauschmittel. Das Geld ist ein Mittel, sich selbst und anderen ein angenehmes Leben zu verschaffen. Dennoch nehmen Menschen dazu die unterschiedlichsten Einstellungen und Gefühle ein.

Nehmen wir an, Sie verachten das Geld. Was ist die Folge? Mit dieser Einstellung brauchen Sie nicht zu erwarten, mehr davon zu erhalten. Schließlich lehnen Sie es innerlich ab. Mit einer solchen Haltung schließen Sie sich selbst vom Geldstrom aus.

Damit es keine Mißverständnisse gibt: Ich lehne es genauso ab, Religion und Geld miteinander zu verknüpfen. Einer Tatsache müssen Sie sich aber bewußt sein: Das Ablehnen von Geld ist eine einschränkende Lebenshaltung, sie beschränkt Ihr Leben.

Werden Sie sich also einer eventuellen ablehnenden Gefühlshaltung bewußt. Erst dann können Sie sich davon trennen.

Vielleicht lehnen Sie Geld nicht ab. Sie haben aber das Gefühl, es würde Ihnen in Zukunft immer daran mangeln. Auch das ist eine falsche Einstellung, die Ihr Leben einengt. Mit einer solchen Vorstellung des Mangels schaffen Sie auf Dauer auch eine äußere Situation, die Ihrem Denken und Empfinden entspricht.

Überprüfen Sie also Ihre Einstellungen und Vorstellungen zum Geld. Setzen Sie sich durch falsche innere Haltungen selbst keine Grenzen. Lösen Sie sich vom Armutsbewußtsein. Suchen Sie nicht immer nach neuen Rechtfertigungen der Armut. Entwickeln Sie eine neue Betrachtungsweise.

Stellen Sie sich vor: Geld kommt auf Sie zu. Reicht aber diese Vorstellung bereits aus?

Eine Sekretärin sagte einmal: «Ich hatte mir immer vorgestellt, wie ich Geld zähle. Diesen Rat hatte ich irgendwo gelesen. Meine Finanzen sind aber nicht besser geworden. Nun habe ich mich für ein Sparprogramm entschieden. Das führe ich konsequent durch.»

Bevor wir uns damit beschäftigen, wollen wir uns zunächst mit einem anderen Problem auseinandersetzen. Dies ist für nicht wenige Menschen aktuell. Das Problem ist: Wie löse ich mich von finanzieller Verschuldung?

6. So lösen Sie finanzielle Probleme

Der Fehler vieler Menschen besteht darin, alles Verdiente bald wieder auszugeben. Viele Menschen verschulden sich sogar. Daher beschäftigen finanzielle Sorgen neben Selbstbewußtseins- und Partnerschaftsproblemen die Menschen am meisten. Es wäre wirklichkeitsfremd, finanzielle Probleme in diesem Buch auszuklammern. Was ist also zu tun, wenn Sie in finanziellen Problemen stecken?

So lösen Sie finanzielle Probleme:

1. Stellen Sie sich vor, Sie sind innerlich ausgeglichen. Bemühen Sie sich mit den im Buch dargelegten Techniken darum. Angst lähmt und verhindert, kreativ nach Auswegen zu suchen. Reiben Sie sich also durch Ihre Schulden nicht innerlich auf.
2. Stellen Sie sich vor: Sie zahlen Ihre Schulden zurück.
3. Machen Sie Bilanz. Erstellen Sie eine Liste Ihrer Schulden, Ihrer unvermeidbaren Ausgaben und eine Übersicht über Ihre Einnahmen.
4. Setzen Sie sich Grenzen für Ihre Ausgaben, damit Sie Ihre Schulden zurückzahlen können. Es gilt, sich der eigenen Situation bewußt zu werden. Üben Sie Selbstdisziplin. Beschränken Sie Ihre Ausgaben auf das Unvermeidbare. Kaufen Sie

weniger. Es erfordert anfangs Überwindung, nicht jedem Kaufinteresse nachzugeben.

5. Denken Sie darüber nach, wie Sie zu mehr Geld kommen. Machen Sie sich Gedanken über mögliche Nebenverdienste. Es gilt, die Ausgaben zu verringern und die Einnahmen zu erhöhen.
6. Brauchen Sie mehrere Jahre, um Ihre Schulden zurückzuzahlen, dann verzagen Sie nicht. Denken Sie an all das Gute, das Sie haben. Mit einer positiven Einstellung werden Sie das Geld leichter zurückzahlen.

Ich versichere Ihnen, so wird jeder seine finanziellen Probleme lösen. Auch in dieser Hinsicht sind leider viele Illusionen im Umlauf. Es ist zwar einfach, seine finanziellen Probleme zum Beispiel allein mit einem Gebet lösen zu wollen, aber meistens nicht sehr wirksam. Auf welche Art vollziehen sich solche Wunder, die angepriesen werden? Da stirbt plötzlich eine reiche Tante oder ein reicher Onkel und hinterläßt eine große Erbschaft. Nun wollen Sie gewiß nicht Ihrer Verwandtschaft mit Ihrem Geldproblem das Leben verkürzen. Und wie steht es mit dem oft zitierten Lottogewinn?

Überlegen Sie bitte: Wie viele Menschen spielen Lotto, und wie viele Gewinner gibt es? Es existieren noch viele andere Märchen darüber, wie man auf bequeme Art zu Geld kommt. Es wäre aber Zeitverschwendung, dazu noch mehr zu sagen.

7. Der richtige Umgang mit dem Geld

Nehmen wir einmal an, Sie haben Ihre Schulden zurückgezahlt oder Sie haben gar keine. Wie können Sie dann Ihr Geld vermehren?

Natürlich ist es notwendig, sich von der Vorstellung des Mangels zu trennen. Es gilt aber ebenso, auf der

Ebene der äußeren Wirklichkeit aktiv zu werden. Was ist also zu tun?
Selbst wenn Ihnen der Rat auf Anhieb nicht gefällt: Sie müssen sparen. Trennen Sie sich also von einer eventuellen Grundhaltung, all das sofort wieder auszugeben, was Sie verdient haben.
Beginnen Sie zunächst damit, 10 Prozent Ihres Einkommens zu sparen. Ganz gleich, wieviel Sie verdienen, Sie können das Ziel erreichen. Jeder kann mit 90 Prozent seines Nettoeinkommens leben.
Schaffen Sie es zu Anfang nicht, 10 Prozent Ihres Monatseinkommens zu sparen, so verzagen Sie nicht. Sie haben schon sehr viel gewonnen, wenn Sie sich überhaupt bemühen zu sparen. Sie gewinnen eine ganz neue Einstellung zum Geld, wenn Sie sich bemühen, den Ausgabenstrom zu verringern und ihn in einem Rahmen zu halten.
Zugegeben, es kann ein halbes oder sogar ein Jahr dauern, bis Ihre Ersparnisse einen für Sie beachtlichen Betrag angenommen haben. Lassen Sie sich von Ihrem Verhalten auch nicht durch das Scheinargument abbringen, daß die Inflation gegen das Sparen spricht. Nur durch konsequentes Sparen lernen Sie, mit dem Geld richtig umzugehen. Machen Sie sich also einen Sparplan, und halten Sie ihn ein.
Lernen Sie es, geschickter mit dem Geld umzugehen, dann schaffen Sie es auch, zwanzig Prozent Ihres Nettoeinkommens zu sparen.
Wie geht es weiter?
Reservieren Sie sich die einen 10 Prozent für unerwartete Ausgaben. Nehmen Sie sich vor, an die anderen 10 Prozent nicht heranzugehen. Investieren Sie den Betrag, oder legen Sie ihn als Sparguthaben mit Verzinsung an.
Verfallen Sie nicht in den Fehler, sich das verdiente Geld von zweifelhaften Beratern wieder aus der Tasche ziehen zu lassen. Sie müssen sich schon die

Mühe machen, sich Kenntnisse des Gebiets anzueignen, auf dem Sie das Geld anlegen wollen. Der Aufwand dafür hat sich schon immer gelohnt. Naives Vertrauen ist nicht angebracht. Die Wirklichkeit beweist es immer wieder neu: Gutgläubigkeit schadet nur. Hier ein eigenes Erlebnis:

Ich besuchte mehrmals Sri Lanka, das frühere Ceylon. Die antiken Buddha-Statuen, die dort angeboten wurden, überzeugten mich nicht von ihrer Echtheit. Ein Schulkamerad brachte mir vor einigen Jahren eine kleinere Figur mit, die mir ein Universitätsangestellter brieflich als vier Jahrhunderte alt angepriesen hatte. Als ich die Figur erhielt, zweifelte ich sehr an der Aussage. Das Urteil des Fachmannes verschaffte mir dazu die Gewißheit. Als ich ihn mit meiner Frage aufsuchte, zitierte er schmunzelnd Schopenhauer:

«Das Geld, um das wir betrogen worden sind, hat uns etwas gebracht, was wir sonst nie bekommen hätten, nämlich Erfahrungen.»

Wie können Sie sich vor solchen unangenehmen Erfahrungen schützen, die Sie sonst sehr teuer bezahlen müssen?

Der von mir befragte Historiker sagte mir, wie er sich vor Reinfällen schützt. Er holt ganz einfach Erkundigungen ein, wie hoch der Wiederverkaufswert des Gegenstandes ist – doch niemals beim Verkäufer. Die Wiederverkäuflichkeit ist ein wichtiges Kriterium. Handeln Sie danach, schützen Sie sich vor Verlusten.

Seien Sie kritisch, wenn Sie Geld ausgeben. Manche Menschen holen noch nicht einmal vor Abschluß einer Versicherung mehrere Angebote zum Vergleich ein.

Ein leitender Angestellter sagte mir einmal: «Wenn ich die Fehler im Umgang mit meinem eigenen Geld in der Firma gemacht hätte, wäre ich schon längst entlassen worden.»

Ich will nicht behaupten, mit diesen Hinweisen alle Probleme des Umgangs mit Geld dargelegt zu haben. Beachten Sie in jedem Fall folgende Notwendigkeiten:

1. Investieren Sie Geld in Ihre Bildung.
2. Bauen Sie neue Vorstellungen vom Geld auf.
3. Werden Sie kreativ. Dann entdecken Sie neue Möglichkeiten, mehr Geld zu verdienen.
4. Lernen Sie, auf der äußeren Ebene geschickter mit Geld umzugehen.

Machen Sie Ihr Wertgefühl nicht vom Geld abhängig. Sehen Sie es als Mittel, Ihr Leben angenehmer zu gestalten.

8. Kreativ werden

Wissen ist Macht. Das ist ein sehr altes Sprichwort. Es stimmt aber nur zur Hälfte. Wissen hat für Sie nämlich nur dann einen Nutzen, wenn Sie es auch anwenden können. Selbständig denken zu lernen ist wichtiger, als den Geist zur Datenspeicherung zu verwenden. Leider wird dieser wichtigen Tatsache viel zu wenig Beachtung geschenkt. Verstärken Sie also Ihr selbständiges Denken. Prägen Sie sich die Bejahung ein:

Meine innere Einstellung und mein Denkvermögen sind wichtiger als reines Wissen.

Mit dieser Einstellung ist zwar noch nicht das Problem der Kreativität gelöst. Die Bejahung erinnert Sie aber immer daran, worauf es ankommt.

Wie steht es also um Ihre Kreativität? Das Denkvermögen läßt sich in zwei Kategorien einteilen: Das urteilende und das kreative Denken. Das urteilende Denken besteht im Analysieren, Vergleichen und Auswählen. Das kreative Denken dagegen beschäftigt sich mit dem Voraussehen und dem Hervorbringen neuer Ideen. Urteilskraft hilft der Phantasie und dem Vorstellungsvermögen, nichts Unrealistisches anzustreben. Phantasie und Vorstellungsvermögen bewirken dagegen den Durchbruch erfolgreicher Ideen. Leider verkümmern bei vielen Menschen mit wachsendem Alter Phantasie und Vorstellungsvermögen. Wenn ich leitende Angestellte trainiere, erfolgversprechende Ideen zu entwickeln, stelle ich neben anderen folgende drei Übungsaufgaben.

Aufgabe 1:
Ein Geschäftsmann schuldete einem reichen Geldverleiher eine große Summe Geldes. Der Kreditgeber war ein alter, häßlicher Mann. Der Schuldner hatte eine junge, hübsche Tochter. Da der Verschuldete das Geld nicht zurückzahlen konnte, schlug der Kreditgeber folgende Lösung vor: «Gib mir deine Tochter zur Frau: Dann sind dir deine Schulden erlassen.» Das Mädchen und der Vater waren bestürzt. Beide wiesen den Vorschlag ab. Doch der Geldverleiher blieb hartnäckig. Er drohte, den Schuldner ins Gefängnis werfen zu lassen, wenn er nicht zahle.
Dann schlug der Kredithai vor, das Glück entscheiden zu lassen. Er wollte einen schwarzen und einen weißen Kieselstein in einen leeren, kleinen Beutel tun. Dann sollte das Mädchen mit geschlossenen Augen in den Beutel greifen und einen Kieselstein herausziehen. Entnahm sie einen weißen Kieselstein, so hatte sie Glück. Dem Vater würden die Schulden erlassen, und sie brauchte den Verleiher nicht zu heiraten. Ergriff sie dagegen den schwarzen Kieselstein, mußte sie den Kredithai heiraten.
Die Tochter und der verschuldete Vater entschieden, sich auf das Glücksspiel einzulassen. Das Geschehen spielte sich im Park des reichen Geldverleihers auf einem Kiesweg ab.
Schnell hob der Kredithai zwei Kieselsteine auf und

tat sie in den Beutel. Das aufmerksame Mädchen erkannte, daß der Alte zwei schwarze Kieselsteine im Beutel verschwinden ließ. Dann sagte der Alte zu dem Mädchen: «Wenn du den weißen Stein ziehst, bist du frei, und deinem Vater sind die Schulden erlassen.»
Überlegen Sie: Wie konnte die junge Frau das Problem zu ihrem und dem Vorteil ihres Vaters lösen?

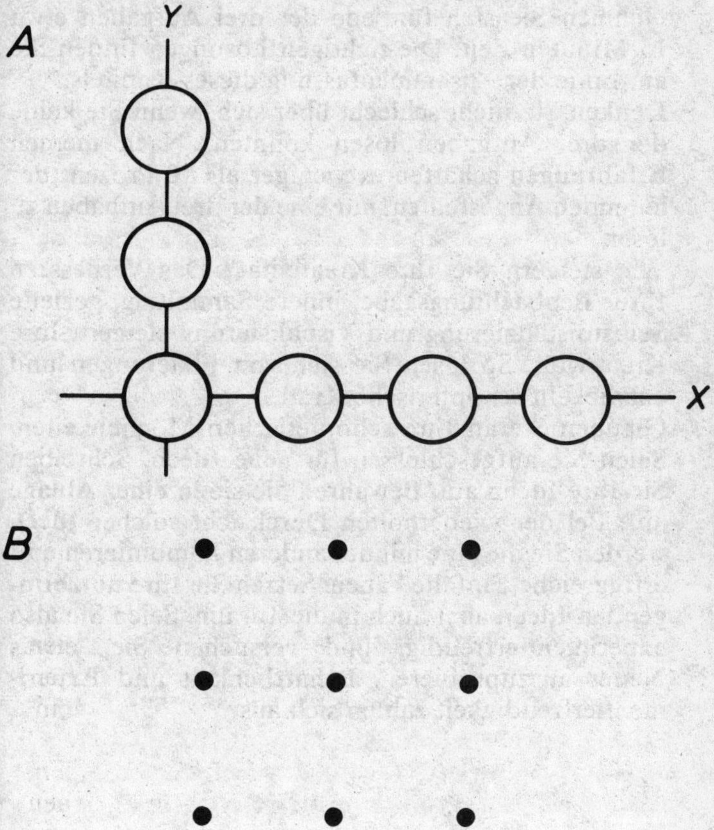

Bild 27 A und B
Testen Sie Ihre Kreativität.

Aufgabe 2:
Schauen Sie auf Bild 27 A. Sie sehen darauf sechs Geldstücke. Legen Sie ein Geldstück so um, daß auf jeder Achse vier Geldstücke liegen.

Aufgabe 3:
Schauen Sie auf Bild 27 B. Verbinden Sie die neun Punkte mit vier geraden Linien in einem Zug.
Nehmen Sie sich für jede der drei Aufgaben etwa 15 Minuten Zeit. Die richtigen Lösungen finden Sie am Ende der Zusammenfassung dieses Kapitels.
Denken Sie nicht schlecht über sich, wenn Sie keine der drei Aufgaben lösen konnten. Nach meinen Erfahrungen schaffen es weniger als 10 Prozent der leitenden Angestellten, nur eine der drei Aufgaben zu lösen.
Wie steigern Sie Ihre Kreativität? Das Verbessern Ihrer Beobachtungsgabe, innere Sammlung, gezielte Selbstdistanzierung und Visualisierung steigern Ihre Kreativität. So lösen Sie sich von Fixierungen und entwickeln schöpferische Kraft.
Glauben Sie an Ihre schöpferischen Möglichkeiten. Seien Sie aufgeschlossen für neue Ideen. Schreiben Sie Ihre Ideen auf. Bewahren Sie sie in einer Ablage auf. Bei der wiederholten Durchsicht solcher Ideen werden Sie die eine mit der anderen kombinieren und erfolgreiche Einfälle haben. Setzen Sie Ihre nutzbringenden Ideen aber auch in die Tat um. Seien Sie also experimentierfreudig, und versuchen Sie, etwas Neues auszuprobieren. Beharrlichkeit und Experimentierfreudigkeit zahlen sich aus.

9. Was können Sie verbessern?

Lenken Sie Ihre Energien auf Ihre Ziele. Bemühen Sie sich, sich zu verbessern. Wie könnten Sie das tun? So verbessern Sie sich:

1. Führen Sie Ihr Visualisierungs- und Bejahungsprogramm am Tage mehrmals konsequent durch.
2. Fragen Sie sich: Welche negative Angewohnheit kann ich ablehnen? Ist es vielleicht:
   Unruhe, Unausgeglichenheit?
   Mangelnde Zeitplanung, Inkonsequenz?
   Bequemlichkeit und Trägheit?
   Schlechtes Denken über sich selbst und andere?
   Übertriebener Sicherheitsdrang?
   Ungeduld und starke Stimmungsschwankungen?
   Langes Fernsehen und Unkonzentriertheit?
   Oder welche andere, Ihr Leben einschränkende Angewohnheit fällt Ihnen ein?
   Was es auch immer sein mag: Mit den im Buch angegebenen Techniken schaffen Sie es.
3. Verbessern Sie Ihre Beziehungen zur Umwelt.
   Geben Sie Ihren Mitmenschen ein Wertgefühl.
   Unternehmen Sie mit Ihrer Familie zwei- bis viermal im Monat etwas Besonderes.
   Nehmen Sie sich Zeit für die Familie.
   Überlegen Sie sich: Was kann ich noch tun, um meine Beziehungen zur Umwelt zu verbessern?
4. Investieren Sie in Ihre Bildung und Entfaltung.
   Investieren Sie, um Ihre Ziele zu erreichen.
   Solche Investitionen haben die höchste Rendite.
5. Überlegen Sie selbst: Was kann und will ich noch tun, um mich zu verbessern?

Zusammenfassung

1. Lenken Sie Ihre Energien auf das Tun.
2. Die vier Ebenen der Wirklichkeit sind: Die physische Ebene, Gefühle, Gedanken und Vorstellungen und die spirituelle Ebene.
3. Das «Rad» der Selbstentfaltung dreht sich, wenn folgendes stattfindet: Wahrnehmen — den Verstand entwickeln — lernen und handeln — Intuition — wahrnehmen usw.
4. Sie erkennen Ihre Ziele mit Hilfe der Techniken, die ich in meinem Buch «Die geheime Kraft Ihrer Wünsche» beschrieben habe.
5. Streben Sie Ihre Ziele mit dem in Bild 26 dargestellten Verfahren an. Entwickeln Sie Systematik und Kreativität. Gehen Sie mit der Technik der kleinen Schritte vor.
6. Erkennen Sie durch wiederholtes Lesen von Abschnitt 4 einige Ihrer Irrtümer, und trennen Sie sich davon.
7. Ihre Einstellung zum Geld bestimmt über den Geldstrom in Ihrem Leben.
8. Lösen Sie Ihre finanziellen Probleme durch ein Sparprogramm. Werden Sie kreativ, und steigern Sie Ihre Geldeinnahmen.
9. Werden Sie im Umgang mit Geld kritischer. Bewerten Sie Alternativen. Entscheiden Sie sich erst dann. Ohne Aneignen eines Grundwissens schaffen Sie es nicht.
10. Visualisierung, Meditation und die Steigerung Ihrer Beobachtungsgabe erhöhen Ihre Kreativität. Setzen Sie nutzbringende Ideen in die Tat um.
11. Seien Sie experimentierfreudig, und probieren Sie Neues aus.
12. Verbessern Sie sich. Entwickeln Sie Ihr eigenes Verbesserungsprogramm.

Lösungen der Denkaufgaben

Aufgabe 1
Der kreative Denker beschäftigt sich nicht mit dem Stein, der herausgenommen wird, sondern mit dem, der im Beutel verbleibt.
Hier ist die Lösung und das Ende der Geschichte. Das Mädchen griff in den Beutel. Geschwind holte sie einen Stein hervor, und ohne ihn anzusehen, ließ sie ihn sofort fallen, so daß er unter den anderen Kieselsteinen des Weges nicht wiederzufinden war. «Was bin ich ungeschickt», bedauerte sie. «Schauen wir doch einfach in den Beutel. Dann erkennen wir, welchen Stein ich genommen hatte.»
Langsam holte sie den im Beutel verbliebenen Stein hervor und zeigte ihn dem Kredithai. Es war der schwarze Stein. «Ich zog also den weißen Stein», triumphierte sie. Der listige Alte gab sich geschlagen, denn er konnte seine Unehrlichkeit nicht eingestehen.

Aufgabe 2
Legen Sie die Münze, die sich rechts außen auf der waagrechten Achse befindet, auf die Münze, die auf dem Kreuzpunkt beider Achsen liegt, siehe Bild 28 A.

Aufgabe 3
Wenn Sie die Aufgabe nicht lösen konnten: Sie haben wahrscheinlich angenommen, daß keine Linien über das bildliche Quadrat der 9 Punkte hinausgehen dürfe. Sie wurden zum Opfer Ihrer begrenzenden Einstellung.
Bild 28 B zeigt Ihnen die Lösung. Der Linienzug verbindet die Punkte 1, 2, 3, 4, 5

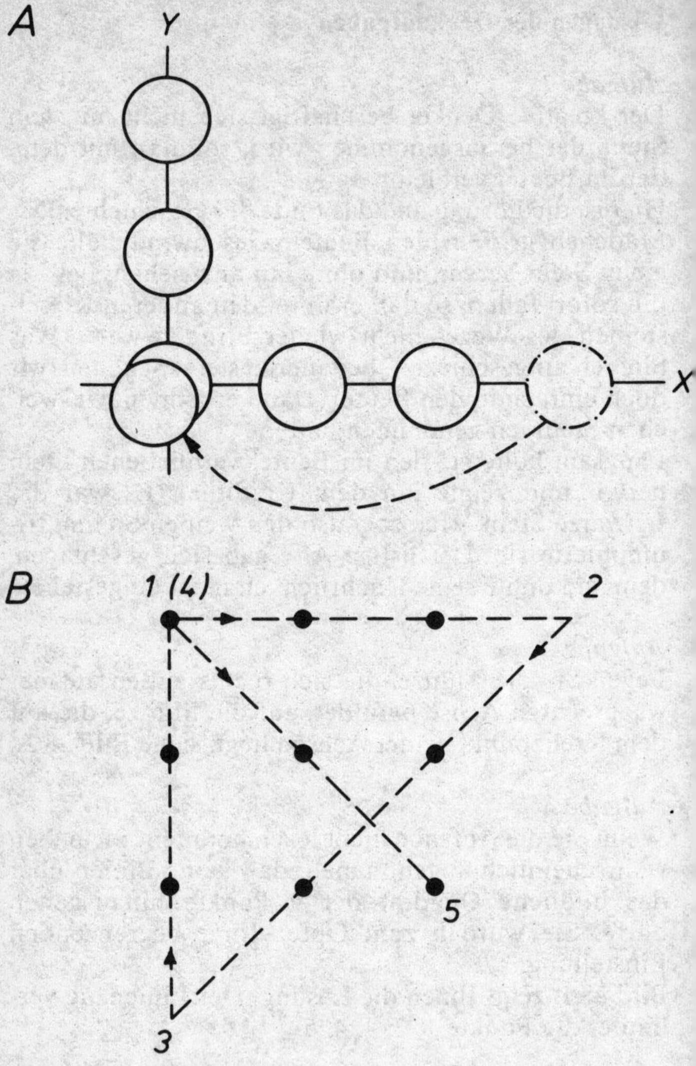

Bild 28
Lösung der Aufgaben 2 und 3.

Kapitel 11

Zwischenmenschliche Beziehungen verbessern

1. Sie bestimmen die Beziehungen zu den Mitmenschen

Ihre Beziehungen zu anderen sind der Ausdruck Ihres Wesens. Sind Sie verständnis- und liebevoll, so schaffen Sie auch harmonische Beziehungen. Sind Sie dagegen verdrießlich, mürrisch und ärgerlich, dann sind Ihre Beziehungen zu Mitmenschen schwierig und voller Reibungen.

Negative Speicherungen in Ihrem Unterbewußtsein bestimmen also Ihren Umgang mit anderen. Wer zum Beispiel nicht zum Ärger oder zur Wut neigt, läßt sich auch von den Mitmenschen nicht hochbringen. Machen Sie sich also bewußt, daß Ihnen nicht der Mitmensch Schaden zufügt.

Da die Quelle des Ärgers und anderer Verdrießlichkeit in Ihnen ist, sind Sie es selbst, der sich das Unangenehme zufügt. Daher weist der Buddhismus schon seit Jahrtausenden darauf hin, daß in unseren unangenehmen zwischenmenschlichen Beziehungen andere unsere Lehrmeister sind. Sie bringen uns nämlich dazu zu erkennen, welche negativen Inhalte noch im Unterbewußtsein sind. So erkennen wir, was wir an uns zu ändern haben, um nicht das Opfer von negativen Speicherungen und Zwängen zu werden.

Denken Sie also über Ihre Beziehungen zu Mitmenschen nach. So gelangen Sie zu größerer Selbsterkenntnis, denn in Ihren Kontakten zur Umwelt spiegeln Sie sich selbst.

Wie beurteilen Sie Ihre Beziehungen zur Umwelt? Zu welchen Erkenntnissen gelangen Sie? Vergessen Sie nicht: Der Schlüssel zu neuen Beziehungen zur Umwelt liegt in Ihnen. Sie haben die Freiheit, die Beziehungen zu entwickeln, die Sie wollen. Überlegen Sie: Welche Beziehungen wollen Sie schaffen?

Bisher haben Sie die Beziehungen geschaffen, die Ihrem Wesen entsprechen. In diesen Beziehungen spiegelt sich das, was Sie bisher gedacht und gefühlt

haben. Wie können Sie nun bessere Beziehungen zu den Mitmenschen schaffen?
Glauben Sie daran, bessere Kontakte aufbauen zu können. Stellen Sie sich vor, wie Sie in Unterhaltungen innerlich ruhig und ausgeglichen sind. Schließen Sie die Visualisierung mit der Bejahung ab: Dieses oder etwas Besseres ereignet sich. Ihr ganz spezielles Visualisierungsprogramm (Symbol und Bejahung) hilft Ihnen, sich von den negativen Speicherungen um den Kern zu befreien. So werden Sie frei, die Beziehungen aufzubauen, die Sie wollen. Das Dargelegte gilt für alle menschlichen Beziehungen, also für das Partner-, Eltern-, Kind-, Mitarbeiter-, Freundes-, Chef/Angestellten- und jedes andere Verhältnis.
Schaffen Sie also zunächst das auf der inneren Ebene, was Sie wünschen. Sind Ihr Herz und Ihr Verstand davon durchdrungen, kann es auch bald auf der äußeren Ebene Wirklichkeit werden. Sie brauchen sich dazu nur noch der richtigen Kommunikationstechnik zu bedienen.

2. Fehler, die Sie vermeiden müssen

Was erfordert richtige Kommunikation? Es gilt, seine Gedanken frei und offen mit den Mitmenschen auszutauschen. Der freie Austausch mit anderen wird aber oft eingeschränkt. Negative Kommunikation gibt es häufig dann, wenn es sich um unangenehme Mitteilungen handelt.
Welche Reaktionen sind in einem solchen Fall möglich? Nach S. Luthmann gibt es dabei vier Möglichkeiten:

1. Die Verteidigung
   Sie suchen nach Gründen, um die Verantwortung von sich abzuwenden.

2. Die Leugnung
   Sie wollen nicht wahrhaben, was der andere zum Ausdruck bringt, und daher leugnen Sie es.
3. Selbst-Vorwürfe
   Sie erkennen, daß der andere recht hat. Sie machen sich Vorwürfe und bauen negative Vorstellungen von sich auf.
4. Sie hören sich alles geduldig an.
   Sie schaffen es, wenn Sie sich vornehmen, das Gesagte genau zu prüfen. Hat der andere recht, dann überlegen Sie, wie Sie es oder sich verbessern können. Vermögen Sie den Äußerungen des anderen nichts abzugewinnen, dann beschäftigen Sie sich nicht mehr damit. Hüten Sie sich aber davor, den Mitmenschen in diesem Falle zu verurteilen oder ihm Vorwürfe zu machen.

Versuchen Sie sich an Ihre letzten Verhaltensweisen im Umgang mit Mitmenschen zu erinnern. Nach welchen der vier Reaktionen haben Sie gehandelt? Nur mit der Reaktionsweise 4 gelangen Sie zu der richtigen Kommunikation. Sie brauchen dazu nur zu lernen, besser zuzuhören und aufzuhören, sich zu verteidigen, zu leugnen oder sich selbst Vorwürfe zu machen.

3. Der Schlüssel zum Herzen des Mitmenschen

Beobachten Sie die Umwelt. Von welcher Einstellung sind die meisten Menschen durchdrungen? Mit Mimik, Gestik und Worten signalisieren Sie ihren Mitmenschen: «Du bist nichts und unwichtig. Ich dagegen bin viel bedeutender als du.» Natürlich sind Sie bedeutend. Zeigen Sie aber auch dem Mitmenschen, daß er wichtig ist. Geben Sie jedem Menschen das Gefühl, sich bedeutend zu fühlen. Sie werden

erstaunt sein, wie so Ihre zwischenmenschlichen Beziehungen harmonischer werden. Was ist die Folge?
Ihre Kollegen werden besser mit Ihnen zusammenarbeiten. Ihr Chef wird Sie mehr schätzen, und auch Ihre Familie wird sich wohler fühlen.
Als ich einmal bei einem Seminar diese Empfehlung gab, protestierte eine Sekretärin: «Es wirkt negativ, wenn ich meinem Chef Anerkennung gebe.» Da platzte der Geschäftsführer einer großen Unternehmung heraus: «Das sehen Sie aber völlig falsch. Weshalb soll eigentlich nur ich meinen Mitarbeitern das Gefühl geben, wichtig zu sein? Ich freue mich ebenso über eine Anerkennung.» Auf diese Äußerung erwiderte die Dame nichts mehr.
Geben Sie also jedem Menschen das Gefühl, bedeutend zu sein. Zeigen Sie eine solche Einstellung nicht nur Menschen gegenüber, von denen Sie sich Vorteile versprechen. Fühlen Sie sich selbst bedeutend, und geben Sie auch anderen das Gefühl, es zu sein.
Wie können Sie dem Mitmenschen mit Worten zum Ausdruck bringen, daß er bedeutend ist? Gratulieren Sie ihm zum Beispiel zu seinen Erfolgen. Loben Sie seine Arbeit oder etwas, was Ihnen beim anderen auffällt. Selbst wenn Sie kleine Dinge lobend ins Gespräch bringen, fühlt sich der Mitmensch bedeutend. Geben Sie dem Mitmenschen das Gefühl, bedeutend zu sein, so fühlen Sie sich selbst noch wohler. Probieren Sie es aus. Sie werden es bestätigt finden.
Hier noch einige weitere Verhaltensweisen, die Ihnen helfen, harmonischere Beziehungen zu schaffen:

1. Entwickeln Sie Gelassenheit. Lassen Sie sich nicht von anderen Menschen aus dem Gleichgewicht bringen.
2. Zeigen Sie dem Mitmenschen Mitgefühl, wenn er betrübt ist.

3. Bleiben Sie für andere Menschen interessant. So haben sie das Gefühl, aus dem Umgang mit Ihnen zu gewinnen.
4. Denken Sie nicht nur an sich, sondern auch an die Interessen des anderen.
5. Hüten Sie sich vor Besserwisserei.
6. Zeigen Sie eine positive Ausstrahlung.
7. Mögen Sie Ihre Mitmenschen.

Vergessen Sie nicht: Sie müssen erst selbst ihre innere Harmonie finden, damit Ihre Beziehungen zu anderen harmonischer werden.

4. Lachen Sie über die Unzulänglichkeiten in Partnerschaftsbeziehungen

Aus vielen Gesprächen weiß ich, wie unharmonische Partnerschaftsbeziehungen den Menschen belasten. Humor und Lachen sind eine ganz besondere Möglichkeit, zu einer befreienden Sicht der Fehler in der Partnerschaft zu gelangen. Lachen und Humor bringen Sie auf eine höhere Bewußtseinsebene.
Folgende Witze spielen auf einige Fehlverhalten an:

Zwei Männer sitzen in einer Bar und betrinken sich. Der Mixer fragt mitfühlend: «Was ist mit Ihnen los?» «Meine Frau hat mich verlassen», jammert der eine. «Meine ist zurückgekommen», schluchzt der andere.

Es schluchzt die Ehefrau: «Mir sind die Eiswürfel ins kochende Wasser gefallen, und jetzt kann ich sie nicht mehr finden.»

Es sagt der Ehemann: «Du mußt mir unbedingt neue Unterhosen kaufen. In den alten kann ich mich nicht mehr sehen lassen.»

«Wir führen eine prächtige Ehe», erzählt Kluge seinem Freund. «Wir lachen bei jedem Streit.»
«Wie kann man über Streit noch lachen?» wundert sich der Freund.
«Streiten wir, wirft meine Frau etwas nach mir. Trifft sie nicht, dann lache ich.»

«Jetzt beginnt der Urlaub», sagt der Abteilungsleiter. «Wohin wollen Sie fahren?»
«Meine Frau möchte in die Berge, ich an die See.»
«Ach», sagt der Abteilungsleiter, «und wohin werden Sie fahren?»
Da mustert der Angestellte den Chef mißtrauisch und sagt: «Sie sind wohl nicht verheiratet?»

Es schreibt die Ehefrau: «Mein lieber Karl, viele Grüße aus dem Urlaub. Der Wind pfeift, das Meer tobt, und ich muß immer an Dich denken.»

Zwei Männer treffen sich.
«Was machst du am Sonntag?»
«Ich lasse Drachen steigen, und du?»
«Eigentlich könnte ich auch wieder einmal mit meiner Frau eine Bergwanderung machen.»

Der Ehemann sagt: «Ständig kaufst du Sachen, die wir nicht brauchen, für Geld, das wir nicht haben, um Leute zu beeindrucken, die wir nicht kennen.»

Es sagt der Ehemann zu seiner Frau: «Du siehst mir in der letzten Zeit so glücklich und zufrieden aus. Ich komme schon noch dahinter, an wem das liegt.»

5. Eine neue Dimension der Liebe

In einem Gespräch sagte mir eine Frau: «Meine Kindheit war sehr schön. Mit großen Hoffnungen auf eine harmonische Ehe heiratete ich meinen Mann. Doch meine Vorstellungen haben sich nicht erfüllt.»
Ich erwiderte ihr: «Leider machen viele Menschen den Fehler, all ihre Erfahrungen auf den Partner zu projizieren. Sie hoffen, daß der andere all ihre Bedürfnisse befriedigen wird. So bauen viele Menschen ein Idealbild des Partners auf, das durch die Wirklichkeit sehr bald zerstört wird. Enttäuschung über den Partner ist die Folge.»
«Seit einiger Zeit nehme ich an Seminarien teil und bilde mich weiter», ergänzte die Frau und meinte: «Ich habe aber den Eindruck, mich so noch weiter von meinem Mann zu entfernen. Ich kann mich mit ihm über verschiedene Themen überhaupt nicht unterhalten. Selbstentfaltung führt zu innerem Alleinsein. Hätte ich doch damit nur nicht angefangen.»
Ich erwiderte: «Wirkliche Geborgenheit können Sie nur in sich selbst und nicht durch einen anderen erfahren.
Selbstentfaltung darf nicht nur an der Oberfläche des Wesens stattfinden. Sie muß auch die tiefen Bereiche Ihres Wesens einbeziehen. Wie würde es sich auf Ihre Beziehungen zum Partner auswirken, wenn Sie bis zum inneren Zentrum vordringen? Kommt Ihre Liebe aus der Tiefe Ihres Wesens, schaffen Sie eine Beziehung, in der Sie sich vom anderen weder abhängig machen noch ihn zu manipulieren versuchen. Mit einer solchen Haltung stoßen Sie zu ganz neuen Dimensionen vor. Sie sind nicht darauf aus, die eigenen Bedürfnisse zu befriedigen. Sie schauen auch nicht mehr vom einseitigen Blickwinkel des persönlichen Interesses auf den anderen. So ist Liebe aus dem Kern allumfassend und öffnend. Sie stoßen zu neuen

Bewußtseinsebenen vor. Diese innere Haltung kann sich auch auf Tiere, Pflanzen oder Ideale beziehen. Eine solche Liebe macht das eigene Glücksgefühl nicht vom Verhalten des anderen abhängig. Mit dieser Form der Liebe wirken Sie nicht nur auf den Partner, sondern auch auf sich selbst. Liebe hat die Kraft, Fixierungen zu überwinden.»

Die Frau wandte ein: «Ist aber diese Art der Liebe, die ich innere Liebe nennen will, nicht einseitig? Und weshalb soll ich auf die äußere Liebe verzichten?»

Ich antwortete: «Die innere und die äußere Liebe sind verschiedene Formen der Liebe. Natürlich sollen Sie in der Partnerschaft nicht Ihre berechtigten Interessen unterdrücken. Ich versuche nur, Ihren Blickwinkel auf eine Form der Liebe zu lenken, die Sie bisher offenbar nicht beachtet haben.»

«Wie erreiche ich diese Form der Liebe?» fragte mich die Dame.

«Selbstentfaltung, besondere Meditation führen Sie dahin», erwiderte ich.

«Was kann ich noch dafür tun?» wollte sie wissen.

Ich riet ihr: «Denken Sie an Situationen zurück, als Sie mit Ihrem Mann glücklich waren. Stellen Sie sich Einzelheiten genau vor. In solchen Erlebnissen hatten Sie das Gefühl für Raum und Zeit verloren. Versuchen Sie, solche Erfahrungen wieder neu zu beleben.»

«Ich werde es versuchen», erwiderte die Frau. «Werden mir Ihre Ratschläge auch helfen, meinen Mann zu bessern?» wollte sie wissen.

Ich entgegnete: «Zunächst müssen Sie sich ändern. Leider machen viele Menschen den Fehler, den Partner abzulehnen, wenn er ihnen nicht sofort das gibt, was sie erwarten. Doch so verbessern sie die Beziehung nicht. Die Sehnsucht, Wohltaten zu erhalten, sollte nicht das einzige Element der Liebe sein. Nun weiß ich aber auch aus Erfahrung, daß sich Trennungen zwischen Partnern nicht immer vermeiden lassen. Sie sind manchmal sogar notwendig. Wer bei einem Partner nur deshalb bleibt, weil er Angst hat, keinen anderen zu finden, kommt aus dem inneren Konflikt nie heraus. Was gilt es also zu tun? Ändern Sie Ihre Einstellung zum Partner, oder trennen Sie sich von ihm.»

6. Konflikte lösen

Harmonische Beziehungen werden Sie nur dann schaffen, wenn Sie lernen, mit einem Konflikt richtig umzugehen. Es gilt nicht nur, die inneren Voraussetzungen dafür zu entwickeln. Sie müssen auch auf der äußeren Ebene nach der richtigen Kommunikationstechnik verfahren. Folgendes Verfahren hilft Ihnen, bessere Beziehungen zum Mitmenschen zu schaffen:

1. Hören Sie dem Partner zu. Lassen Sie ihn seine Gefühle und Ansichten zum Ausdruck bringen. Unterbrechen Sie ihn nicht. Fällen Sie keine voreiligen Urteile. Verfallen Sie nicht in den Fehler, sich sofort zu rechtfertigen oder Sachverhalte zu leugnen. Hören Sie ganz einfach zu.
2. Drücken Sie nun dem Partner gegenüber Ihre Ansichten und Gefühle aus. Versucht er Sie zu unterbrechen, dann bitten Sie ihn, zuzuhören. Wenn Sie fertig sind, so kann er über das sprechen, was ihn bewegt. Weisen Sie den Partner darauf hin, daß auch Sie ihm zugehört haben.
3. Fragen Sie den anderen, was er von Ihnen erwartet. Ermuntern Sie ihn, darüber zu sprechen. Nehmen Sie sich die notwendige Zeit, zuzuhören. Machen Sie sich Gedanken über die Wünsche des anderen. Sehr viel Ärger, Enttäuschung und Mißverständnisse entstehen deshalb, weil sich Men-

schen nicht die Mühe machen, über die gegenseitigen Erwartungen zu sprechen.

4. Sagen Sie nun dem Partner, was Sie von ihm wollen. Äußern Sie offene Wünsche.
5. Streben Sie einen Kompromiß an. Lassen Sie sich vom anderen nicht überfahren, manipulieren Sie aber auch nicht den Partner. Wenn klare Absprachen fehlen, entwickeln sich auch keine harmonischen Beziehungen.
6. Sollte es keine Möglichkeit des Kompromisses geben, dann entscheiden Sie sich dafür, die Beziehung zu lösen. Es ist oft besser, eine enttäuschende Beziehung zu beenden, als sich dadurch aufzureiben. Suchen Sie in einem solchen Fall nach einem Partner, mit dem Sie Ihre Erwartungen verwirklichen können. Dieses Verfahren läßt sich für alle Arten menschlicher Beziehungen anwenden.

7. Die Einstellung zu Kindern

In seinem Buch «Der Prophet» läßt Khalil Gibran einen weisen Mann die richtige Einstellung zu Kindern zum Ausdruck bringen:
«Eure Kinder sind nicht eure Kinder.
Es sind die Söhne und Töchter von des Lebens Verlangen nach sich selber.
Sie kommen durch euch, doch nicht von euch;
und sind sie auch bei euch, so gehören sie euch doch nicht.
Ihr dürft ihnen eure Liebe geben, doch nicht eure Gedanken. Denn sie haben ihre eigenen Gedanken.
Ihr dürft ihren Leib behausen, doch nicht ihre Seele. Denn ihre Seele wohnt im Haus von morgen, das ihr nicht zu betreten vermögt, selbst nicht in euren Träumen.»
Sehen Sie also Ihr Kind als ein Wesen an, das auf ein

ganz bestimmtes Ziel hin angelegt ist. Ihr Kind wird dann glücklich, wenn es sich in diese Richtung entwickelt. Helfen Sie ihm, die eigenen Anlagen zu erkennen. Hemmen Sie nicht die Entfaltung Ihres Kindes. Unterstützen Sie es darin, seinen eigenen Weg zu gehen.

Zusammenfassung

1. Ihre Beziehungen zu den Mitmenschen sind der Ausdruck Ihres Wesens.
2. Da die Quelle Ihrer Verdrießlichkeit und Ihres Ärgers in Ihnen ist, sind Sie es selbst, der sich Schaden zufügt.
3. An Ihrem Verhalten Mitmenschen gegenüber erkennen Sie sich selbst.
4. Stellen Sie sich vor, daß Ihre Beziehungen zu den Mitmenschen gut sind. Wenden Sie die Technik der Visualisierung an.
5. Richtige Kommunikation erfordert, seine Gedanken frei und offen mit anderen auszutauschen.
6. Falsche Kommunikationsweisen sind: voreilige Verteidigung, Leugnung und Selbstvorwürfe.
7. Bemühen Sie sich, dem Gesprächspartner geduldig zuzuhören.
8. Geben Sie Mitmenschen das Gefühl, wichtig und bedeutend zu sein.
   Schenken Sie anderen herzliche Anerkennung und Lob.
9. Sie harmonisieren Ihre Beziehungen zu Mitmenschen, wenn Sie nicht nur an Ihre eigenen, sondern auch an die Interessen des anderen denken und Besserwisserei unterlassen.
10. Gelassenheit und Mitgefühl verbessern zwischenmenschliche Beziehungen.
11. Humor und Lachen bringen Sie auf höhere Bewußtseinsebenen.
12. Lachen Sie über Ihre eigenen Fehler und die der Mitmenschen.
13. Liebe aus dem Kern ist allumfassend und öffnend.
14. Wenn Sie einen Menschen aus der Tiefe Ihres Wesens lieben, werden Sie ihn weder zu manipulieren versuchen noch von ihm abhängig sein.

15. Meditation verstärkt Ihre Fähigkeit zur Liebe aus dem Kern.
16. Fehlende Absprachen verhindern oft harmonische Beziehungen.
17. Verhindern Sie Konflikte dadurch, daß Sie mit den Partnern Ihre gegenseitigen Erwartungen austauschen. Streben Sie einen Kompromiß an.
18. Oft ist es besser, eine enttäuschende Beziehung zu beenden, als sich dadurch aufzureiben.
19. Helfen Sie Ihren Kindern, das zu werden, worauf sie angelegt sind.

Kapitel 12

Die verwandelnde Kraft des Traumes

1. Im Klartraum vermögen Sie negative Bilder zu verwandeln

Im Traum verarbeiten Sie unangenehme und erfreuliche Lebenserfahrungen. Jeder ist im Traum mehr mit seiner seelischen Reinigung beschäftigt, als er es vermutet.

Unter den Träumen ist der Klartraum einer der faszinierendsten Erlebnisse überhaupt. Während der gewöhnliche Traum im Zustand der Bewußtseinstrübung abläuft, erleben Sie im Klartraum die Ereignisse mit einer Klarheit des Bewußtseins. Sie erkennen den Traum als einen Klartraum, wenn Sie während des Träumens feststellen, daß ein Ereignis in ihm in deutlichem Widerspruch mit der Wirklichkeit steht.

So beschreibt zum Beispiel Prof. Dr. Paul Tholey einen solchen Traum: «Ich werde von einem Tiger verfolgt; ich empfinde Angst. Plötzlich kommt es mir merkwürdig vor, daß es in der hiesigen Gegend Tiger geben soll. Nach einer kurzen Phase des Zweifels kommt mir der Gedanke, daß ich mich im Traum befinden müsse, worauf ich meine Flucht erleichtert fortsetze. Einige Augenblicke später fällt mir ein, daß ich überhaupt nicht fliehen muß, da mir ein Traumtiger ja überhaupt nichts anhaben kann. Jetzt überlege ich, was ich tun soll. Einerseits habe ich Interesse daran, einen angenehmen Flug zu starten, andererseits interessiere ich mich für den Tiger. Ich entscheide mich dafür, den Tiger anzusprechen. Also lasse ich ihn an mich herankommen und frage: «Wer bist du?» Der Tiger ist zunächst völlig verdutzt und verwandelt sich dann in die Gestalt meines verstorbenen Vaters. Als ich ihn frage, was er wolle, macht er mir mit drohender Gebärde Vorwürfe der verschiedensten Art. Ich weise zwar einige Vorwürfe als übertrieben zurück, halte andere aber für berechtigt und entschließe mich, mein Verhalten im Wachleben ent-

sprechend zu ändern. Im gleichen Augenblick wird mein Vater freundlich, und wir reichen uns die Hand zur Aussöhnung. Ich fühle mich wie erlöst und wache danach auf.»
Tholey erwähnt in dem Zusammenhang, daß ihm der Vater nach dem Tod häufig im Traum erschienen war und er sich mit ihm kämpferisch auseinandersetzte. Nach dem geschilderten Traum jedoch erschien er ihm nur noch als friedliche und oft auch als helfende Traumfigur.
Nach Tholey liegt ein Klartraum immer dann vor, wenn vier Aspekte der Klarheit gegeben sind:

1. Klarheit über den Bewußtseinszustand. Der Mensch weiß, daß er träumt.
2. Klarheit über die eigene Entscheidungsfreiheit. Dem Träumer wird bewußt, daß er sich der Traumfigur stellen kann.
3. Klarheit des Bewußtseinszustandes. Der Träumer erlebt das Traumgeschehen nicht im Zustand der Bewußtseinstrübung.
4. Klarheit über das Wachleben. Der Träumer kennt sein Ziel und weiß, was er im Traum erreichen will.

Der Klartraum ist eine Möglichkeit, das Unbewußte zu erfahren. Erst dann können die verschiedenen Teile der Persönlichkeit in eine Gesamtpersönlichkeit integriert werden.
So beschreibt Tholey einen Klartraum, in dem er einen Berg besteigt. Auf dem Gipfel will er einen Mönch treffen, der ihm eine für ihn wichtige Auskunft geben soll. Als er die Bergspitze erreicht, hat er ein Erlebnis, das ihm verdeutlicht: Der Mönch oder Guru ist in seinem eigenen Innern. Das Traumerlebnis führte ihn zu der Erkenntnis, daß jeder Mensch den Guru in sich selbst suchen müsse. Tholey zog daraus die Konsequenz, in Zukunft für andere nicht mehr den Guru zu spielen.

2. So führen Sie im Klartraum Regie

Um den Klartraum für sich zu nutzen, ist es notwendig, sich mit den Traumgestalten auseinanderzusetzen. Nicht alle, aber viele von ihnen sind die Personifizierung Ihrer verschiedenen Persönlichkeitsanteile. Wenn es Ihnen gelingt, sich mit einer Traumgestalt zu einigen, so bewirken Sie die Wiedereinordnung («die Reintegration») verdrängter Persönlichkeitsanteile (Bedürfnisse, Zielsetzungen) in die Gesamtpersönlichkeit.

Für den Umgang mit den Traumgestalten empfiehlt Tholey folgendes Vorgehen:

1. Konfrontation
   Schauen Sie sich die Traumgestalten an. Fragen Sie: «Wer bist du? Wer bin ich? Was möchtest du? Können wir uns einigen?»
2. Das Streitgespräch
   Kann keine Einigung erfolgen, so weisen Sie die Anschuldigungen zurück.
3. Die Auseinandersetzung
   Geht die Traumgestalt zum Kampf über, fliehen Sie nicht. Setzen Sie sich mit dem Gegner kämpferisch auseinander, bis er geschwächt ist oder vom Kampf abläßt.
4. Die Einigung
   Versuchen Sie, sich mit dem Gegner zu einigen oder auszusöhnen.
5. Die Annahme von Hilfe
   Ist eine Einigung erfolgt, so fragen Sie die Traumgestalt, ob sie Ihnen helfen will und kann.

Hier ein Beispiel für den Umgang mit einer Traumgestalt. Der Traum stammt von einer Seminarteilnehmerin, die das Klarträumen trainiert hatte:

«Ich bin in einem Garten. Das Gartentor wird geöffnet. Ein großer Mann kommt auf mich zu. Ich fürchte mich und will davonlaufen. Ich erinnere mich daran, daß ich mich mit ihm unterhalten soll. Also bleibe ich stehen. Ich frage: ‹Wer bist du?› Da verwandelt sich der Mann in einen Löwen. Er brüllt mich an. Ich möchte davonlaufen, bleibe aber stehen. Ich frage: ‹Wer bist du?› Es erfolgt keine Antwort. Der Löwe verwandelt sich in eine Möwe. Ich locke sie zu mir. ‹Was willst du?› frage ich. Die Möwe beantwortet die Frage nicht. Statt dessen erzählt sie, wie schön das Fliegen ist. Sie berichtet von dem langen Training, das sie dafür durchgeführt hatte. Ich wiederhole meine Frage: ‹Was willst du?› — ‹Ich bin die Möwe Jonathan›, antwortet sie. Da fällt mir das Buch ‹Die Möwe Jonathan› ein, das ich vor Jahren gelesen habe. Es wird mir bewußt, daß mich die Möwe an meine Selbstentfaltung erinnern will. Nun kommt sie näher. Ich streichle sie. Ich frage sie, ob sie mir helfen kann. ‹Male›, spricht sie zu mir. Da erkenne ich: Ich habe mein persönliches Ziel gefunden, nach dem ich schon einige Zeit suche.»

3. So erlernen Sie den Klartraum

Als wirksamste Technik zum Auslösen von Klarträumen führt Tholey die Reflexionstechnik an. Viele meiner Seminarteilnehmer vermochten damit Klarträume auszulösen.

So lösen Sie Klarträume aus:

1. Stellen Sie sich mehrmals am Tage — etwa 5- bis 10mal — die Frage: Wache oder träume ich? Natürlich wissen Sie, daß Sie im Wachzustand sind. Nehmen Sie sich dennoch jedesmal die Zeit, etwa eine Minute, um zu überprüfen, ob Sie im Wachzustand sind oder träumen. Entdecken Sie während der Beobachtung etwas Besonderes? Nach mehreren Wochen wird die kritische Frage

nach dem Bewußtseinszustand auch in Ihren Träumen auftauchen.

2. Stellen Sie sich die kritische Frage auch häufig vor dem Einschlafen.
3. Bringen Sie vor dem Einschlafen die Vorstellung ins Unterbewußtsein, daß Sie einen Klartraum erleben werden.

   Sie können dazu folgenden Text verwenden:

   Ich erlebe heute nacht einen Klartraum. Mir wird im Traum bewußt: Ich träume. Ich erlebe einen Klartraum. Ich stelle mich den Traumfiguren. Ich frage: Wer bist du? Ich erlebe einen Klartraum. Ich erinnere mich an den Klartraum.

   Eine vorangegangene kurze Meditation erhöht die Wirksamkeit des Textes.

   Vielleicht drängt sich Ihnen die Frage auf: Ist das Arbeiten mit den Träumen gefährlich? Die Traumforscherin Ann Faraday meint dazu: «Meine Antwort darauf lautet, daß Träumen ebenso gefährlich ist wie das Leben — nicht mehr und nicht weniger.» Ann Faraday stützt ihre Aussagen auf Erfahrungen, die Tausende von Menschen gemacht haben. Ich kann die Feststellung nur unterstreichen.

Und wie steht es mit den Klarträumen? Tholey sammelte Erfahrungen mit mehreren hundert Personen verschiedenen Alters, Geschlechts und Berufs. In keinem Falle traten seelische Störungen auf. Das Klarträumen führte auch nicht zu einer Flucht vor der Wirklichkeit. Das pure Gegenteil trat ein. Wer Klarträume auslöst, vermag auch sein Leben besser zu meistern.

Natürlich werden Sie in den Klarträumen nicht immer Angenehmes erleben. Sie helfen Ihnen, Schwierigkeiten zu erkennen, anstatt sie einfach zu ignorieren. So meistern Sie Ihr Leben.

4. Ein Mann lernt einen Großtraum zu verstehen

Ein 45jähriger Abteilungsleiter fühlte sich überhaupt nicht mehr wohl. Im Gespräch meinte er zu mir: «Es scheint so, als ob ich bereits jetzt seelisch und geistig abbaue. Ich versuche, mich mit aller Kraft im Geschäftsleben einzusetzen. Dennoch bleibt die erhoffte Befriedigung aus. Auch meine Träume sind sehr seltsam geworden. Wiederholt träumte ich von einer herrlichen Sonne und einem schönen Land. Mehrmals begegnete ich einem kleinen Kind. Neulich kam das Kind sogar auf mich zugelaufen und umarmte mich. Ich fühlte mich dabei sehr glücklich. Wenn ich mir aber über meinen Traum im Wachzustand Gedanken mache, meine ich, das Kind zeige mir ganz deutlich, daß ich mich zurückentwickle. Was soll ich tun? Habe ich überhaupt eine Chance, meine Leistungsfähigkeit zu erhalten? Oder muß ich mich einfach mit meiner Abwärtsentwicklung abfinden?»
Ich sagte dem verzweifelten Mann: «Sie deuten Ihr Befinden und Ihre Träume vollkommen falsch. Sie haben mehrere seltene Großträume erlebt. Das Selbst wirkt auf Sie ein, um Sie in neue und höhere Bereiche Ihrer seelisch-geistigen Entwicklung zu führen. Das kommt auch in den von Ihnen erwähnten Kindträumen zum Ausdruck. Solche Träume stellen sich immer dann ein, wenn sehr positive Änderungen bevorstehen. Die meisten Menschen wissen aber leider mit ihren Großträumen überhaupt nichts anzufangen und deuten sie negativ.
In Großträumen erleben Sie vielleicht das überwältigende Licht einer Sonne oder Landschaften von ungeahnter Schönheit. Sie sehen einen strahlenden Edelstein, oder Sie haben das Erlebnis einer nicht mit Worten zu beschreibenden, sehr beglückenden geistigen Atmosphäre. Großträume können dem Menschen Angst machen, da die Grenzen des engen, nor-

malen Bewußtseins durchbrochen werden und das Unendliche in die Erfahrung des Menschen hineinbricht. Solche Großträume haben Menschen oft im Alter von etwa 35—48 Jahren. Das Selbst will den Menschen zu dem führen, was von zentraler Wichtigkeit für ihn ist.»

Der Mann entgegnete: «Ich fühle mich nun sehr erleichtert. Es ist ein glückliches Gefühl zu wissen, daß noch viel Neues und Schönes vor mir liegt.»

Ich bestätigte: «Das ist die richtige Einstellung. Die Faszination des Lebens besteht darin, in immer weitere Bereiche seiner Persönlichkeit zu wachsen und neue Erfahrungen zu machen. Denken Sie zum Beispiel an Chagall. Mit über neunzig Jahren war er schöpferisch tätig. Nicht nur der Künstler, jeder Mensch kann sein Leben faszinierend gestalten. Jeder sollte diese Möglichkeit nutzen. Was aber tun die meisten Menschen? Sie engen ihr Erlebnisfeld selbst ein und meinen obendrein, daß das ihr Schicksal sei. Daher ist es notwendig, sich von solchen lebenseinengenden Vorstellungen zu trennen. Es gilt, die eigenen unerschöpflichen Möglichkeiten dankbar zu nutzen.»

Ich unterhielt mich mit dem Mann noch längere Zeit. Zunächst meinte er, keine konkreten Möglichkeiten für sich selbst zu entdecken. Das änderte sich aber im Verlauf der Unterhaltung. Als wir uns verabschiedeten, waren ihm einige Sachen bewußt geworden, die er in Zukunft verwirklichen wollte.

Seine letzten Worte waren: «Sie haben mir wirklich sehr geholfen. Lebensfreude erfaßt mich. Ich bin dankbar für das Schöne und Gute, das in mir ist.»

5. Ein Autor entwickelt neue Ideen im Traum

Bereits in meinem Buch «Die geheime Kraft Ihrer Wünsche» habe ich Hinweise gegeben, wie jeder die kreative Kraft seines Unterbewußtseins im Traum nutzen kann. Eine überraschende Entdeckung stand mir aber noch bevor. Nachdem ich einige Wochen die Symbolvisualisierung QUELLE durchgeführt hatte, veränderten sich meine Träume. Ich stellte fest: Ich entwickelte mehr schöpferische Ideen im Traum. Manchmal wurde ich sogar wach, wenn ich im Traum Ideen hatte. Oft ist es aber auch so, daß mir die schöpferischen Ideen einfallen, wenn ich noch im Bett liege oder dabei bin, aufzustehen. Nicht nur ich, sondern auch andere Menschen haben durch Symbolvisualisierung die Kreativität im Traum erhöht. Visualisierung hilft Ihnen also nicht nur, positive Gefühle zu entwickeln und Ihre Energien zu lenken.
Das Visualisieren des Energieflusses beim Symbol QUELLE bringt auch Ihre schöpferischen Energien noch besser zum Fließen. Arbeiten Sie daher auch mit der Quelle als Visualisierungssymbol. Es hilft Ihnen dabei, die innere Kraft noch mehr zu nutzen.

6. Eine Frau hat außersinnliche Wahrnehmungen

Visualisierung kann auch Ihre Fähigkeit zu außersinnlichen Wahrnehmungen verstärken.
Neulich schrieb mir eine Frau: «Bis jetzt hatte ich keine außersinnlichen Wahrnehmungen im Traum. Seit zwei Monaten führe ich mehrmals am Tage Symbolvisualisierungen durch. Da dies insgesamt nur etwa 15 Minuten braucht, fällt es mir nicht schwer, die Zeit dafür aufzubringen. Vor einigen Monaten hatte ich eine Reise nach Nordamerika geplant. Einige Tage vor dem Abflug träumte ich davon. Ich

sah im Traum Gebäude und Plätze. Ich erkannte deutlich die Gesichter der Menschen, mit denen ich mich unterhielt. Einige Gespräche sind mir gut in Erinnerung geblieben. Ich schenkte meinem Traum keine weitere Beachtung. Als ich in Nordamerika weilte, hatte ich mehrere schöne Erlebnisse. Zu meiner Überraschung traf ich auf einige Menschen, von denen ich geträumt hatte. Einige Gespräche und Bekanntschaften entwickelten sich so, wie ich es geträumt hatte. Im Traum erlebte ich einen Teil der Zukunft.»
Nicht nur die Frau, auch Sie haben Zugang zu einer höheren Wirklichkeit, wenn Sie zum Sein in Ihnen vordringen. Im Sein haben Sie Anteil an höherdimensionalen Realitäten. Bereits seit Jahrtausenden ist im Buddhismus bekannt, daß der Mensch in der vierten Vertiefung sogar magische Fähigkeiten entwickelt. Meditation und Visualisierung verbinden Sie mit den Ebenen der Wirklichkeit, die außerhalb der materiellen Realität liegen. Solche Erfahrungen sind sehr tiefgreifend. Sie vermögen Ihr Traumbewußtsein zu verändern. Außergewöhnliche Wahrnehmungen werden möglich.

7. Der Traum hilft, das kosmische Unbewußte in Ihnen zu erkennen

Jeder Mensch hat ein tiefes Bedürfnis, herauszufinden, wer er eigentlich ist. Erst dann vermag er seine eigene Persönlichkeit zur Entfaltung zu bringen.
Wie steht es um Sie? Kennen Sie sich? Wohin gehen Ihre innersten Neigungen? Auf welches Ziel hin sind Sie angelegt? Sind Sie sich Ihres eigenen Wesens bewußt?
Gewiß gibt es auf die Fragen keine schnellen Antworten. Sie kommen aber nicht daran vorbei, sich den

Fragen zu stellen. Denn nur wer sich entsprechend seiner primären Natur entfaltet, wird glücklich. Viele Menschen sind neurotisch geworden, weil sie ihre eigenen Anlagen unterdrückten und an sich vorbeileben. Solche Menschen haben sich durch Umwelteinflüsse von ihren eigentlichen Neigungen und Anlagen abbringen lassen. Doch das Leben nach ihrer «zweiten Natur» hat sie unglücklich gemacht. Seit vielen Jahren beschäftige ich mich mit Methoden der Menschenkenntnis und der Selbsterkenntnis. Seit einigen Jahren bediene ich mich hierbei ergänzend der Astrologie. Sie hilft mir, das im Menschen Angelegte, aber noch nicht Verwirklichte zu erkennen. Zur Astrologie einige ergänzende Ausführungen in Kapitel 13, Abschnitt 1—5. Moderne Psychologie und Astrologie ist eine ideale Kombination, Menschen zu helfen, ihre wahre Natur zu erkennen. Nur wer sich selbst erkennt, kann das in ihm Angelegte verwirklichen und glücklich werden.

Manchmal ergeben sich Widersprüche zwischen dem Bild, das ein Mensch von sich hat, und den Aussagen der Astrologie zu seinem Wesen. Nur zu oft hat die Astrologie recht. Der Mensch hat sich zu stark der Umwelt angepaßt und seine eigene Natur unterdrückt. Doch das in ihm Angelegte ist noch nicht endgültig abgewürgt. Beschäftigt sich der Mensch mit seinem Geburtshoroskop, bringt er scheinbar längst vergessene Einzelheiten aus seinem Leben ins Gespräch, die die Aussagen des Geburtshoroskops bestätigen. Häufig werden auch Traumaktivitäten angeregt, die noch mehr Material über das Wesen des Menschen ans Licht bringen. Die Träume beschränken sich aber nicht nur auf solche Bestätigungen. Der Durchbruch zur primären Natur des Menschen löst ganz elementare Traummotive aus. Solche sind zum Beispiel das Überschreiten einer Brücke und das Erklimmen eines Berggipfels, von dem eine weitere Aussicht möglich ist. Manche Menschen träumen von einem Baum, einer Quelle oder einer herrlichen Blüte. Solche Symbole sind Gleichnisse für die innere Entwicklung eines Menschen, der dabei ist, zu seiner wahren Natur vorzustoßen.

Zusammenfassung

1. Der Klartraum hilft Ihnen, verborgene Teile Ihrer Persönlichkeit zu erkennen.
2. Stellen Sie sich den Traumgestalten. Fragen Sie die Traumfigur: Wer bist du?
3. Gehen Sie im Umgang mit den Traumgestalten wie folgt vor: Konfrontation, Streitgespräch, Auseinandersetzung. Versuchen Sie sich mit der Traumgestalt zu einigen. Nehmen Sie Hilfe von ihr an.
4. Sie erlernen das Klarträumen, wenn Sie sich 5- bis 10mal pro Tag die Frage stellen: Wache oder träume ich? Nach einigen Wochen taucht die kritische Frage auch im Traum auf.
5. Sie fördern Klarträume, wenn Sie vor dem Einschlafen die Vorstellung aufbauen: Ich werde einen Klartraum erleben.
6. Großträume zeigen Ihnen: Ihr Selbst will Sie in neue Bereiche Ihrer Persönlichkeit führen.
7. Die Symbolvisualisierung QUELLE bewirkt, daß Ihre Träume kreativer werden.
8. Im Traum sind Sie zu außersinnlichen Wahrnehmungen fähig. Sie vermögen Zukünftiges zu erleben.
9. Symbolvisualisierung und Meditation beeinflussen die Qualität Ihrer Träume.
10. Die Astrologie hilft Ihnen, das in Ihnen Angelegte, aber noch nicht Verwirklichte zu erkennen.
11. Menschenkenntnis und Astrologie sind eine ideale Kombination, das im Menschen individuell Angelegte zu erkennen.
12. Die Beschäftigung mit Ihrem Geburtshoroskop regt Ihre Traumtätigkeit an.
    Die Traumaktivitäten bringen oft Dinge zum Vorschein, die die Aussagen der Astrologie unterstreichen.

13. Wer dabei ist, zu seiner wahren Natur vorzustoßen, erlebt oft elementare Traumsymbole. Solche können zum Beispiel sein: Der Übergang über eine Brücke, die Aussicht von einem Berg, eine Sonne, eine Quelle oder eine herrliche Blüte.
14. Elementare Traumsymbole sind Gleichnisse für die innere Entwicklung des Menschen.

Kapitel 13

Hilfe aus dem Kern

1. Astrologie hilft, den kosmischen Plan in Ihrem Leben zu erkennen

Die Astrologie geht davon aus, daß im großen wie im kleinen ein geistiges Prinzip wirkt. Mit rein kausalem Denken ist die Astrologie nicht zu beweisen. Das wäre zum Beispiel dann möglich, wenn die Planeten bestimmte Strahlen aussenden, die auf den Menschen erkennbare Wirkungen ausüben. Das ist aber nicht der Fall.

Der geniale Schweizer Psychologe C. G. Jung sah daher zunächst alle Aussagen der Astrologie als Projektionen seelischer Inhalte des Menschen an. Das lag nahe. Denn die Menschen, die vor Jahrtausenden die Sterne betrachteten, könnten durchaus Teile ihres Wesens auf die Planeten projiziert haben.

Später korrigierte C. G. Jung jedoch seine Ansicht. Seine eigenen Beobachtungen drängten ihn dazu, in der Astrologie einen tieferen Wirklichkeitsbezug zu erkennen. Er sprach von Synchronizität (Gleichzeitigkeit) zwischen seelischer Gegebenheit und kosmischer Konstellation.

Da die Astrologie ein aus vielen Einzelerfahrungen erarbeitetes System tiefenpsychologisch entwickelt hat, ist sie zwar keine Kausalwissenschaft, aber dennoch eine Wissenschaft. So ist die Astrologie eine Lehre von den Urprinzipien und nicht von den Sternen.

Richtig betriebene Astrologie wird weder von der katholischen noch von der evangelischen Kirche abgelehnt. Ganz im Gegenteil.

So erhielt zum Beispiel Pater Gerhard Voss von seinem Abt die Genehmigung zur Veröffentlichung seines Buches «Astrologie christlich».

In diesem Buch schreibt G. Voss: «Wenn es darauf ankommt, sich selbst zu begreifen, ist es eine Hilfe zu sehen, was anlagenmäßig zur eigenen Persönlichkeitsstruktur gehört — das spiegelt sich im Horoskop wider — und was auf geschichtlich bedingte Prägung durch die Umwelt zurückgeht und was eventuell aufzuarbeiten ist.»

Diese Feststellung schränkt die Freiheit des Menschen keineswegs ein. In der gesamten Schöpfung gibt es nichts, in dem alle Schönheit der Welt vereinigt ist. Die Schönheit des Unfaßbaren zeigt sich in der Vielfalt. Auch beim Menschen ist es so. Jeder Mensch ist auf etwas Bestimmtes angelegt. Niemand kann alles verwirklichen. Erkennen auch Sie dies, vermag Ihnen Ihr innerer Helfer immer besser zu Hilfe zu kommen. Daher ist es so wichtig zu erkennen, worauf Sie angelegt sind.

Wir stehen im Wassermannzeitalter. Alte intuitive Erkenntnislehren werden wieder lebendig. Da sich dem Menschen neue Bewußtseinsebenen erschließen, wird er für alte Wahrheiten empfänglich und vermag mit ihnen in der richtigen Weise umzugehen. Lassen Sie sich von Ihrem Geburtshoroskop helfen, die Pforten der Wahrnehmung zu öffnen, um das zu erkennen, was in Ihnen angelegt und noch nicht verwirklicht ist.

2. Ihr Geburtshoroskop ist wie Sie einzigartig

Nehmen wir an, Sie seien am 11. Januar geboren. Dann stand die Sonne im Zeichen des Steinbocks. Ein Bekannter von Ihnen ist vielleicht am 4. Februar geboren. Zu dieser Zeit stand die Sonne im Zeichen des Wassermanns.

Insgesamt gibt es zwölf Tierkreiszeichen: Widder, Stier, Zwillinge, Krebs, Löwe, Jungfrau, Waage, Skorpion, Schütze, Steinbock, Wassermann, Fische. Der äußere Kreis im gezeichneten Horoskop ist in zwölf Abschnitte gegliedert. Sie entsprechen den zwölf ver-

schiedenen Tierkreiszeichen. Jedes Zeichen kann im jeweiligen Abschnitt in einem Winkel zwischen 0° und 30° stehen.
Der Aszendent ist ebenfalls wichtig. Er ist das Zeichen, das zum Zeitpunkt Ihrer Geburt am östlichen Horizont aufstieg. Für Ihr Geburtshoroskop spielen auch noch die Planeten eine Rolle. Diese sind: Mond, Merkur, Venus, Mars, Jupiter, Saturn, Uranus, Neptun und Pluto.
Die Planeten symbolisieren bestimmte psychische Wirkungsprinzipien, auf die hier nicht eingegangen werden kann. Die Himmelskörper sind also nur Verkörperungen der Prinzipien. Jeder der Planeten stand bei Ihrer Geburt unter einem ganz bestimmten Winkel in einem der zwölf Tierkreiszeichen. Die zwölf Häuser teilen die Fläche in zwölf Felder ein. Sie stellen ganz bestimmte Bereiche des menschlichen Lebens dar. Bei Ihrer Geburt stand jeder Planet nicht nur in einem Tierkreiszeichen, sondern auch in einem ganz bestimmten Haus.
Die Planeten bilden untereinander verschiedene Winkel, die als Aspekte oder Entfernungen bezeichnet werden. Es gibt harmonische Aspekte, bei denen die Energien harmonisch fließen. Es existieren aber auch solche Aspekte, die Herausforderungen, Schwierigkeiten und Entwicklungsmöglichkeiten darstellen. Es ist eine Herausforderung des Schicksals an Sie zu lernen, mit Ihren Kräften in der richtigen Weise umzugehen. Das, was Sie wirklich kennen, werden Sie auch bald lieben lernen. Haß ist immer Unwissen über das Objekt. Wenn Sie sich erkannt haben, vermögen Sie mit Ihren inneren Kräften in der richtigen Weise umzugehen. Erst dann vermögen Sie sich zu verändern. So hilft Ihnen das Erkennen der Oppositionen unter den Aspekten, den notwendigen Ausgleich zwischen gegensätzlichen Kräften vorzunehmen.
Die Elemente Ihres Geburtshoroskops sind also der

Tierkreis, die Planeten mit ihren Aspekten und die Felder des Horoskops. Ihr Geburtshoroskop enthält diese Elemente in einer ganz individuellen Mischung. Es gibt keine Methode der Menschenkenntnis, die an die Erfassung Ihrer Persönlichkeit so differenziert, vielschichtig und umfangreich herangeht wie die Astrologie mit dem Geburtshoroskop.
Wenn das Geburtshoroskop gezeichnet wird, ergibt sich ein Bild des näheren Kosmos zum Zeitpunkt Ihrer Geburt. Das Bild hat den Charakter eines Mandalas. In Ihnen selbst spiegelt sich der Kosmos. Jeder Teil ist ein Bild des Ganzen. Ihr Horoskop ist ein Teilbild des Universums, Sie selbst sind ein Bild davon.
Leider lassen sich viele Menschen von ihrer Umwelt daran hindern, das in ihnen Angelegte zu verwirklichen. Lassen Sie sich die Möglichkeit dazu nicht von anderen nehmen. Es liegt an Ihnen.
Während eines Seminars ließ ich einmal ein ausgewertetes Geburtshoroskop von mir herumgehen. Es hatte einen Umfang von etwa zehn Seiten. Zu jeder Anlage war abgekürzt die Gestirnskonstellation ausgewiesen, aufgrund derer die Anlage ermittelt wurde. Da das Geburtshoroskop für die Seminarteilnehmer nur zu allgemeinen informativen Zwecken gedacht war, stand auf dem Horoskop nicht mein eigener, sondern ein konstruierter Name. In der Seminarpause kamen mehrere Teilnehmer, die mich bereits kannten. Sie äußerten, daß ich doch diese Person sein müsse, da einfach zu viele Eigenschaften davon auf mich zuträfen. Ich bestätigte ihnen, daß sie tatsächlich recht hätten. 25 oder 30 Jahre lang hatte wohl niemand die Anlagen vermutet. Auch ich war mir darüber nicht im klaren gewesen. Wie war es aber möglich, daß sich diese Anlagen entfalten konnten? Ich habe in meinem Leben immer konsequent das getan, was ich für richtig hielt. Das erfordert, die innere Kraft gestaltend nach außen zu lenken. Schwärmeri-

sches positives Denken und nur positive Gefühle allein reichen dazu nicht aus. Wille, Konsequenz, organisiertes Arbeiten, Durchhaltevermögen und die Technik der kleinen Schritte sind unbedingt notwendig.
Natürlich ließen sich auch auf meinem Lebensweg Irrtümer nicht immer vermeiden. Ich habe aber aus ihnen gelernt. So haben mich nicht nur die Erfahrungen mit vielen Menschen, sondern auch die Erkenntnisse auf meinem Lebensweg gelehrt: Jeder Mensch wird erst dann glücklich, wenn er sich in die Richtung entwickelt, auf die er angelegt ist.
Ziehen Sie daher auch Ihr Geburtshoroskop zu Rate. Wie Sie es erhalten, ist auf Seite 295 angegeben. Es wird Ihnen dabei helfen, Ihren eigenen Lebensweg zu finden. Sie haben ein ganz eigenes Geburtshoroskop; Sie haben Ihren individuellen Weg vor sich. Entwickeln Sie sich auf Ihre ganz besondere Art. Sie sind individueller Ausdruck des Unendlichen und Göttlichen. Verwirklichen Sie das in Ihnen Angelegte.

3. Identifizieren Sie sich mit Ihrem Sonnensymbol

Sie haben nach der Astrologie einen dreifachen Aspekt:
1. Sie gehören mit Ihren Tätigkeiten und Zielen der irdischen Wirklichkeit an.
2. Sie unterliegen einem zeitlich vergänglichen Aspekt.
3. Sie haben Teil an einem überzeitlichen Aspekt. Er wird durch das Tierkreiszeichen zum Ausdruck gebracht, in dem die Sonne zum Zeitpunkt Ihrer Geburt stand.

Die Tierkreiszeichen stellen zwölf verschiedene Arten dar, in der Welt zu sein. Es sind zwölf Wesensbilder oder vollkommene Seinszustände. Sie stellen bestimmte Neigungen und Erlebnisbereitschaften dar. Sie können auch als Ebenen höheren Bewußtseins oder als Zustände höheren Seins bezeichnet werden. Bild 29 zeigt Ihnen, welche Symbole zu den einzelnen Tierkreiszeichen gehören.

Hier eine kurze Übersicht zu den verschiedenen Seinszuständen.

Widder: Das Symbol ist der Kopf des Schafbocks. Der Widder ist das Zeichen der ausbrechenden Energie.

Stier: Das Symbol ist der Kopf des Stiers. Der Stier ist das Zeichen der Kraft und der erdverbundenen Energie.

Bild 29
Die 12 Tierkreiszeichen und ihre Symbole.

Zwilling: Das Symbol ist die römische Ziffer Zwei (II). Es ist ein Zeichen, die Dualitäten des Lebens zu erkennen, zu begreifen und mitzuteilen.

Krebs: Das Symbol sind die Zangen des Krebses, es ist auch ein Symbol für die Brüste. Es ist ein Zeichen des weiblichen Prinzips.

Löwe: Das Symbol stellt einen Löwenkopf dar, sein Haupt und die Mähne. Es ist ein Symbol für starke Energien.

Jungfrau: Das Symbol ist Materie, das M. Der Bogen führt zur Materie zurück. Mit Energien wird sparsam umgegangen. Das Zeichen ist ein Symbol für Helfen und Vollendung.

Waage: Das Symbol sind zwei Waagschalen als Ausdruck des Gleichgewichts. Das Zeichen nutzt Energien, um Gleichgewichte zu schaffen.

Skorpion: Das Symbol ist die Materie, das M. Der Ausläufer des Bogens des M zeigt als Pfeil nach oben. Es bringt schöpferische Kraft und Mystik zum Ausdruck. Das Zeichen lenkt seine Energien zum Durchschauen anderer und zur Verwirklichung großer Visionen.

Schütze: Das Symbol ist der Pfeil. Das Zeichen richtet seine Energien auf das Höhere.

Steinbock: Das Symbol stellt den Kopf des Steinbocks dar. Das Zeichen entfaltet seine Energien beharrlich. Es gewinnt hohe Geistigkeit.

Wassermann: Das Symbol ist das Wasser, das Symbol seelischer und geistiger Energien. Das Zeichen nutzt seine Energien, neue Ideen zu entwickeln.

Fische: Das Symbol stellt die Köpfe zweier Fische dar. Es ist das Symbol der fließenden Kraft des Bewußtseins. Das Zeichen lenkt seine Energien, die Tiefe des Seins zu erfahren.

Vertiefen Sie sich in das Symbol Ihres Sonnenzeichens. Identifizieren Sie sich mit ihm. Jedes der 12 Symbole stellt eine göttliche Seinsebene dar. Lassen Sie sich von der Kraft des Symbols durchdringen. So verhelfen Sie dem Göttlichen zum Durchbruch.

4. Schwächen geben Ihnen die Kraft zur Weiterentwicklung

Bereits in Kapitel 4 haben Sie erfahren: Das Negative ist nur eine Verzerrung des Positiven. Es gibt nur Energieströme. Sie können in eine lebenseinengende oder lebensbejahende Richtung gelenkt werden.

Nun kann allerdings auch jedes Tierkreiszeichen ganz besondere Schwächen entwickeln. Hier Schwächen der einzelnen Tierkreiszeichen, die auftreten können:

Die Energie des WIDDERS kann aggressiv und egozentrisch sein.

Die Energie des STIERS kann Veränderungen ausweichen und sich zu stark am Materiellen orientieren.

Die Energie des ZWILLINGS kann sich in Zerstreuung verlieren und vor Gefühlstiefe fliehen.

Die Energie des KREBSES kann auf sich selbst gelenkt sein und sich in Zurückgezogenheit verlieren.

LÖWENENERGIE kann egozentrisch sein und im Mittelpunkt des Interesses stehen wollen.

Die JUNGFRAUENENERGIE kann sich in Kritik anderer und in Selbstkritik verlieren.

Die Energie der WAAGE kann eitel, nur auf Äußerlichkeiten gerichtet und unentschlossen sein.

Die Energie des SKORPIONS kann zerstörerisch und stark emotional ausgerichtet sein.
SCHÜTZENENERGIE kann oberflächlich und nicht genug konzentriert sein.
Die Energie des STEINBOCKS kann verschlossen sein, den Erfolg hoch bewerten und die eigene Lebensfreude vernachlässigen.
WASSERMANNENERGIE kann wirklichkeitsfremd sein, es fehlt an Konzentration und zielgerichteter Lenkung.
Die Energie der FISCHE kann sich in Flucht vor der Welt äußern.

Wie soll man mit den eigenen Schwächen umgehen? Natürlich müssen Sie sich erst bewußt werden, ob Sie zu der Schwäche Ihres Zeichens tendieren. Das Licht der Bewußtmachung wird auch hier viel bewirken. Orientieren Sie sich aber dann an der Stärke Ihres Zeichens. Lenken Sie Ihre Energie darauf. So kann jedes der 12 Tierkreiszeichen als Symbol für Energielenkung dienen.
Bedienen Sie sich also Ihres Symbols. Lenken Sie Ihre Energie von niederen Seinsebenen auf höhere, auf die Sie angelegt sind. Wenn Sie sich mit Ihrem Symbol identifizieren, so entwickeln Sie sich auf einen höheren Seinszustand. So vermögen Sie Ihre Schwächen zu nutzen, um Ihre Stärke zu entwickeln. Die Kraft des Symbols hilft Ihnen.
Die Beschäftigung mit Ihrem individuellen Geburtshoroskop wird Ihnen helfen zu erkennen, wo Ihre Wesenskräfte harmonisch oder kritisch miteinander konstellieren. Wenn Sie dies begreifen, vermögen Sie nicht nur viel über sich zu lernen, sondern auch Ihr Leben harmonisch zu gestalten.

5. Sie gestalten Ihr Schicksal, wenn Sie an sich arbeiten

Der Mißbrauch der Astrologie hat bei vielen Menschen zu der Meinung geführt, man bekäme durch sie sein Schicksal verkündet. Diese Vorstellung von Astrologie ist aber vollkommen falsch. Da die Astrologie eine Lehre von den Urprinzipien ist, unterstellt sie selbst keinen zwingenden Einfluß der Sterne auf das Leben der Menschen.
Jede astrologische Aussage sollte sich also festlegender Verkündigungen oder Ereignisprophezeiungen enthalten. Zu Recht messen viele Religionen der Eigenverantwortung und der eigenen Entscheidung jedes Menschen eine große Bedeutung bei. Daher sollte die Astrologie dem Menschen nur dabei helfen, zu erkennen, wie er eine innere Kraftkonstellation am besten für sich und seine Umwelt leben kann.
Meine Ansicht ist die, daß die Astrologie mehr Lebenshilfe geben muß, anstatt Trefferquoten für die Zukunft anzustreben. Richtige Astrologie sollte vielmehr für jeden Menschen ein Betrachtungsinstrument sein, um sich besser zu erkennen. Wer sich von falschen Vorurteilen löst und aus eingefahrenen Denkgewohnheiten heraustritt, wird mit der Astrologie viele positive Erfahrungen machen. Kritische Konstellationen vermögen Sie als Lernaufgaben Ihres Lebens zu erkennen. Ein solches Verständnis wird Ihnen helfen, sich von eingefahrenen Verhaltensweisen zu befreien und nicht zum Opfer von Wiederholungszwängen zu werden. So erreichen Sie größere Freiheit.
Nun wird aber wohl niemand einen Zusammenhang zwischen Charakter und Schicksal bestreiten. Ihr Charakter und Ihr Verhalten ziehen bestimmte Folgen nach sich. Wenn Sie Ihren Charakter ändern, werden Sie aufgrund der inneren Veränderung auch ein anderes Schicksal auf sich ziehen. Deshalb wäre

es vollkommen falsch, von unvermeidbaren Ereignissen zu sprechen. Ein Astrologe handelt unseriös, wenn er sich von der Faulheit und Bequemlichkeit des Ratsuchenden dazu verleiten läßt, ihm unumstößliche Zukunftsvoraussagen zu machen.

6. Machen Sie neue Erfahrungen

Der christliche Mystiker Johannes Tauler unterscheidet eine äußere und eine innere Weise des Gebets. Die äußere Weise des Gebets vergleicht er mit dem abgestandenen Wasser von Zisternen, das allmählich faul wird. Die innere Weise des Gebets — meditativ und vom Seelengrund vollzogen — gleiche dem Quellwasser, das aus einem Berg kommt und immer frisch ist. Wer es gekostet habe, finde keinen Geschmack mehr an dem «abgestandenen Wasser der Zisternen». Tauler weist zu Recht darauf hin, daß es den Menschen nicht dazu bringt, von Neid und Lieblosigkeit abzulassen.
Gefühlsregungen sollten nie mit spirituellen Erfahrungen verwechselt werden. Wenn das Gebet nur als Auslösemechanismus für übliche Gefühle dient, wird sich der Mensch kaum über die eigenen Konditionierungen hinaus weiterentwickeln. Daher ist es notwendig, nicht bekannte Erfahrungen zu vertiefen, sondern eine Weiterentwicklung über sie hinaus anzustreben.
Ein Weiser sagt: Der Vogel, der nichts vom Süßwasser weiß, taucht seinen Schnabel das ganze Jahr in Salzwasser.
Streben Sie also neue Erfahrungen an. Dann wird auch Ihr Gebet verinnerlichter. Wahrnehmung, Symbolvisualisierung und Meditation helfen Ihnen, neue Erfahrungen der Wirklichkeit zu machen. Echte Religiosität hat nichts mit bloßen Worten zu tun. Sie

äußert sich in ungezwungener Wahrnehmung der tiefsten Energie des Lebens. Sie strömt Ihnen zu wie der Atem oder der Gesang eines Vogels aus der Ferne.
Jesus selbst hatte solche Erfahrungen der Urenergie des Lebens. Auch Sie können sie haben, wenn Sie an die Wahrheit glauben: Auch Sie haben ein Christus- oder Buddhabewußtsein. Sie, Christus, ich und alle anderen Menschen sind eine Einheit. Wir alle sind nur verschiedene Formen des einen, das sich in verschiedenen Schwingungen äußert. Lassen Sie sich durch Meditation zur unmittelbaren Erfahrung Ihrer Einheit mit Gott führen. Manches Gebet kann zu einem endlosen Geschwätz ausarten, das die innere Kraft austrocknen läßt.
Machen Sie neue Erfahrungen. Dann erreichen Sie eine größere Tiefe des Gebets.

7. Seien Sie bereit zu lernen

Bereits seit dem 13. Jahrhundert verwenden die Sufis, islamische Mystiker, folgende Geschichte, um das Gemüt des Schülers für neue Erfahrungen vorzubereiten: Ein Mann fing einen Vogel und sperrte ihn in einen Käfig.
Der Vogel bat den Mann: «Laß mich bitte frei. Dann will ich dir drei wertvolle Ratschläge geben.»
Der Mann wollte damit einverstanden sein, wenn ihm der Vogel den ersten Ratschlag noch im Käfig geben würde.
Der Vogel nahm den Vorschlag an und gab ihm den ersten Rat: «Wenn du etwas verlierst, was du sehr magst, dann klage nicht darüber.»
Nun öffnete der Mann die Tür des Käfigs. Der Vogel flog auf den Zweig eines hohen Baumes und gab dem Mann den zweiten Rat: «Höre immer auf deine Vernunft. Glaube nichts, was du nicht geprüft hast.»

Dann flog der Vogel auf das nächste Haus und sprach: «O du Pechvogel. Ich trage in meinem Körper zwei große Juwelen. Hättest du mich getötet, dann würdest du jetzt die Edelsteine besitzen und wärst ein reicher Mann.»
Der Mann ärgerte sich über seinen Verlust und klagte. Nach einer Weile bat er den Vogel: «Gib mir den dritten Rat.»
Der Vogel erwiderte: «Du bist ein Narr. Du fragst mich nach mehr guten Ratschlägen, obwohl du dich nicht nach den beiden ersten gerichtet hast. Ich riet dir, dich nicht um einen Verlust zu grämen und nichts zu glauben, was gegen die Vernunft ist. Nun machst du sogar beides. Du bejammerst einen Verlust und glaubst etwas, was völlig unsinnig ist. Denn ich bin überhaupt nicht so groß, daß zwei sehr wertvolle Edelsteine in mir sein könnten. Du bist ein Narr. Deshalb mußt du weiter in der Unwissenheit leben.»
Denken Sie eine Weile über die alte Sufi-Geschichte nach. Lernen Sie aus Ihren Erfahrungen? Lassen Sie sich dadurch aus Ihren Beschränkungen wachrütteln? Sie haben zwei Möglichkeiten zu lernen:

1. Das bewußte Lernen. Sie erweitern Ihr Wissen und Ihre Erfahrungen. Hier stellen Sie sich den Problemen, die durch die Umwelt an Sie herangetragen werden, und lösen sie.
2. Das unbewußte Lernen. Sie lernen nicht und verändern sich auch nicht. Sie verdrängen Probleme. Eine höhere Wirklichkeit zwingt Sie durch große Schicksalsschläge zu lernen.

   Entscheiden Sie sich für die erste Möglichkeit. Denn das unbewußte Lernen erfolgt immer durch Leid. Wenn Sie nicht bereit sind, sich von Fixierungen zu lösen und neue Erfahrungen zu machen, wird das Schicksal immer viel Leid für Sie bereit halten. Das universelle Lebensprinzip ist: Wer nicht lernt, leidet!

Was ist die Konsequenz? Es ist besser, neue Erfahrungen freiwillig zu machen, als sich ihnen zu widersetzen. Tun Sie das nicht, greift das Leid in Ihr Leben ein.

Nehmen Sie Ihr Leben in die Hand. Lösen Sie sich von eingebildeten Beschränkungen. Lernen Sie durch Beobachtung, Erfahrung und Problemlösung. Ihre innere Kraft hilft.

8. Die Ebene Ihres Bewußtseins bestimmt die Sicht der Wirklichkeit

Nehmen wir einmal an, Sie wollten das Böse bekämpfen und es ausrotten. Was geschieht? Sie sinken auf die Ebene des Bösen. Es wäre aber falsch, sich impulsiv von einer unangenehmen Situation abzuwenden. Wer nämlich seine Aufmerksamkeit sofort von einer unangenehmen Situation abzieht, wird von einer höheren Gewalt in immer dieselben Situationen gedrängt. Das Leben gibt jedem Menschen die Lektionen, die er braucht. Natürlich müssen Sie sich vor dem Bösen schützen. Laufen Sie ihm aber nicht sofort davon. Werden Sie des Unangenehmen gewahr. Mögen Sie sich auch dann noch, wenn Sie eine Szene abstoßend finden. Wenn Sie darauf achtsam sind, vermögen Sie vielleicht sogar etwas Schönes daran zu entdecken. Schauen Sie sich das Unangenehme an, dann lösen Sie sich davon.

Sie haben die Freiheit, sich die Bewußtseinsebenen Ihrer Wahl auszusuchen.

Unachtsamkeit, Verdrängung, Bekämpfen des Bösen und negatives Verhalten zwingen Sie auf eine niedere Bewußtseinsebene. Liebe, Aufmerksamkeit, Meditation und Visualisierung dagegen heben Sie auf einen höheren Bewußtseinszustand. Die Ebene Ihres Bewußtseins verändert nicht die Realität, aber die

Sicht, die Sie davon haben. Bild 30 bringt dies zum Ausdruck.
Ein einfaches Beispiel soll den Sachverhalt veranschaulichen. Reden Sie zum Beispiel über die Schlechtigkeit der Menschen und der Welt, so sinken Sie selbst auf eine negative Bewußtseinsebene. Sie brauchen sich nur daran zu erinnern, wie Sie sich fühlen, wenn Sie das tun. Mögen Sie jedoch die Menschen, wie Sie sind, und entdecken Sie das Schöne in der Welt, so erreichen Sie höhere Ebenen des Bewußtseins. Sie fühlen sich wohl. Natürlich müssen Sie sich dem Einfluß von Menschen entziehen, die Sie herabziehen wollen. Darauf wurde schon hingewiesen.

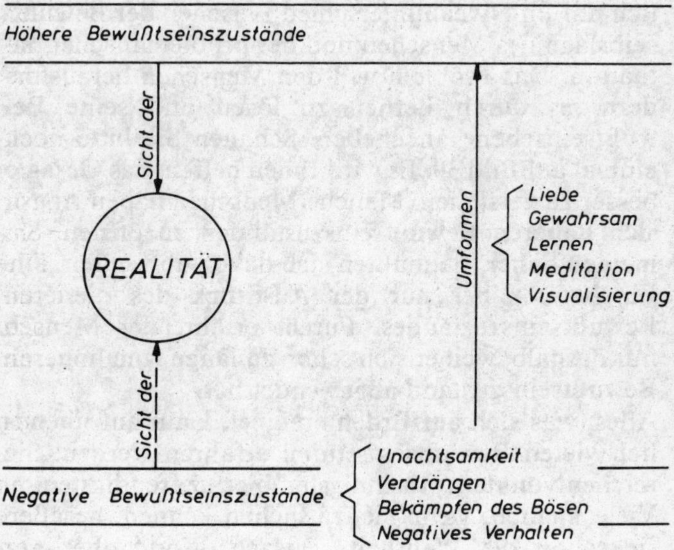

Bild 30
Höhere Bewußtseinsebenen verändern nicht die Realität, doch die Sicht der Tatsachen.

Sind Sie auf einer niederen Bewußtseinsebene, so erleben Sie die Welt trübe, langweilig und voll Angst. Befinden Sie sich dagegen auf einer höheren Bewußtseinsebene, so erfahren Sie das Schöne in der Welt. Schon an anderer Stelle wurde erwähnt: Wer in einer trüben Stimmung ist, erkennt nur Schlechtes. In einer positiven Stimmung erfährt der Mensch das Schöne.

Werden Sie sich etwas Häßlichen oder Üblen bewußt, dann stellen Sie sich die Frage: «Was suche ich auf einer Bewußtseinsebene, auf der dies die einzige Sicht der Wirklichkeit ist?»

Hier eine kurze Bemerkung zum Problem allgemein. Eine Situation wird nur dann zu einem Problem für den Menschen, wenn er sie nicht in sein Bewußtsein einbeziehen kann. Das Problem besteht also eigentlich nur im Niveauunterschied zwischen der Bewußtseinslage des Menschen und der problematischen Situation. Das Problem will den Menschen herausfordern, es durch Lernen zu lösen und seine Bewußtseinsebene anzuheben. Schauen Sie bitte noch einmal auf Bild 30. Es wird Ihnen helfen, das Gesagte besser zu verstehen. Manche Menschen haben Angst, sich höheren Bewußtseinszuständen zu öffnen. Sie meinen daher, sie müßten sich davon abwenden. Die Furcht ist aber nur der Ausdruck des niederen Bewußtseinszustandes. Furcht erfährt der Mensch nur deshalb, weil er sich schon zu lange vom höheren Bewußtseinszustand abgewendet hat.

Alles, was sich auf Erden ereignet, kann auf unendlich vielen Bewußtseinsstufen erfahren werden. Sie reichen von der trübsinnigsten bis zur freudigsten.

Viele meinen, wenn sie Tatsachen kennen, besäßen sie schon die Wahrheit. Tatsachen sind aber nur begrenzte Wahrheiten. Sie haben zwar ihre Ursachen in der Wirklichkeit, aber jeder färbt die Tatsachen nach seinen eigenen Einstellungen und Gefühlen.

Daher ist die Wahrheit für alle Menschen gleich. Die Tatsachen jedoch sind verschieden. Zwei Menschen sehen nie dasselbe. Jeder hat seinen eigenen Blickwinkel. Was folgt daraus?
Sie brauchen nie das zu verändern, was Sie sehen, nur die Art, wie Sie es tun.
Wie erreichen Sie das Ziel?
Versuchen Sie das Schöne und Vollkommene in allem zu entdecken. Denken Sie daran: Die Erleuchtung ist in Ihnen. In der Tiefe Ihres Wesens sind Sie vollkommen.
Stimmen Sie sich durch Visualisierung und Meditation auf andere Bewußtseinsebenen ein.
Lernprozesse verändern die Ebene Ihres Bewußtseins. Lernen Sie. Entwickeln Sie die Liebe. Sie ist die absolute Wirklichkeit. Entfalten Sie Ihre innere Schönheit. Dann verläuft Ihr Leben angenehmer. So wandeln Sie die Außenwelt zum Besseren.

9. Sie können die dualistische Sicht der Wirklichkeit überwinden

Der menschliche Geist ist im normalen Bewußtsein gewöhnt, in Gegensatzpaaren zu denken. Solche Polaritäten sind

Erfolg	Mißerfolg
Fröhlichkeit	Trauer
Vernunft	Gefühl
innere Realität	äußere Realität
Sicherheit	Ungewißheit
handeln	gehandelt werden
Licht	Dunkelheit
Sein	Nicht-Sein
Freiheit	Determinismus
Form	Leere
Glück	Leid

Der Mensch bezeichnet den einen Pol einer Dualität als positiv, den anderen als negativ. Dabei wird völlig verkannt, daß beide Seiten einer Polarität miteinander zusammenhängen. Sie gehören zusammen wie die beiden Pole eines Magneten oder wie Vorderseite und Rückseite eines Körpers. Sie können zum Beispiel Erfolg nicht ohne Mißerfolg, Sicherheit nicht ohne Ungewißheit und Handeln nicht ohne Gehandeltwerden erleben.
Denken Sie eine Weile darüber nach. Wenn Sie das tun, stoßen Sie tief in die Realität des Universums und damit in das Geheimnis Ihres Lebens vor.
Sind den meisten Menschen diese Weisheiten bewußt? Sie versuchen, sich aus dem multidimensionalen Energiesystem des Universums eine Sache herauszugreifen, die ihnen angenehm erscheint. Den anderen Pol dagegen versuchen sie zu negieren und zu unterdrücken, weil er ihnen unangenehm erscheint. Angst ist die Folge. Wer zum Beispiel die Einheit des Selbst und dem Universum nicht erkennt, hat Lebensangst. Und wer die Einheit von Sein und Nichtsein leugnet, hat Todesangst.
Welche Rolle nimmt nun der Kern, das Selbst, gegenüber den Gegensatzpaaren ein? Die undefinierbare Energie des Seins ist das, was alle Gegensatzpaare gemeinsam haben. Daher können Sie die Einheit des Gegensatzpaares nicht vom Zustand des getrübten Geistes, sondern nur vom Kern her erfahren. Sie erfahren die Einheit eines Gegensatzpaares dann, wenn Sie darauf vom Zustand eines höheren Bewußtseins schauen. So überwinden Sie die dualistische Sicht der Wirklichkeit. Sie können es durch Ihre eigene Erfahrung selbst überprüfen: Auf einer bestimmten Ebene der Erfahrung erleben Sie, daß Nicht-Dualität — also keine Gegensätzlichkeiten — die allumfassende Wirklichkeit — die Wahrheit — ist. Dieser Sachverhalt wird in Bild 31 veranschaulicht.

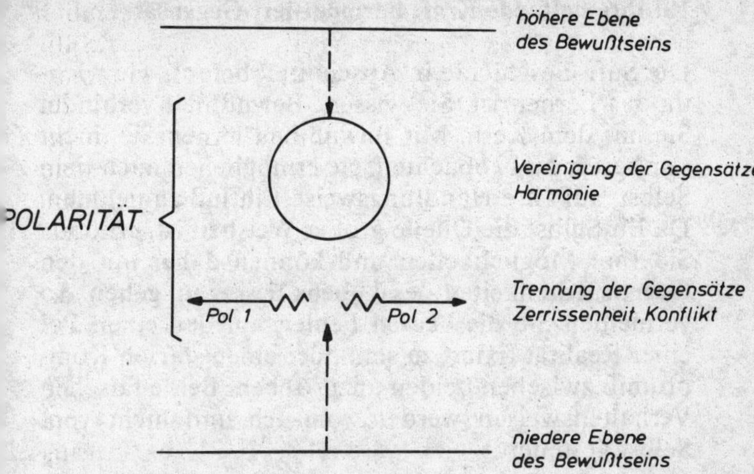

Bild 31
Erfahrungen der Polarität von verschiedenen Bewußtseinszuständen.

Daher sind alle Erscheinungen, ob sie nun als gut oder schlecht beurteilt werden, jenseits der Dualität. Sie können es auch so verstehen: Alles ist ein Fluß von Energien. Unser Geist denkt aber nur in Dualitäten. Er stülpt jeder Erscheinung eine anziehende oder abstoßende Maske über. Daher schafft dieses Denken in Gegensätzen den Widerspruch in uns, der den inneren Frieden stört. Wenn Sie begreifen, daß jede Disharmonie die Folge der falschen dualistischen Sicht der Wirklichkeit ist, können Sie etwas dagegen unternehmen und Disharmonien in Ihrem Leben auflösen.

10. Ihre helfende Kraft harmonisiert Gegensätze

Die Sufi-Geschichte in Abschnitt 7 betont, wie wichtig das Lernen ist. Sie wissen: Bewußtheit verbindet Sie mit dem Kern. Mit Bewußtheit lernen Sie, nicht nur besser zu beobachten, sie ermöglichen auch dem Selbst, auf Ihre Handlungsweise Einfluß zu nehmen. Da Ihr Selbst die Quelle großer Weisheit ist, erhöhen Sie Ihre Möglichkeiten und können daher mit den Gegensätzlichkeiten des Lebens besser umgehen. So vermeiden Sie die beiden Fehler, auf den einen Pol einer Realität fixiert zu sein oder einen starren Kompromiß zwischen beiden anzustreben. Beide falschen Verhaltensweisen werden vom Ich und nicht vom Selbst gesteuert.

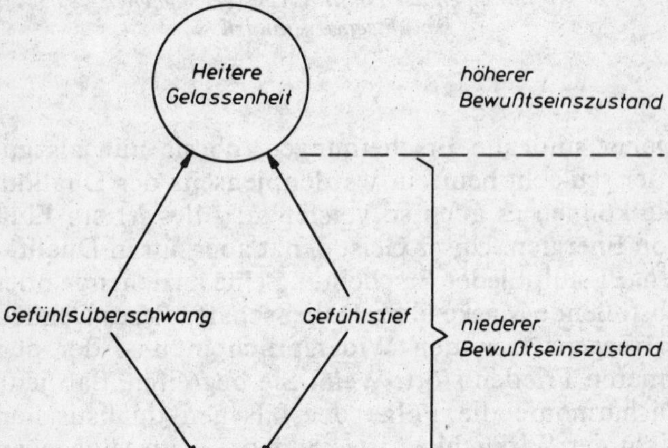

Bild 32
Das Selbst kann Gefühlsüberschwang und Gefühlstief (Depression) in heitere Gelassenheit verwandeln.

Entscheiden Sie sich für die Weisheit aus dem Selbst. Dann bleiben Sie dynamisch und erstarren nicht. Ihr Selbst hat die Fähigkeit, beide Elemente einer Polarität zu einer Einheit zu verbinden, die über die Qualität Ihrer beiden Teile hinausgeht. Bild 32 und Bild 33 zeigen Ihnen zwei Beispiele.
Die niederen Bewußtseinszustände Gefühlsüberschwang und Gleichgültigkeit können auf höherer Bewußtseinsebene in den Zustand der heiteren Gelassenheit übergeführt werden. Auf niederer Bewußtseinsebene würde sich als Vereinigung beider nur der niedere Bewußtseinszustand Gleichgültigkeit ergeben.
Bild 33 zeigt Ihnen, daß die Umwandlung von Energie mehr ist als der Kompromiß zwischen einer Verdrängung und dem Getriebensein von Energie.

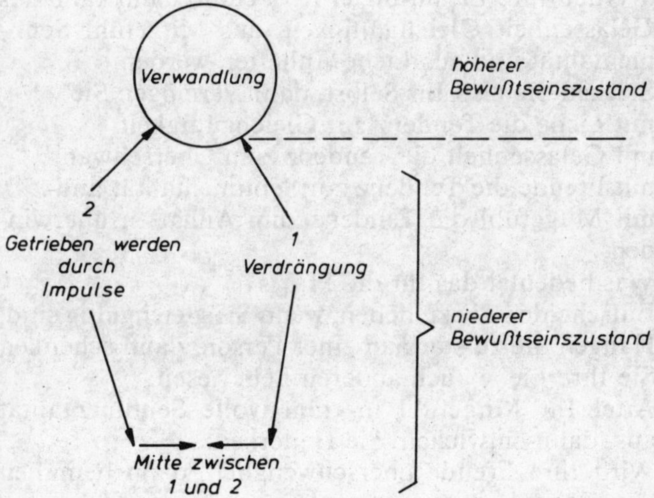

Bild 33
Das Selbst ermöglicht die Verhaltensweisen. Getriebenwerden durch Impulse und «Veränderung» in Energien hoher Bewußtseinszustände zu verwandeln.

Zur wirklichen Harmonie stoßen Sie erst dann vor, wenn Sie die verschiedenen Elemente der Polaritäten auf höheren Bewußtseinsebenen in eine höhere Einheit überführen.

Wie aber erreichen Sie das Ziel in der Praxis? Dazu müssen Sie:

1. beide Seiten einer Polarität zur Entfaltung bringen,
2. sich weder mit dem einen noch mit dem anderen Pol der Dualität identifizieren,
3. Ihr Selbst durch Ich-Distanzierung, Meditation und Visualisierung stärken.

Tun Sie das, so werden Sie andauernde Befriedigung und innere Ruhe finden.
Nutzen Sie die helfende Kraft in Ihrem Kern. Sie hilft Ihnen, Gelassenheit, Liebe, Mitgefühl und Freude zu entwickeln. Sie erreichen höhere Bewußtseinsebenen.
Werden Ihre Erfahrungen Ich-betont, dann kann aus Gelassenheit Gleichgültigkeit, aus Mitgefühl Sentimentalität und aus Liebe Anhaften werden.
Stärken Sie also Ihr Selbst, dann vermögen Sie
mit Liebe die Tendenz zur Gleichgültigkeit,
mit Gelassenheit die Tendenz zum Überschwang,
mit Freude die Tendenz zur Sentimentalität und
mit Mitgefühl die Tendenz zum Anhaften überwinden.
Was bedeutet das für die Praxis?
Entscheiden Sie zu lieben, wenn Sie gleichgültig sind.
Hängen Sie zu stark an einer Person, dann schenken Sie Ihre Liebe auch anderen Lebewesen.
Artet Ihr Mitgefühl in tränenvolle Sentimentalität aus, dann entwickeln Sie Heiterkeit.
Wird Ihre Freude überschwenglich, dann bemühen Sie sich, gelassener zu werden.

11. Ein Mann entfaltet Harmonie

Ein leitender Angestellter berichtete mir: «Bereits als Kind mußte ich lernen, mich zu behaupten. Meine Eltern unterstützten mich nicht. Im Beruf bin ich sehr erfolgreich. Ich unterdrückte meine Gefühle und richtete mein Leben nur nach dem Verstand aus. Ich war schon verheiratet und Vater zweier Kinder, als ich erkannte, daß ich mit meiner einseitigen Ausrichtung nicht glücklich werden würde. So begann ich mein Gefühlsleben zu entwickeln. Anfangs bereitete mir das ziemliche Schwierigkeiten. Später wurde ich oft zwischen Gefühl und Verstand hin und her gerissen. Beide Pole standen miteinander in Konflikt. Das änderte sich, als ich Visualisierung, Ich-Distanzierung und Meditation übte. Intuitiv erfuhr ich, daß Verstand und Gefühl die beiden Pole einer Einheit sind. Mein Leben wurde um eine neue Qualität bereichert. Nun ist mein Leben harmonisch geworden.»
So wie dieser Mann können auch Sie von einem Gegensatzpaar — zum Beispiel Liebe und Selbstbehauptung — hin und her gerissen werden. Deshalb ist es notwendig, beide Seiten der Polarität zu entwickeln und zu einer Einheit zu führen. Die im Buch dargelegten Techniken helfen ihnen.

12. Eine Frau erhebt sich über Probleme

Sie wissen: Die Vereinigung der Gegensätze auf höherem Niveau ist weder eine Angelegenheit der Vernunft noch eine des Willens. Es ist ein psychischer Entwicklungsprozeß, der durch Visualisierung und Meditation sehr gefördert wird.
Eine Frau erzählte mir Ihre Erlebnisse:
«Nachdem ich die Symbolvisualisierung einige Zeit durchgeführt hatte, machte ich gelegentlich vor dem

Einschlafen ganz neue Erfahrungen. Ich sah das Bild einer herrlichen Blüte oder manchmal die vielfältigsten farbenprächtigen Muster, die mich an Mandalas erinnerten. Ich hatte die Bilder vorher weder gesehen noch imaginiert. Ich war von den Bildern fasziniert. Es war ein überwältigendes Schwingen von Formen und Farben. Ich hatte das Gefühl, mit den erkennbaren Energieformen meiner Psyche — dem Selbst — in direkten Kontakt zu treten.
Diese Erfahrung bewirkte eine tiefe Veränderung in meinem Leben. Ich stellte fest, daß sich meine ganze Einstellung zum Leben wandelte. Das lag aber nicht daran, daß ich Probleme einfach verdrängte. Vieles, was mich vorher in nicht endenden Konflikten aufrieb, erscheint mir nun in einem ganz anderen Licht. Die Probleme sind nicht verschwunden, aber ich stehe nun darüber. Da ich mich mit den Problemen nicht mehr identifiziere, haben sie einen großen Teil ihrer negativen Wirkung auf mich eingebüßt. Ich nehme die Dinge des Lebens an, wie sie auf mich zukommen. Das hat mir einen Kraftzuwachs gebracht, wie ich ihn mir nicht vorgestellt hätte. Ich bin tatkräftiger geworden und löse die Probleme.»

13. Eine Frau erfährt Glückseligkeit

Eine Dame berichtete mir über Ihre Meditationserfahrungen folgendes: «Anfangs zogen noch viele Alltagsgedanken durch meinen Geist. Dann waren sie verschwunden. Ich hatte das Empfinden, in eine ganz weite Ferne entrückt zu sein. Plötzlich schwebte ich durch einen Tunnel. Am Ende erblickte ich ein goldenes Licht, wie bei einem Sonnenaufgang. Das Licht kam mir entgegen. Es wurde immer größer und verwandelte sich in ein strahlendes Weiß. Es war, als ob Vergangenheit, Gegenwart, Zukunft, Sorgen, Ängste und Wünsche nicht mehr existierten. Es war eine totale Glückseligkeit. Alle individuellen Regungen wichen einer tiefen Einsicht in die Gesetze der Wirklichkeit. Ich weiß nicht, wie lange ich in dem Zustand war. Ich hatte das Gefühl, in Gott geborgen zu sein. Eine tiefe Allverbundenheit durchdrang mich. Nach diesem Erlebnis ist mir bewußt, daß hinter allen Ängsten und Sorgen des Lebens eine tiefe Geborgenheit möglich ist. Die ergreifende Erfahrung ist für mich eine Quelle großen Vertrauens.»

Die Dame hatte ihr Leben von einem höheren Ganzen erfahren. Sie sagte: «Nicht Unglück, sondern Glück, nicht Trauer, sondern Freude ist der Sinn meines Lebens.»

Das Selbst der Dame hatte Anteil an einem tiefen Energiesystem des Universums. Auch Sie können an dem verborgenen Grundmuster der Energie des Universums teilhaben. So erfahren Sie, daß jedes andere Selbst unter der Oberfläche dasselbe wie das Ihre ist. Diese Einsicht führt zu einem tiefen Mitgefühl. Sie begreifen, daß jede Energie ewige Freude und die Existenz Ekstase ist. Das breite Spektrum der Ekstase, die für jede Seinsform möglich ist, wird im Buddhismus des Mahayana als «Körper vollkommener Glückseligkeit» bezeichnet.

14. Sie sind frei

Wenn Sie Ihren Kern erfahren, dann erleben Sie die beglückende Wahrheit: Sie sind ein Wesen ohne Grenzen. Alle Beschränkungen sind nur eingebildet. Sie können zu höheren Bewußtseinsebenen emporsteigen.

In Ihrem Kern sind Sie erleuchtet. In Ihnen ist ein Christus- bzw. Buddha-Bewußtsein.

Vielleicht haben Sie das Erlebnis des Einsseins und

der Glückseligkeit schon einmal erfahren. Wenn nicht, dann werden Sie es. Das Erlebnis der Freiheit kommt aber nur dann, wenn Sie daran glauben, daß Sie frei sind. Denken Sie an Unfreiheit, dann sind Sie nicht frei. Denken Sie also an Freiheit.
Das Gefühl der Freiheit erleben Sie als Ausgedehntsein Ihres Wesens. Sie erfahren es zum Beispiel, wenn Sie neue Dinge verstehen und begreifen oder wenn Sie eins sind mit dem Leben. Dann sind Sie vollkommen geöffnet und zeigen keinen Widerstand. Diesen Zustand der Ausdehnung erreichen Sie nur dann, wenn Sie Ihr Wahrnehmen und Fühlen nicht auswählen.
Mit dem Unangenehmen des Lebens werden Sie nicht fertig, wenn Sie sich einfach widersetzen. Sie müssen es transzendieren, also von einer höheren Bewußtseinsebene betrachten. Es liegt ganz an Ihnen, die Ebene Ihres Bewußtseins auszuwählen. Sie vermögen sich auf die freudigsten und auch auf die betrüblichsten Erfahrungen einzustimmen. Widersetzen Sie sich dem Unangenehmen, dann verdichtet sich Ihr Bewußtsein auf dieser Ebene, dann verlieren Sie Ihre Freiheit.
Sie erinnern sich an den erwähnten Umgang mit der Umwelt. Sie können ständig an die Schlechtigkeit der Menschen denken und sie verurteilen. Was ist die Folge? Sie entwickeln eine gewisse Affinität, ein Anhängen an diese Bewußtseinsebene. Mit anderen Worten: Sie sinken selbst auf die negative Ebene herab. Es gilt, sich diese Wahrheit immer wieder bewußt zu machen.
Natürlich wäre es falsch, das Schlechte zu ignorieren. Sie vermögen aber dazu einen anderen Standpunkt zu beziehen. Sie können erkennen, wie sich die Menschen durch ihre schlechten Handlungen selbst schaden. Dann entfalten Sie Mitgefühl und stehen darüber. So werden Sie nicht durch Bekämpfen des

Negativen in eine niedere Bewußtseinsebene hineingezogen.
Sich nicht zu widersetzen bedeutet auch nicht, passiv zu werden und sich an negative Ebenen anderer anzupassen. Lassen Sie Ihr Bewußtsein frei fließen. Verschließen Sie sich nicht dem, was Sie wahrnehmen. Lösen Sie sich aber dann davon. Sie haben den freien Willen und die Freiheit, Ihr Bewußtsein auf das zu richten, was Ihnen gefällt. Entscheidend ist nur, daß Sie sich so lösen, daß sich kein Widerstand entwikkelt, weil Sie einer Sache innerlich noch anhängen oder sich dem Loslösen widersetzen. Wenn Sie auf die Umwelt ohne Erwartungen, Vorstellungen und Bewertungen achtsam sind, vermögen Sie eine tiefe Harmonie in allem zu entdecken.
Lassen Sie also Ihr Bewußtsein frei fließen. Sie haben die Macht, Ihre Erfahrungen selbst zu wählen. Erhöhen Sie die Ebene Ihres Bewußtseins. Dann werden Sie zu immer beglückenderen Erfahrungen vorstoßen. Sie erleben die Welt von einer anderen Warte. Das Lächeln, das Sie aussenden, kehrt zu Ihnen zurück als Glück. Ändern Sie sich selbst, dann ändert sich auch Ihre Umwelt. Den Anfang dazu machen Sie, wenn Sie sich so lieben, wie Sie sind. Lieben Sie sich auch dann noch, wenn Sie sich über etwas ärgern oder etwas anderes tun, was Ihnen nicht gefällt. Nutzen Sie dann Ihre Freiheit, sich für das zu entscheiden, was Sie wollen. Sie haben die Freiheit, sich auf die Bewußtseinsebene Ihrer Wahl zu begeben. Machen Sie es wie ein Planet: Ziehen Sie Ihre Bahn. Sie müssen sich aber zunächst erkennen. Dann werden sich die Reibungspunkte in Ihrem Leben verringern, das Leid wird geringer.
Was ist zu tun? Erkennen Sie sich selbst. Orientieren Sie sich an den universellen, seelischen Gesetzen. Erkennen Sie die tiefe Harmonie darin. Handeln Sie freiwillig nach den erkannten Gesetzen, weil Sie das

Gute darin erkannt haben. Dann vereinigen Sie die beiden Polaritäten Determinismus (Bestimmung) und Freiheit. Das eine ist ohne das andere nicht denkbar. Daher werden Sie frei, wenn Sie sich an den Gesetzmäßigkeiten orientieren. So verläuft Ihr Leben reibungsloser.

Jesus und Buddha haben nach diesen Prinzipien gehandelt und so größte Freiheit verwirklicht. Auch Sie können sich in den Schwingungen Ihrer Bewußtseinsebene auf Ihr Christus- bzw. Buddha-Bewußtsein einstellen. Sie haben die Freiheit. Es liegt nur an Ihnen, die Wirklichkeit auf noch intensiveren Ebenen des Wohlbefindens zu erfahren. Sie brauchen dazu nur die helfende Kraft in Ihnen zu nutzen.

Halten Sie sich an die ewige Wahrheit:

Es gibt im Universum kein größeres Wesen als Sie; allerdings auch kein geringeres.

Sie haben die Möglichkeit, höhere Ebenen des Bewußtseins zu erreichen. Sie können viel Gutes erfahren. Es ist der Auftrag des Universums an Sie, sich weiterzuentwickeln. Bekennen Sie sich dazu. Bekennen Sie sich zu sich.

Die helfende Kraft ist in dir!

Zusammenfassung

1. Die Astrologie ist nicht eine Lehre von den Sternen, sondern von den psychischen Urprinzipien. Die Planeten sind nur die Symbole dafür.
2. Ihr Geburtshoroskop ist so einmalig, wie Sie einzigartig sind.
3. Sie werden dann glücklich und vermeiden Leid, wenn Sie sich auf das Ziel hin entwickeln, auf das Sie vom Universum angelegt sind.
4. Die Astrologie hilft Ihnen, das Ziel zu erkennen und mit Ihren Kräften in der richtigen Weise umzugehen.
5. Ihr Sonnensymbol ist ein Symbol für einen göttlichen Seinszustand.
6. Entscheiden Sie sich freiwillig, neue Erfahrungen zu machen.
   Lernen Sie bewußt. Dann wird Sie die höhere Wirklichkeit nicht durch große Schicksalsschläge dazu bringen.
7. Verwechseln Sie Gefühlsregungen nicht mit spirituellen Erfahrungen.
8. Bekämpfen Sie nicht das Böse. So sinken Sie in der Bewußtseinsebene.
9. Werden Sie sich des Unangenehmen bewußt. Mögen Sie sich auch dann noch, wenn Sie die Situation vielleicht abstoßend finden. Lösen Sie sich dann ohne Widerstand davon. Entscheiden Sie sich für die Bewußtseinsebene Ihrer Wahl.
10. Wer mehr über die Dinge weiß, wird sie weniger hassen.
11. Die Ebene Ihres Bewußtseins verändert nicht die Realität, sondern die Sicht, die Sie davon haben.
12. Eine Situation wird für den Menschen immer dann zum Problem, wenn er sie nicht in sein Bewußtsein einbeziehen kann.
13. Ein Problem fordert den Menschen heraus, zu

lernen und es zu lösen. So wird er dazu gebracht, die Ebene des Bewußtseins anzuheben.

14. Angst empfinden Sie dann, wenn sich Ihr Bewußtsein auf niederer Ebene angesiedelt hat.
15. Tatsachen sind nur begrenzte Wahrheiten.
16. Sie entfalten sich, wenn Sie nicht das verändern, was Sie sehen. Verändern Sie vielmehr die Art, wie Sie es sehen.
17. Sie erreichen höhere Bewußtseinsebenen und dehnen Ihr Bewußtsein aus, wenn Sie das Vollkommene in allem entdecken, was Sie sehen. Üben Sie Visualisierung, Meditation und Selbstdistanzierung.
    Machen Sie neue Erfahrungen.
18. Bewußtseinsveränderung überwindet die dualistische Sicht der Wirklichkeit. Alle Erscheinungen sind jenseits der Dualität.
19. Ihr Geist stülpt jeder Erscheinung eine anziehende oder abstoßende Maske über.
20. Ihr Selbst hat die Fähigkeit, beide Elemente einer Polarität zu einer Einheit zu verbinden, die über die Qualität ihrer beiden Teile hinausgeht.
21. Der Kern kann zum Beispiel Gefühlsüberschwang und depressives Gefühl in heitere Gelassenheit verwandeln.
22. Sie erreichen Harmonie, wenn Sie die beiden Elemente der Polaritäten in eine höhere Einheit überführen.
23. Dazu müssen Sie:
    1. beide Pole einer Polarität zur Entfaltung bringen,
    2. sich weder mit dem einen noch mit dem anderen Pol identifizieren,
    3. Ihr Selbst durch die im Buch angegebenen Techniken stärken.
24. Überwinden Sie mit Liebe die Tendenz zur Gleichgültigkeit, mit Gelassenheit die zum Über-

schwang, mit Freude die zur Sentimentalität, mit Mitgefühl die Tendenz zum Anhaften.

25. Ihr Selbst kann sich in Mandalas, in elementaren Energieformen der Psyche ausdrücken.
26. Sie verwirklichen Ihre Freiheit, wenn Sie:
    1. sich an den universellen seelischen Gesetzen orientieren,
    2. die tiefe Harmonie darin erkennen,
    3. freiwillig nach diesen Gesetzen handeln, weil Sie das Gute darin erkannt haben.
27. Entscheiden Sie sich, Ihr Christus- bzw. Buddha-Bewußtsein zu entfalten. So erleben Sie die Wirklichkeit auf intensiven Ebenen des Wohlbefindens.
28. Die helfende Kraft ist in dir.

Leserdienst

Sie wissen, wie wichtig es ist, als Persönlichkeit zu reifen, um Ihre Ziele zu erreichen. Das erfordert, sich von negativen Gewohnheiten zu trennen und positive Anlagen zu verstärken. Nur wenn Sie sich weiterentwickeln, führen Sie ein erfolgreiches Leben und verwirklichen Ihre Wünsche. Dazu müssen Sie die in meinen Büchern dargelegten Techniken nicht nur kennen, sondern auch in die Praxis umsetzen. Erst dann erreichen Sie Ihre Ziele.

Nun weiß ich aus Erfahrung, daß eine große Anzahl von Lesern meiner Bücher daran interessiert ist, die dargelegten Techniken in einem INTENSIVTRAINING zu erlernen und zu üben. Diese Möglichkeiten bieten Ihnen die Wochenendseminare, die im «Institut für Angewandte Psychologie» durchgeführt werden. Sie lernen, wie Sie die Macht Ihres Unterbewußtseins und die großen Möglichkeiten Ihres Tiefenbewußtseins nutzen und konsequent erfolgreiche Techniken zum Erreichen Ihrer Ziele anwenden können. Solche Wochenendseminare sind schon von Menschen aus allen Bevölkerungsschichten Deutschlands, Österreichs und der Schweiz besucht worden. (Übrigens werden Seminare auch in der Schweiz durchgeführt.)

In Verbindung mit einem Seminar werden Ihnen ein persönliches Gespräch und eine individuelle Beratung ganz besonders helfen. Der Wunsch ist verständlich, denn nicht jeder Teilnehmer wird, selbst in der besten Atmosphäre der Seminarrunde, all das sagen wollen, was ihn zutiefst bewegt. Das Gespräch hilft Ihnen, ein Problem zu lösen oder in einer wichtigen Angelegenheit die richtige Entscheidung zu treffen. Häufig stecken Menschen so tief in einem Problem, daß sie aus sich selbst nicht die Lösung erkennen. So

hilft Ihnen das Gespräch, in Zukunft Fehler zu vermeiden und die erfolgreichen Methoden für Ihre ganz individuelle Situation richtig anzuwenden.
Mit Hilfe der Ihnen beim INTENSIVTRAINING vermittelten bewährten Techniken entfalten Sie die in Ihnen verborgenen Kräfte und Fähigkeiten. So vermögen Sie ein Leben nach Ihren Vorstellungen zu führen.
Unterlagen über die verschiedenen Seminare werden Ihnen auf Wunsch gern kostenlos und unverbindlich zugesandt. Bitte schreiben Sie dazu an folgende Anschrift:

APE – Institut für Angewandte Psychologie und Esoterik GmbH,
Postfach 210346, D-5270 Gummersbach 21
Tel. 02261/51549

Literaturverzeichnis

1. Faraday, Ann: Die positive Kraft der Träume, Ullstein Verlag, Frankfurt a. M./Berlin/Wien 1977.
2. Gibran, Khalil: Der Prophet, Walter Verlag, Olten und Freiburg i. Br. 1982.
3. Jung, C. G.: Der Mensch und seine Symbole, Walter Verlag, Olten und Freiburg i. Br. 1981.
4. Kübler-Ross, Elisabeth: Verstehen, was Sterbende sagen wollen, Kreuz Verlag, Stuttgart 1982.
5. Ryborz, Heinz: Die geheime Kraft Ihrer Wünsche, Schweizer Verlagshaus, Zürich (4. Auflage) 1987.
   — Jeder kann es schaffen, Schweizer Verlagshaus, Zürich (2. Auflage) 1985.
   — Wer ist dein Freund — Wer ist dein Feind? Schweizer Verlagshaus, Zürich 1985.
   — Die universellen Kräfte Ihrer Psyche, Ariston, Genf (2. Auflage) 1981.
   — Die Kunst, Ihr Leben zu meistern, Ariston, Genf 1982.
   — Das Abenteuer, sinnvoll zu leben, Ariston, Genf 1984.
   — Die Kunst zu überzeugen, Ariston, Genf (3. Auflage) 1984.

6. Shah, Idries:	Das Geheimnis der Derwische, Herder, Freiburg/Basel/Wien 1982.
7. Storm, Hyemeysohsts:	Sieben Pfeile, Wilhelm Fink Verlag, Passau 1980.
8. Tholey, Paul:	Hilfe, ich träume, hg. von K. Schnelting, Wilhelm Goldmann Verlag, München 1984.
9. Voss, Gerhard:	Astrologie christlich, Verlag Friedrich Pustet, Regensburg 1980.

GOLDMANN

Persönlichkeit und Selbstbewußtsein

Peter Lauster
Der Persönlichkeitstest
10739

Peter Lauster
Selbstbewußtsein kann man lernen! 10960

Carol Saltus
Das Körperzeichen
10406

Max Lüscher
Der 4-Farben-Mensch
10857